Inhalt

Vorwort von Hilbert Meyer	6
1. Einleitung	8
Warum überhaupt Unterrichtseinstiege?	8
Der Aufbau dieses Buches	11
Der Aufbau der einzelnen Kapitel	13
2. Begriffsklärung	15
Thematische Eingrenzung	15
Die Funktionen von Unterrichtseinstiegen	17
3. Die Didaktische Landkarte – eine Gebrauchsanweisung	20
Die Funktion der Karte	20
Der Aufbau der Karte	21
4. Stundeneröffnungsrituale	26
Vorbemerkungen	26
Definition und didaktische Funktionsbestimmung	26
Ein Beispiel zur Anregung: das Windspiel	28
5. Übungen zum stofflichen Aufwärmen	30
Vorbemerkungen	30
Definition und didaktische Funktionsbestimmung	30
Drei Beispiele zur Anregung: Rechenschlange, Rechencrack und Eierknacker	31
6. Informierender Unterrichtseinstieg	33
7. Denkanstöße	37
Lehrervortrag	37
Erzählen einer Geschichte	40
Etwas vormachen	44
Etwas vorzeigen	47
Konstruktion eines Widerspruchs, Verfremdung, Verrätselung	49
Provozieren und bluffen	57
8. Schnupperstunden	62
Karteikartenreferat	62

Angebotstisch 67
Themenbörse 71
Thematische Landkarte 74
Speisekarte 78
Arbeitsplanarbeit 83

9. Simulationsspiele 88
Standbildbauen 89
Rollenspiel 94
Planspiel 99

10. Szenische Spiele 105
Stegreifspiele und -pantomimen 105
Szenische Interpretationen 108
Texttheater 116

11. Lernspiele 122
Das „British-Island-Game" 124
Das „Vorstadtkrokodile-Activity" 126

12. Offene Spielformen 132
Freiflug 132

13. Erkundungen in der Schule und vor Ort 139
Erkundungsgänge und Rallyes 140
Experiment 144
Interview 149
Expertenbefragung 153
Reportage 158

14. Themenzentrierte Selbstdarstellung 162
Sprechmühle 163
Partnerinterview 167
Meinungskarussell 171
Collage 176
Bunter Bilderbogen 178

15. Sortieren und strukturieren ... 183
Sortieren ... 183
Clusterbildung ... 187
Karteikartenspiel „Zwei aus Drei" ... 193

16. Assoziative Gesprächsformen ... 199
Planungsgespräch ... 199
Brainstorming ... 202
Kopfsalat ... 206

17. Kooperative Gesprächsformen ... 210
Blitzlicht ... 210
Kreisgespräch ... 211
Streitgespräch ... 213
Debatte ... 215
Gruppenpuzzle ... 216

18. Entspannt einsteigen – die Phantasiereise ... 221

19. Kritik der Schülerinnen und Schüler ... 226
Schriftliche Befragung ... 227
Lehrerbrief ... 229
Klebepunktaktion ... 230
Schneeballszenario ... 230
Sammelsurium ... 231
Unterrichtsvertrag ... 232

Nachwort ... 234

Anhang ... 236
Literaturverzeichnis ... 236
Checkliste für Unterrichtseinstiege - ein Register ... 240
Teil A: Klassifizierungen und Zuordnungen ... 240
Teil B: Was leistet welche Methode? ... 246
Teil C: Verzeichnis aller Beispiele mit Angabe der Einstiegsmethode
und der Klasse ... 248

Vorwort

Liane Paradies und Johannes Greving haben mit diesem Studien- und Praxisbuch über Unterrichtseinstiege keine „pädagogische Mund-zu-Mund-Beatmung" für Denkfaule geschrieben, sondern eine durchaus theoriegeleitete Ermutigung zur Aktivierung der eigenen didaktisch-methodischen Phantasie.

Ich halte das Buch für sehr gelungen, auch wenn ich als Kollege und Mentor der beiden einer gewissen Parteilichkeit geziehen werden könnte. Auf jeder Seite des Buches ist zu spüren, daß es den Autoren Spaß gemacht hat, neue Methoden auszuprobieren und bewährte zu überprüfen. Und überall ist zu sehen, daß sie die aktuelle allgemeindidaktische Diskussion und die neueren Entwicklungen der Methodenforschung in ihrer Arbeit bedacht haben.

Das Buch ist in verständlicher und präziser Sprache geschrieben. Es wendet sich an berufserfahrene Lehrer und Lehrerinnen, die mit ihren schon erworbenen Methodenkompetenzen ernst genommen werden wollen. Das Buch ist aber auch bestens für Lehramtsstudierende, für Lehramtsanwärterinnen und Referendarinnen geeignet, die sich auf ihre ersten Unterrichtspraktika oder Examenslehrproben vorbereiten wollen.

Das Thema „Einstiege" ist nur auf den ersten Blick „trivial". Tatsächlich geht es von der ersten Sekunde der Stundeneröffnung an um hochkomplexe Lehr-Lern-Situationen, die immer auch eine ästhetische, eine moralische, eine ökologische, eine geschlechtsspezifische und weitere Dimensionen haben. An der im Schulalltag verwirklichten „Kultur" der Unterrichtseinstiege kann deshalb auch abgelesen werden, wie weit wir mit der Demokratisierung des Lehrbetriebs und der Schulreform insgesamt gekommen sind. Unterrichtseinstiege sind mithin ein Politikum.

Der erste Schritt zur Schulreform ist die Erneuerung der Methoden- und Unterrichtskultur. In diesem Buch wird gezeigt, wie dieser erste Schritt eingeleitet werden kann. Schon die Bezeichnungen der neuen Einstiegsmethoden signalisieren dabei Vielfalt und Phantasie, ja eine gewisse Buntscheckigkeit, die vielleicht nicht jedem berufserfahrenen Lehrer, jeder Lehrerin behagen mag, die aber doch sehr viel von jenem Zeitgeist deutlich macht, von dem die Methodenkultur der neunziger Jahre geprägt ist: Wir leben in einer Erlebnisgesellschaft (Gerhard Schulze); und entsprechend heißen die neuen Methoden: „Freiflug", „Sprechmühle", „Speisekarte" oder „Blitzlicht".

Die Schule soll nicht jedem gesellschaftlichen Trend hinterherlaufen, sie kann sich aber ebensowenig beliebig weit davon entfernen. Deshalb müssen wir, wenn wir die Schülerinnen und Schüler noch erreichen wollen, in Zukunft immer intensiver darüber nachdenken, wie wir durch die Gestaltung der Einstiegssituationen die Lernbereitschaft der Schülerinnen und Schüler zuallererst herstellen.

Hier liegt die Stärke dieses Buches. Es beschreibt eine bunte, aber wohl durchdacht gegliederte Palette neuer und alter Einstiegsmethoden, die den Schülerinnen wie auch dem Lehrer dazu verhelfen können, den Spaß am Unterricht und die Intensität des Lernens wiederzugewinnen.

Aus mehreren Gründen ist es ausgesprochen riskant, ein Buch allein über Einstiegsmethoden zu schreiben.

– Zum ersten, weil ein Rezeptbüchlein im schlechten Sinne hätte entstehen können: theoriearme Häppchenkost – „aus der Praxis für die Praxis". Die Autoren kokettieren zwar damit, daß sie „echte" Praktiker sind, die die Garantie dafür übernehmen, daß sie alles, was sie dem Leser und der Leserin empfehlen, selbst ausprobiert haben. Aber das Buch lebt davon, daß alle Ideen und Ratschläge in ein anspruchsvolles Konzept didaktischen Handelns eingebunden sind. Die Autoren sind „reflektierende Praktiker", wie es von Vertretern der Aktionsforschung gefordert wird. Sie machen Mut zum eigenen unterrichtsmethodischen Experimentieren. Und sie führen vor Augen, wie das theoretische Durchdenken der neuen Methoden vonstatten gehen kann.

– Das Vorhaben ist zweitens riskant, weil die Ziele, Inhalte und Methoden des Unterrichts in einer unlösbaren Wechselwirkung zueinander stehen. Methodenentscheidungen dürfen grundsätzlich nicht isoliert getroffen werden. Deshalb ist ein Buch allein über Einstiege eigentlich ein Unding. Die Autoren lösen dieses Problem, indem sie den didaktischen Begründungszusammenhang für jede Einstiegsform mitbedenken, viele Alternativen aufzeigen und Anregungen zur konstruktiven Weiterentwicklung des eigenen Methodenrepertoires geben.

Wer den Einstieg plant, sollte auch an das Ende denken! Dies gilt auch für den schulischen Unterricht. Die Qualität eines Einstiegs zeigt sich erst in der Schlußrunde (und da hapert es oft im Schulalltag). Deshalb wünsche ich mir von den beiden Autoren ein zweites Buch über Schlußfiguren des Unterrichts.

Oldenburg, den 1. Juni 1996

Hilbert Meyer

1 Einleitung

Warum überhaupt Unterrichtseinstiege?

Ein Beispiel:
Dienstagmorgen, 9.50 Uhr – es klingelt zur dritten Stunde. Ich begleite eine Referendarin in den Klassenraum der 5b. Sie gibt heute eine Stunde im Fach Physik, das ich selber nicht unterrichte, und ich bin gespannt auf den für mich neuen Unterricht.

Nach einer kurzen Begrüßung beginnt die Referendarin die Stunde mit der Ankündigung: „Wir wollen heute in kleinen Gruppen von jeweils drei Schülern das Verhalten von Wasser bei Erwärmung messen und eine Temperaturkurve erstellen." Es folgen technische Anweisungen zur Organisation des avisierten Schülerversuchs. Die Schülerinnen und Schüler sind angesichts der bevorstehenden Aktivitäten motiviert und durchaus gespannt auf die nun folgende Experimentalphase. Die Stimmung in der Klasse ist dementsprechend gut, die methodische Konzeption der Referendarin kommt gut an. Es dauert etwa eine Viertelstunde, bis die Gruppen gebildet, Heizstäbe, Gefäße, Thermometer etc. verteilt und die Arbeitsanweisungen von allen verstanden sind – dann kehrt langsam wieder Ruhe ein, und der eigentliche Versuch kann beginnen.

Die Gruppen sollen zwanzigmal im Abstand von einer Minute die Wassertemperatur messen und die Gradzahl notieren. Die nächsten rund 25 Minuten verstreichen, während der Schülerversuch läuft. Während dieser Phase fällt mir auf, daß Spannung und Konzentration, die zu Beginn der Stunde herrschten, im Lauf der Zeit mehr und mehr zurückgehen. Die verlangte Tätigkeit ist weder anstrengend noch zeitraubend – eine Schülerin oder ein Schüler beobachtet die Stoppuhr, ein zweiter liest ab, der dritte schreibt auf. Da weiter nichts „passiert", bleibt viel Zeit für Privatgespräche und sonstige Nebentätigkeiten übrig.

Nach Abschluß des Versuches werden die Meßergebnisse einer Gruppe von der Referendarin an der Tafel in ein Koordinatensystem übertragen. Eine zweite Gruppe trägt ihre Ergebnisse vor, und die von der ersten Gruppe leicht abweichenden Werte werden mit einer zweiten Farbe ebenfalls fixiert.

Es zeigt sich bei beiden Meßreihen, daß der Graph einen geraden Verlauf nimmt und der Temperaturanstieg genau konstant bleibt, d.h., daß offensichtlich genau gleich viel Energie nötig ist, um Wasser beispielsweise von 90 auf 92 Grad wie von 40 auf 42 Grad zu erhitzen.

Die letzten Minuten der Stunde nutzt die Referendarin, um mit Hilfe eines kurzen, gut formulierten und sachlich klaren Lehrervortrags die dieses Phänomen erklärende Theorie zu erläutern, die Schülerinnen und Schüler schreiben hierbei einige wichtige Merksätze in ihr Heft. Die Stunde endet um 10.35 Uhr, und die Schülerinnen und Schüler, die dem Vortrag aufmerksam gelauscht und seinen Inhalt verstanden haben, gehen, um die für die heutige Stunde angepeilten Erkenntnisse bereichert, in die Pause. Zu Beginn der nächsten Physikstunde wird dieses Wissen überprüft und werden die Erläuterungen ggf. wiederholt.

Was ist nun in dieser Stunde eigentlich geschehen?

Im Sinne einer innovativen und schülerzentrierten Sichtweise auf den ersten, oberflächlichen Blick nur Gutes: Die Schülerinnen und Schüler haben handlungsorientiert, mit „Kopf, Herz und Hand" gearbeitet, sie durften selber aktiv werden, sie haben produkt- bzw. ergebnisorientiert „geforscht", die Referendarin hat ihnen die Möglichkeit des genetischen, entdeckenden Lernens gegeben, und die Lernziele für diese Stunde sind auf lernökonomische und sachlich ansprechende Art vermittelt worden.

Dennoch ist u.E. in dieser Unterrichtsstunde etwas ganz Entscheidendes nicht beachtet worden – und die Konsequenzen dieses Versäumnisses sind erheblich! *Die Schülerinnen und Schüler haben in dieser Stunde nicht wirklich etwas gelernt!* Nun läßt sich sicherlich einwenden, daß der Großteil der Klasse in der Lage sein wird, die von der Referendarin dargelegte Theorie zu reproduzieren, also angelerntes Wissen wieder abzurufen, wie die Überprüfung zu Beginn der nächsten Stunde wohl auch ergeben wird. Aber hier wurde – zugespitzt formuliert – „fertiges" Wissen, über das nur die Referendarin verfügte, der Klasse „aufgepfropft", ohne daß die Schülerinnen und Schüler die Chance gehabt hätten, eigenes Wissen, richtige (oder falsche) Erwartungen, eigenes Interesse etc. einzubringen. Statt dessen haben sie eine Meßreihe aufgestellt, ohne sich über das „Warum?" Gedanken machen zu können, und auch wenn der Graph die Form eines Schaukelpferdes angenommen hätte, wären sie wahrscheinlich mit einem Schulterzucken über dies Phänomen hinweggegangen und hätten gedacht: „Na ja, die Referendarin wird's uns am Schluß der Stunde schon erzählen." Auf diese Weise ist auch der gutgemeinte Schülerversuch weitgehend funktionslos geblieben, es hätte keinen wesentlichen Unterschied gemacht, wenn die Referendarin die Meßergebnisse gleich selber an die Tafel geschrieben hätte.

Was hätte die Referendarin besser machen können?

Was dieser Stunde fehlte, war der Aufbau einer Erwartungshaltung, die Erzeugung einer Spannung in bezug auf das Ergebnis der Meßreihe bei den Schülerinnen und Schülern, die Bestätigung oder Widerlegung eigener Vorurteile über den Ablauf dieses physikalischen Versuchs. Es fehlte also ein Unterrichtseinstieg, der genau dieses hätte aufbauen können!

10   1. Einleitung

Dieser Einstieg hätte sicherlich auf vielerlei Art gestaltet werden können. Wir wollen drei Möglichkeiten exemplarisch skizzieren und didaktisch kommentieren, um die Bedeutung des „richtigen" Unterrichtseinstiegs für den Verlauf und das Gelingen der Stunde deutlich zu machen:
Die einfachste Möglichkeit in diesem Falle wäre der „informierende Unterrichtseinstieg", d.h., die Lehrerin nennt zu Beginn ohne Umschweife die in der Stunde angepeilten Lernziele und erläutert den vorgeplanten Weg dorthin, gibt also in diesem Fall den idealtypischen Ablauf der Temperaturkurve begründet vor. Die Schülerinnen und Schüler könnten dann im Verlauf der Versuchsreihe diese Vorgabe überprüfen. Sie wüßten, warum sie die Meßreihen aufstellen, und könnten (im günstigsten Fall) mit Spannung auf die jeweiligen Ergebnisse warten, mögliche Abweichungen feststellen und nach den Ursachen forschen etc.
Eine zweite und ebenso wenig aufwendige Möglichkeit bestünde aus einer kurzen Befragung der Klasse oder einem gemeinsamen Brainstorming über die zu erwartenden Ergebnisse des Versuches. Die Lösungsvorschläge sollten an der Tafel fixiert und erst dann mit dem Versuch begonnen werden. Die Schülerinnen und Schüler könnten anhand der Meßergebnisse, die sie während des Versuchs gewinnen, anschließend die vorher notierten Lösungsvorschläge an der Tafel besprechen.
Eine weitere – und sehr reizvolle – Möglichkeit wäre der „Bluff". Die Lehrerin gibt zu Beginn der Stunde etwas Falsches vor – sie formuliert also in diesem Falle die Erwartung, die Meßreihe müsse eine Kurve ergeben („... ist doch logisch, je heißer das Wasser wird, desto mehr Energie braucht man ...")! Die Schülerinnen und Schüler, denen vielleicht mehrheitlich diese Lehrerinnenaussage eingeleuchtet hat, haben jetzt die Möglichkeit, sukzessive während der Meßreihe immer deutlichere Abweichungen zu registrieren. Zweifel an der Aussage werden geäußert, Vermutungen über die Ursache dieser Abweichungen genannt, erste theoretische Ansätze formuliert („... ist doch klar, das Wasser wird ja auch nicht mehr ...") etc.
Diese letzte Einstiegsvariante ist nicht in jeder Situation und in jeder Lerngruppe einsetzbar und beinhaltet ganz sicher auch ein gewisses Risiko. Die Klasse wird zu Beginn der Stunde getäuscht (man kann auch härter formulieren: belogen), und die Lehrerin macht einen Fehler bzw. ist nicht sachkompetent – zumindest glauben dies die Schülerinnen und Schüler während eines Teils der Stunde. Wenn der Bluff nicht möglichst bald aufgedeckt wird (aber nicht zu früh, sonst ist die Methode sinnlos), könnten die Reaktionen der Schülerinnen und Schüler in Ärger über diesen „Betrug" münden und vielleicht sogar das zukünftige Mißtrauen in Sachkompetenz oder Ehrlichkeit der Lehrerin bedeuten. Man wird diese Einstiegsmethode daher nur anwenden können, wenn ein gutes Verhältnis zwischen der Lehrerin oder dem Lehrer und der Lerngruppe besteht.

Was ist der Unterschied zu dem zuerst beschriebenen Stundenablauf?
Die gerade skizzierten Unterrichtseinstiege hätten die Herausbildung eigener Interessen bei den Schülerinnen und Schülern, die Entstehung des Wunsches, es jetzt „einmal genau wissen zu wollen", ermöglicht – dies allerdings in durchaus unterschiedlichem Maße. Wir wollen nicht verleugnen, daß insbesondere die letzte angedeutetete Einstiegsvariante in mehrfacher Hinsicht problematisch ist (dazu mehr in Kapitel 7), aber sie ist eben auch sehr reizvoll.
Wenn H. v. Hentig in seinem Buch „Schule neu denken" formuliert, Ziel jedes Pädagogen sollte sein, die Schülerinnen und Schüler „... wachsam zu machen gegen Routine, Verführung und Konsumtion" (Hentig 1993, S. 104), so scheint gerade der „Bluff"-Einstieg in unserem „kleinen pädagogischen Alltag" diese Wachsamkeit besser zu fördern als jeder normale (eben: routinierte) Erarbeitungsunterricht.
Es ließe sich sicherlich noch eine Fülle weiterer Varianten zur Einleitung der oben beschriebenen Stunde entwickeln. Deutlich werden sollte an diesem Beispiel, daß der Einstieg in ein neues Thema nicht nur den Verlauf des Lernprozesses strukturiert sowie das Methodentraining der Schülerinnen und Schüler befördert oder behindert, sondern auch über die Motivation und den damit verbundenen Lernerfolg in erheblichem Maße mitentscheiden kann.

Der Aufbau dieses Buches

Mit diesem Buch, in dem wir uns an Lehrerinnen und Lehrer aller Schulstufen, aller Schulformen und aller Fächer wenden, wollen wir anhand von Beispielen, die sämtlich in unserer eigenen unterrichtlichen Praxis erprobt oder anläßlich von Unterrichtshospitationen von uns beobachtet wurden, einen Überblick über die Formenvielfalt von möglichen Unterrichtseinstiegen geben. Wir streben keine enzyklopädische Vollständigkeit an, sondern haben nach den Kriterien Praxistauglichkeit und Handlungsorientierung, aber auch nach unseren subjektiven Vorlieben ausgewählt. Hauptsächlich aber wollen wir Sie, liebe Kolleginnen und Kollegen, dazu einladen, selber die eine oder andere Anregung in die eigene Unterrichtspraxis zu übernehmen. Dabei möchten wir Sie ausdrücklich dazu ermuntern, die vorgestellten Einstiege abzuwandeln, sie Ihren spezifischen Bedürfnissen anzupassen und selber neue zu kreieren. Hinweise und Hilfen hierfür finden Sie in den letzten Kapiteln dieses Buches.
Dieses gelingt dann am leichtesten, wenn Sie selber – etwa im Rahmen einer Lehrerfortbildung – praktische Erfahrungen mit für Sie vielleicht neuen Einstiegsformen machen könnten. Säßen Sie also in diesem Moment leibhaftig vor uns, könnten wir mit Ihnen einen jener ganzheitlichen Einstiege in das Thema „Unterrichtseinstieg" erproben, die wir im folgenden vorstellen möchten. Wir

könnten z.B. ein Standbild bauen zum Thema „Wie stelle ich mir eine gelungene Einstiegssituation vor?" oder eine Sprechmühle inszenieren, bei der Sie mit mehrfach wechselnden Gesprächspartnern das Thema musikalisch unterlegt erarbeiten. All das ist aus naheliegenden Gründen nicht möglich, die Buchform erlaubt kein handlungsorientiertes Vorgehen. Also fallen wir in die Standardform des lehrerzentrierten Einstieges zurück und praktizieren den „informierenden Unterrichtseinstieg", wie er von dem Ehepaar Grell (Grell 1983, S. 104ff., weiteres dazu in Kap. 6) in seinem Buch „Unterrichtsrezepte" vorgeschlagen wurde: Wir verzichten auf allen Motivationsschnickschnack und kommen lieber zügig zur Sache.

Wir wollen in diesem Buch

◆ zunächst den Begriff „Unterrichtseinstieg" klären und deutlich machen, welche grundsätzlichen Aufgaben der Einstieg haben sollte oder könnte;

◆ Ihnen dann mit Hilfe der Didaktischen Landkarte (S. 22f.) einen Überblick über die Formenvielfalt und die Funktionen von Unterrichtseinstiegen geben;

◆ Ihnen im Hauptteil anhand der Systematik der Didaktischen Landkarte die einzelnen Unterrichtseinstiege ausführlich erläutern und mit Hilfe von Beispielen aus unserer eigenen Unterrichtspraxis oder der befreundeter Kollegen illustrieren;

◆ Ihnen darüber hinaus für jede der vorgestellten Varianten einen didaktischen Kommentar liefern, der deutlich machen soll, welche besonderen Vor- und Nachteile der jeweilige Einstieg hat, welche Forderungen er an die Schülerinnen und Schüler (und auch an Sie) stellt und welche Einsatzmöglichkeiten in bezug auf Schulstufen und Fächer wir sehen;

◆ Ihnen am Ende eines Kapitels bzw. im Anschluß an die Einsatzmöglichkeiten jeweils eine „Ideenkiste" präsentieren, in die wir stichwortartige Anregungen, Beispiele und kommentierte Literaturhinweise für konkrete Umsetzungsmöglichkeiten der in diesem Buch vorgestellten Einstiegsmethoden gepackt haben. Die Zusammenstellung dieser Ideen ist subjektiv und weitgehend zufällig, da die Ideen und Vorschläge aus unserer eigenen Unterrichtspraxis oder der befreundeter Kolleginnen und Kollegen stammen. Positiv formuliert bedeutet dies: Wir übernehmen die Garantie dafür, daß der Inhalt dieser „Kiste" nicht in irgendwelchen didaktischen Köpfen oder am Reißbrett entstanden ist, sondern von Praktikern entwickelt und im Unterricht getestet wurde. Manche der Einstiegsmethoden sind allerdings so universell einsetzbar (z.B. die in Kapitel 16 und 17 vorgestellten Gesprächsformen), daß wir auf konkrete Vorschläge verzichtet haben;

◆ Ihnen schließlich im Anhang eine didaktische „Checkliste für Unterrichtseinstiege" vorstellen, mit der wir selber seit einigen Jahren arbeiten. Diese

Der Aufbau der einzelnen Kapitel

Checkliste soll Ihnen sowohl bei der Übernahme unserer Vorschläge als auch bei der Kreation eigener Unterrichtseinstiege als Gerüst, Stütze und Orientierungsrahmen dienen. Da diese Liste zugleich als ordnendes Register für die Einstiege gedacht ist, haben wir den einzelnen Aspekten der Checkliste jeweils diejenigen Einstiegsmethoden gegenübergestellt, die diesen Gesichtspunkt in besonderem Maße repräsentieren.

◆ Des weiteren sind die einzelnen Punkte durchnumeriert, damit Sie sich im Teil B dieses Kapitels zusätzlich darüber orientieren können, zu welchen der von uns vorgestellten Einstiegsmethoden die Charakteristika der Checkliste passen, was Sie also erwarten könnte und worauf Sie achten sollten, wenn Sie eine der vorgestellten Methoden im Unterricht einsetzen wollen.

◆ Im Teil C finden Sie alle Beispiele aus diesem Buch nach Fächern sortiert aufgelistet; die jeweils verwendete Einstiegsmethode und der Jahrgang sind ebenfalls angegeben.

◆ Darüber hinaus kann die Checkliste allen denjenigen unter Ihnen, die in die Lage geraten, Stundenentwürfe für Examina, Lehrproben o.ä. verfassen zu müssen, didaktisch-methodische Hinweise geben.

Der Aufbau der einzelnen Kapitel

Damit Sie sich in diesem Studien- und Praxisbuch auf Anhieb zurechtfinden, haben wir den folgenden Kapiteln bis auf ganz wenige Ausnahmen stets den gleichen Aufbau gegeben, sie können sich also an folgendem Schema orientieren:

Vorbemerkungen
Sie behandeln das Wesentliche und das Gemeinsame der in diesem Kapitel vorgestellten Methoden.

Grundüberlegungen zur Didaktik
Es soll deutlich werden, welche inhaltlichen und interaktionellen Bereiche die Methode anstrebt, was ihre Ziele sind und welche Schwerpunkte sie setzt.

Voraussetzungen und Vorbereitungen
Es wird geklärt, was alles zu bedenken und zu beachten ist, wenn Sie die Methode einsetzen wollen, und wieviel Zeit und Ernergie Sie benötigen.

Durchführung im Unterricht
Dies ist so etwas wie das Herz jedes Einzelkapitels. Wir wollen ausführlich und möglichst anschaulich beschreiben, wie die jeweilige Einstiegsmethode konkret im Unterricht umgesetzt werden kann. Wenn es irgendwie möglich und sinnvoll ist, soll dies an einem oder auch mehreren Beispielen illustriert werden.

Didaktischer Kommentar
Was können Schülerinnen und Schüler lernen?
Es soll deutlich werden, welche spezifischen Kenntnisse, Fähigkeiten und Fer-

tigkeiten mit dem Einsatz dieser Methode angesprochen, verstärkt und geübt werden können. Hierbei haben wir nicht nur die inhaltlichen, sondern ebensosehr die sozialen Lernziele vor Augen, denn ein Buch über Unterrichtsmethoden ist immer auch ein Buch über interaktionelle Strukturen.

Nachteile und Schwächen

Wenn Sie nicht enttäuscht werden wollen, machen Sie sich vorher mit den Risiken und Nebenwirkungen vertraut.

Welche Einsatzmöglichkeiten gibt es?

Wir werden jeweils nach Alter, Schulformen, Fächern und Themenbereichen differenzieren.

Wir versuchen, diese Fragen aus unseren eigenen Erfahrungen im Unterricht, beim Hospitieren und in der Lehrerfortbildung zu beantworten, außerdem haben wir gezielt Kollegen anderer Schulstufen und anderer Fächer befragt.

2 Begriffsklärung

> „Wie bringe ich den Gegenstand in den Fragehorizont des Kindes? Wie mache ich ihn für das Kind fragenswert? Wie mache ich den Gegenstand, der als Antwort auf eine Frage zustande kam, wieder zur Frage? ... Durch Rückverwandlung toter Sachverhalte in lebendige Handlungen, aus denen sie entsprungen sind: Gegenstände in Erfindungen und Entdeckungen, Werke in Schöpfungen, Pläne in Sorgen, Verträge in Beschlüsse, Lösungen in Aufgaben, Phänomene in Urphänomene." (Roth 1962, S. 123f.)

Unterrichtseinstiege sollen die Schülerinnen und Schüler für das Thema und das Thema den Schülerinnen und Schülern erschließen. Nach knapp zwanzig Jahren Berufserfahrung in der Schule und der Lehrerfortbildung sind wir der Meinung, daß dies Erschließen in der heutigen pädagogischen Praxis zu sehr auf den Sachaspekt und die kognitive Lerndimension verengt wird, wobei es allerdings recht deutliche Unterschiede zwischen den einzelnen Schulstufen und auch den Schulformen gibt. Schülerinteressen, Emotionen, Vorlieben, Werthaltungen, Fähigkeiten und psychomotorische Kompetenzen spielen häufig nur eine untergeordnete Rolle.

Thematische Eingrenzung

Die Kernfrage dieses Buches lautet nicht „Wie beginne ich eine Unterrichtsstunde?", sondern es geht uns in erster Linie um die methodischen Möglichkeiten zur Eröffnung einer neuen thematischen Einheit und deren didaktische Konsequenzen. Es soll also primär nicht um „Stundeneröffnungen" gehen, sondern um „Einstiege in neue Unterrichtsthemen", und wir möchten hier sachlich genau trennen. Daher wollen wir mit einer definitorischen Ab- und Eingrenzung beginnen und deutlich unterscheiden zwischen thematisch motivierten und gestalteten Einstiegen in neue Unterrichtsthemen einerseits und den für die unterrichtliche Interaktion bedeutsamen „Stundeneröffnungsritualen" sowie den „Übungen zum stofflichen Aufwärmen" andererseits.

Nicht jede Unterrichtsstunde wird mit einem neuen Thema begonnen, im Gegenteil, schon in der Primarstufe, spätestens aber mit Beginn der Sekundarstufe sind thematische Unterrichtssequenzen so gestaltet, daß sie über mehrere Stunden oder Wochen reichen. Dennoch hat jede Unterrichtsstunde einen Einstieg, eine Mitte und einen Ausstieg.

Der Unterrichtseinstieg *kann* zusammenfallen mit dem thematischen Einstieg, wird dies aber im Regelfall nicht, da nicht jede Unterrichtsstunde mit einem neuen Thema beginnt. Die Hausaufgabenkontrolle beispielsweise, die die Funktion des Anknüpfens an die vorige Stunde hat, stellt die weitaus häufigste Art des Stundeneinstiegs dar (vgl. etwa Hage 1985).

Die täglichen Stundeneröffnungsrituale und Aufwärmübungen sollen damit keineswegs abgewertet werden, wir sind im Gegenteil der Ansicht, daß Schule ohne „glaubwürdige Rituale" (Winkel 1993), zu denen nicht zuletzt die Stundeneröffnung zählt, ihren pädagogischen Auftrag in der heutigen Gesellschaft schwerlich erfüllen kann. Die vielfältigen Möglichkeiten der Stundeneröffnung – vom „Guten Morgen" über die Hausaufgabenkontrolle bis hin zu den in der Reformpädagogik entwickelten Ritualen wie dem Morgenkreis – wurden in der letzten Zeit berechtigterweise mit mehr Aufmerksamkeit bedacht, nachdem sie jahrzehntelang vernachlässigt worden waren.

Wir wollen in den Kapiteln 4 und 5 jeweils einen kurzen Überblick geben.

Unser Hauptthema jedoch sind die aufwendigeren und teilweise wohl auch „exotischen" methodischen Einstiege in neue Thematiken, die selber durchaus eine ganze Unterrichtsstunde, häufig sogar mehr, in Anspruch nehmen können. Auch wenn es teilweise durchaus Überschneidungen mit den Stundeneröffnungsritualen und den Aufwärmübungen gibt, ist doch der Akzent ein anderer: Methodische Unterrichtseinstiege in neue Themen müssen sich der allgemeinen didaktischen und auch der fachdidaktischen Reflexion unterziehen. Sie sind mehr als bloße Interaktionsrituale, auch wenn Unterrichtsinteraktion ein wesentlicher Aspekt der hier noch vorzustellenden Einstiege ist. Sie müssen ihre jeweils spezifische „Leistung" entfalten und letztlich ihre Legitimation im Zusammenhang von Methode und Inhalt erhalten, daher werden wir uns bemühen, auch die jeweiligen sachlich-inhaltlichen Möglichkeiten und Grenzen, die spezifischen Stärken und Schwächen der einzelnen Einstiegsvarianten aus unseren eigenen Erfahrungen heraus zu kommentieren.

Sicherlich kann eine ganze Reihe der hier vorgestellten Einstiegsmethoden auch in anderen Phasen des Unterrichts eingesetzt werden. Um willkürlich ein paar Beispiele herauszugreifen: Rollen- oder Planspiele, Interviews oder Cluster können sinnvolle Methoden in der Erarbeitungs- oder Vertiefungsphase sein, das „Blitzlicht" kann als Stundenausstiegsritual genutzt werden, das Texttheater den krönenden Abschluß eines Themas bilden. Die didaktische Zielsetzung wäre dann aber eine ganz andere, und das hätte selbstredend Modifikationen in der Vorbereitung und Durchführung zur Folge. Auch Lernziele und Einsatzmöglichkeiten müßten neu bestimmt werden. Wir werden uns daher bemühen, das Einstiegsspezifische jeder Methode deutlich zu machen. Sowohl die Ebene der praktischen Durchführung als auch die der didaktischen Reflexion werden ganz und gar auf die Einstiegssituation ausgerichtet.

Die Funktionen von Unterrichtseinstiegen

Der Begriff „Unterrichtsseinstieg" taucht in der pädagogischen Literatur erstmals in den fünfziger Jahren unseres Jahrhunderts auf und ist zunächst verknüpft mit der Didaktik Martin Wagenscheins (Wagenschein 1975). In der bis dahin vorherrschenden Formalstufenkonzeption der Herbartianer hat er keinen Platz gehabt, dort war allenfalls von „Hinführung" oder „Vorbereitung" als erstem Schritt des streng gegliederten Lernkonzepts (eigentlich eher Lernkorsetts) die Rede (Rein/Pickel/Scheller 1903).

Auch in der didaktischen Diskussion der letzten Jahrzehnte spielt der Unterrichtseinstieg als eigenständige Phase keine Rolle. So geht es beispielsweise sowohl der bildungstheoretischen Didaktik Klafkis wie der lerntheoretisch orientierten „Berliner Schule" in erster Linie um die Auswahl, Begründung und Strukturierung von Inhalten in ihrem bildungs- und gesellschaftspolitischen Kontext und weniger um deren Umsetzung im Schulalltag.

Ebensowenig hatte die in der DDR gebräuchliche „Ziel-Inhalt-Methode-Organisation"-Relation von Klingberg dem Unterrichtseinstieg theoretischen Raum oder praktische Aufmerksamkeit gewidmet (vgl. im Überblick: Jank/Meyer 1991).

Im Begriff „Einstieg" dagegen steckt die Selbständigkeit dieser Phase und die hierbei notwendige Aktivität von Lehrer- und Schülerseite. Wer in etwas einsteigt, und sei es nachts in eine Bank, ist aktiv, übernimmt Verantwortung für das, was er tut, und trägt ein gewisses Risiko, daß die Sache auch schiefgehen kann. Die Bezeichnung „Einstieg" macht die Eigenständigkeit dieser ersten Phase des neuen Unterrichtsthemas deutlich. Der Einstieg wird so nicht reduziert auf ein bloßes Anhängsel des Unterrichtsinhalts, sondern bekommt didaktische Eigenständigkeit! Damit müssen sich die thematischen Einstiege, um die es in diesem Buch geht, aber auch einer didaktischen Funktionsbestimmung unterwerfen, denn diese muß geklärt sein, bevor man die konkrete methodische Form bestimmen kann. Funktionen lassen sich nicht direkt beobachten, sondern sind Gegenstand unserer deutenden Interpretation. Ein bestimmter Einstieg kann immer mehrere Funktionen in unterschiedlichen Gewichtungen gleichzeitig erfüllen. Wir wollen daher an dieser Stelle die möglichen Funktionen von Unterrichtseinstiegen auflisten. Der Einstieg soll:

- ◆ neugierig machen,
- ◆ Interesse am neuen Thema wecken,
- ◆ eine Fragehaltung bei den Schülerinnen und Schülern hervorrufen,
- ◆ zum Kern der Sache führen, also zentrale Aspekte des neuen Themas ansprechen,
- ◆ die Verantwortungsbereitschaft der Schülerinnen und Schüler für das, was und wie sie selber lernen wollen, ansprechen und wecken,

◆ die Schülerinnen und Schüler in dem Sinne disziplinieren, daß eine erfolgreiche und effektive Zusammenarbeit ermöglicht wird.

Neben diese wichtigsten Anforderungen, die nach unserer Meinung von jedem Unterrichtseinstieg erfüllt sein sollten, treten eine Reihe von möglichen weiteren Aspekten, die sich untereinander teilweise ergänzen, teilweise gegenseitig ausschließen.
Der Unterrichtseinstieg kann:
◆ die Schülerinnen und Schüler über den geplanten Verlauf der weiteren Einheit informieren und ihnen damit einen genauen Orientierungsrahmen geben,
◆ die Lust am Lösen von Rätseln wecken,
◆ an die Vorerfahrungen und Vorkenntnisse anknüpfen und eine Verbindung zu den neuen Inhalten herstellen, Altes und Neues also vernetzen,
◆ vertraute und „liebgewordene" Gewohnheiten und Kenntnisse in Frage stellen, verfremden, sogar (scheinbar) abwerten und ablehnen, aber auch aufwerten,
◆ das Verständnis um die Notwendigkeit regelgeleiteten Zusammenarbeitens hervorrufen und fördern,
◆ den Schülerinnen und Schülern zur Selbsterfahrung innerhalb einer Gruppe verhelfen und damit sowohl das Selbstvertrauen als auch die Sicherheit im Umgang mit anderen stärken,
◆ den Schülerinnen und Schülern einen handlungsorientierten Umgang mit dem neuen Thema ermöglichen oder diesen sogar fordern.

Da wir beide der Konzeption des Handlungsorientierten Unterrichts nahestehen, messen wir dem letzten Aspekt besondere Bedeutung zu. Die meisten der von uns vorgestellten thematischen Einstiege bauen auf dieser Konzeption auf und setzen in mehr oder weniger ausgeprägter Form die Aktivität der Schülerinnen und Schüler im handelnden Umgang mit dem Unterrichtsthema voraus.

Methodenlernen
In seinem Buch „Methodentraining" spricht Heinz Klippert vom „Teufelskreis von Belehrung und Unterweisung" und fordert „aktiv-kreative Zugänge zum jeweiligen Lernstoff" (Klippert 1994, S. 25). Die Schule fördere einseitig den abstrakt-verbalen Lerntypus und vernachlässige den praktisch-anschaulichen, dem die Mehrzahl der Schülerinnen und Schüler zuzuordnen sei. Nach unseren eigenen Erfahrungen ist den meisten Schülerinnen und Schülern gar nicht bewußt, daß die Schule ihnen auch Methodenkompetenzen vermitteln soll. Auf entsprechende Nachfragen nennen sie eher „Lernverhinderungsmethoden" (Meyer 1987) wie „ein kluges Gesicht machen", „sich hinter dem Vordermann ver-

Die Funktionen von Unterrichtseinstiegen

stecken" und anderes mehr! „Mit den Jahren lernen Schüler Techniken, ganze Vormittage zu verbringen, ohne daß sie wüßten, welche Inhalte behandelt worden sind" (Ziehe 1982, S.149).

Wenn der Einstieg in ein neues Thema so etwas wie die „Visitenkarte" der Lehrer und Schüler sein soll, dann sind Klipperts Forderungen für diese erste Phase von besonderer Bedeutung. Wer nicht von Beginn an aktiv eingebunden wird, hat später kaum noch eine Chance und schon gar keine Motivation, sich selber zu beteiligen und „einzubringen".

Die hier präsentierten Einstiegsmethoden sind daher auch nach dem Gesichtspunkt des Methodenlernens ausgewählt worden. Der in den diversen Landesschulgesetzen fixierte Bildungsbegriff ist ein durchaus anspruchsvoller, denn er impliziert die Dimensionen der Mündigkeit und der Selbständigkeit (z.B. § 2 des Niedersächsischen Schulgesetzes). Dies kann nach unserer Überzeugung nicht durch eine methodische Monokultur der Belehrung erfolgen, in der die Schülerinnen und Schüler umfangreiches enzyklopädisches Wissen anhäufen. Ein ganz wesentlicher Aspekt von Selbständigkeit und Mündigkeit ist die Methodenkompetenz, die es den Schülerinnen und Schülern ermöglicht, eigenständig Sachgebiete zu erarbeiten und eine eigene „Lernkultur" zu entwickeln.

Hinzu kommt ein letzter und durchaus egoistischer Gesichtspunkt: Die Arbeit mit Schülerinnen und Schülern, die ein gewisses Maß an Methodenkompetenzen erworben haben, ist leichter und befriedigender und entlastet uns Lehrerinnen und Lehrer in weiten Teilen unseres Unterrichts von der strapaziösen Rolle des Wissensvermittlers und Animateurs. Methodenkompetente Schülerinnen und Schüler definieren die Rolle der Lehrerin oder des Lehrers zum Arrangeur und Moderator der Lernsituation um, und sie entwickeln in der Regel ein deutlich höheres Maß von intrinsischer Motivation. Daher trägt nach unserer Erfahrung der erhöhte Aufwand, den Sie bei vielen der hier vorgestellten Methoden treiben müssen, langfristig zu Ihrer Entlastung bei.

Eines jedoch sollten Sie bedenken: „Es ist noch kein Meister vom Himmel gefallen!" – diese Erfahrung haben wir selber machen müssen, und wir wollen sie Ihnen nicht vorenthalten. Konkret: Wenn Sie eine neue Methode im Unterricht einsetzen, sollten Sie nicht damit rechnen, daß gleich beim ersten oder zweiten Mal alles klappt und der Einstieg ein voller Erfolg wird. Auch Lehrerinnen und Lehrer müssen lernen, Erfahrungen machen und Sicherheiten gewinnen! Sie sollten aber die Ursache für das Mißlingen nicht ganz und gar bei der untauglichen Methode suchen, sondern sich um einen langen Atem bemühen und weitere Versuche wagen. Sicherheit gewinnen wir eben nur durch Routinebildung.

3 Die Didaktische Landkarte – eine Gebrauchsanweisung

Auf der folgenden Doppelseite und dem beiliegenden Faltblatt finden Sie eine „Didaktische Landkarte" zum Thema „Unterrichtseinstiege". Sie bildet die Grundlage dieses Buches ab und spiegelt seinen systematischen Aufbau wider. Sie soll Ihnen den Umgang mit den einzelnen Kapiteln erleichtern und kann wie eine Gebrauchsanweisung benutzt werden.

Die Idee, komplexe Sachverhalte oder Strukturen in die Form einer Übersichtskarte zu bringen, haben wir von Hilbert Meyer (Meyer 1987) übernommen. Die „Urform" der hier vorliegenden Didaktischen Landkarte zu Unterrichtseinstiegen haben Liane Paradies und Hilbert Meyer für einen Aufsatz der Zeitschrift „Pädagogik" (Heft 10/1992) entwickelt, wir haben sie seitdem mehrfach verändert und für dieses Buch eine neugestaltete und erweiterte Fassung konzipiert. Falls Sie Näheres über die Lerntheorie wissen wollen, die hinter dieser Art des Ordnens, Strukturierens und „mind mappings" steht, empfehlen wir Ihnen die Bücher von F. Vester und T. Buzan (Vester 1978, Buzan 1984). Ein wenig Theorie zu diesem Thema finden Sie aber auch im Kapitel 14.

Die Funktion der Didaktischen Landkarte

Sie finden in den folgenden Kapiteln insgesamt rund 40 Abschnitte, in denen jeweils eine Einstiegsmethode vorgestellt und didaktisch kommentiert wird. Das Inhaltsverzeichnis am Anfang des Buches kann Ihnen außer den Überschriften, die wir den einzelnen Methoden gegeben haben, keine weiteren Informationen liefern, daher wollen wir diese eher spärlichen Auskünfte mit Hilfe der Landkarte in einen genaueren und anschaulicheren Überblick bringen und Ihnen so die Orientierung innerhalb des Buches und der einzelnen Kapitel erleichtern.

Dazu ist ein kurzer Exkurs in unsere „subjektive Theorie" der Unterrichtsvorbereitung notwendig:
Unterrichtsplanung läuft nach unseren Erfahrungen in der Praxis bei berufserfahrenen Kollegen selten so ab, wie dies die vielen didaktischen Schulen (im Überblick: Jank/Meyer 1991) in mehr oder weniger ausgefeilter und feinstrukturierter Form beschreiben! Lehrerinnen und Lehrer haben eine ganz eigene „alltagsdidaktische Theorie" im Hinterkopf, die sich aus der eigenen Biographie und vielen anderen Einflußfaktoren gebildet hat (Haas 1993). Nun ist diese „Alltagsdidaktik" ganz sicher selbst dann, wenn der jeweilige Pädagoge es gar nicht mehr weiß, von einer oder mehrerer der didaktischen Schulen geprägt, aber dies hat für die konkrete Stundenplanung eine eher untergeordnete Rolle.

Die Funktion der Didaktischen Landkarte 21

In den Lehrerfortbildungsveranstaltungen, die wir in den letzten Jahren moderiert und in denen wir eine Reihe der hier veröffentlichen Methoden vorgestellt haben, hat uns bisher noch kein einziges Mal einer der Teilnehmer nach dem Zusammenhang oder der Zuordnung der jeweiligen Methode zu einer der didaktischen Theorien gefragt!
Wir schließen daraus, daß die ausgefeilten didaktischen Modelle nur in wenigen Situationen unseres Lehrerlebens eine dominierende Rolle spielen, etwa im Referendariat und später bei Lehrproben oder sonstigen Vorführstunden, im übrigen Alltag aber eher den Charakter von „Feiertagsdidaktiken" haben. Wir benutzen diesen doch stark abwertenden Begriff hier mit aller Vorsicht und ausschließlich aus unserer Perspektive als Schulpraktiker – und als solche halten wir es mit dem Motto des schon erwähnten Buches von Jochen und Monika Grell: „Unterricht ist ein sehr komplexes Geschehen. Und genau deswegen brauchen wir Rezepte".
Das ist aber nicht so zu verstehen wie bei der Benutzung von Kochrezepten, die nur „mechanisch" und Satz für Satz angewendet zu werden brauchen, um das gewünschte Ergebnis zu erzielen, sondern Unterricht ist eben deshalb so komplex, weil sich eine bestimmte Unterrichtssituation niemals ein zweites Mal vollkommen identisch wiederholt. Daher gilt es, die Waage zu halten zwischen dem notwendigen Abstraktionsgrad, der den Handlungscharakter einer Methode überhaupt erst herstellt, und der praktisch-konkreten Arbeitsanleitung, die der Begriff Rezept ja impliziert.

Wir haben in Gesprächen mit Kollegen erfahren, daß sich die Planung einer Einheit oder Stunde in der Regel um *eine Idee, einen Grundgedanken* kristallisiert. Um diesen „Kristallisationskern" herum wird dann die weitere Planung aufgebaut. Auch Berufsanfänger planen nach einem ähnlichen Schema, wie wir während der letzten Jahre bei der Betreuung von Lehramtsstudenten erfahren haben. Diese Studenten kommen „frisch von der Uni" an die Schule und erhalten dort von dem sie betreuenden Lehrer Klasse und Stoff genannt, und dann sitzt man häufig im gemeinsamen Nachdenken, bis jemand eine zündende Idee gefunden hat, die inhaltlicher, methodischer oder sonstiger Natur sein kann. Aus diesem Kern heraus wird dann ein konkreter Plan für die Stunde geschaffen, und bei dieser Planung werden dann selbstredend alle die wichtigen didaktischen Kategorien, die in der Literatur genannt werden, angemessen berücksichtigt.
Da dieses Schema einen Großteil der schulischen Alltagspraxis in bezug auf Unterrichtsvorbereitung wiedergibt, haben wir dieses Buch so aufgebaut, daß jeder, der eine methodische Grundidee oder zu einem vorhandenen inhaltlichen Fundament einen entsprechenden methodischen Baustein sucht, sich mit Hilfe der Didaktischen Landkarte schnell und problemlos orientieren und die genaueren Informationen in dem entsprechenden Abschnitt nachlesen kann.

Der Aufbau der Didaktischen Landkarte

Die Landkarte ist strukturiert in vier Sektoren und ein Anhängsel an der rechten Außenseite.

3. Die Didaktische Landkarte

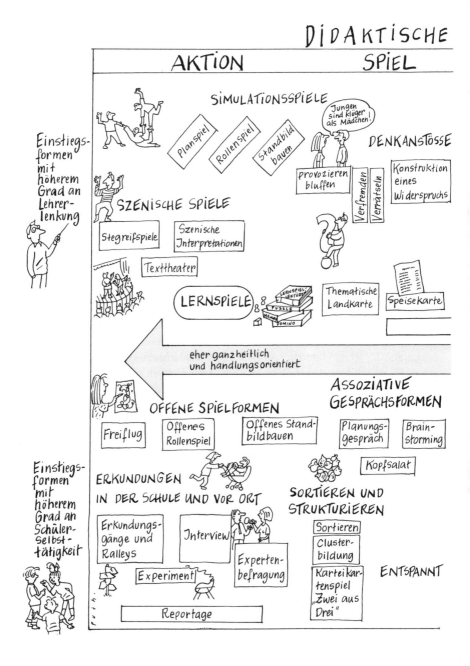

Die Didaktische Landkarte 23

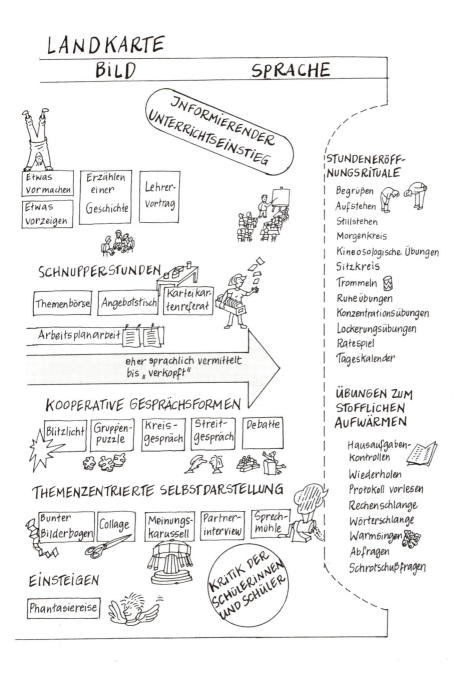

24 3. Die Didaktische Landkarte

In diesem noch einmal unterteilten „Appendix" sind die wichtigsten und häufigsten Stundeneröffnungsrituale und Übungen zum methodischen Aufwärmen aufgelistet, die nicht Thema dieses Buches sind. Dennoch widmen wir ihnen zwei kurze Kapitel:
Zum einen sind die Übergänge zu den thematischen Einstiegen fließend, wie wir mit der gestrichelten Linie deutlich machen wollten.
Zum anderen sind einige der Rituale und Übungen im pädagogischen Alltag wahrscheinlich noch ziemlich unbekannt und könnten von daher Ihre Neugierde wecken, und dies um so mehr, als hinter manchen auch größere reformpädagogische Ansätze stecken.

Die Karte geht von einer Vierteilung aus, die wir zunächst erläutern möchten:
Auf dem waagerechten Pfeil in der Mitte finden Sie nach rechts gerichtet die Formulierung „eher sprachlich vermittelt bis verkopft" und zur linken Seite „eher ganzheitlich und handlungsorientiert". Je weiter eines der „Methodenkästchen" am rechten oder linken Rand steht, desto mehr trifft die in dem Pfeil stehende Charakterisierung zu.
Am linken Rand der Karte steht oben in bezug auf die obere Hälfte: „Einstiegsformen mit höherem Grad an Lehrerlenkung" und für den unteren Teil „Einstiegsformen mit höherem Grad an Schülerselbsttätigkeit". Je mehr die einzelne Einstiegsmethode dem oberen oder unteren Rand nahekommt, desto mehr gilt die jeweilige Charakterisierung. Wir vernachlässigen weitgehend den Beitrag der Schülerinnen und Schüler an der Planung des Unterrichts und konzentrieren uns auf die „Durchführungsbeteiligung", denn dieses ist der eigentliche Kernpunkt, in dem sie sinnvoll aktiv werden können und sollen.
Daraus ergibt sich insgesamt folgende Struktur: Von der ungefähren Mitte der Landkarte können Sie eine gedachte Linie zu der Sie augenblicklich interessierenden Methode ziehen und daraus den jeweiligen Grad an „Lehrerlenkung" oder „Schülerselbsttätigkeit" ebenso ablesen wie das Maß an „Verkopfung" oder „Ganzheitlichkeit" (Grundsatzbedingungen).
Die sich über der Landkarte befindende Vierteilung in „Aktion, Spiel, Bild, Sprache" bildet keine eigene Kategorisierung, sondern soll die Aufteilung des waagerechten Pfeils zusätzlich verdeutlichen.
Je weiter Sie auf der Karte nach rechts geraten und je höher Sie hierbei kommen, desto mehr wird die sich dort befindende Methode sprachlich vermittelt sein und desto höher ist der Grad der Lehrerlenkung. Folgerichtig finden Sie dort den „Informierenden Unterrichtseinstieg" und den „Lehrervortrag".
Dieses Orientierungsschema gilt auch für die einzelnen Kapitel. Je mehr die einzelnen „Methodenkästchen" zur Mitte hin oder von ihr weg angeordnet sind, desto kleiner bzw. größer ist die Nähe zu den Grundsatzbedingungen. In dem Ab-

Der Aufbau der Karte   **25**

schnitt zur „Themenzentrierten Selbstdarstellung" zum Beispiel bedeutet der
Weg von rechts nach links, also von der „Sprechmühle" bis zum „Bunten Bilderbogen", daß die Bedeutung der rein sprachlichen Vermittlung der Unterrichtsinhalte zugunsten optischer und bildnerischer Zugangsweisen abnimmt.
Die Reihenfolge der Abschnitte ist gegen den Uhrzeigersinn gerichtet. Wir beginnen also rechts in der Mitte mit den „Ritualen" und den „Übungen", dann geht
es auf der oberen Hälfte weiter vom „Informierenden Unterrichtseinstieg" bis zu
den „Szenischen Spielen", und auf der unteren Hälfte zurück von den „Erkundungen in der Schule und vor Ort" bis zur „Phantasiereise" und der „Kritik der
Schülerinnen und Schüler". Die Reihenfolge „gegen den Uhrzeigersinn" hat ausschließlich ästhetische Gründe, wir fanden die Landkarte in dieser Anordnung
am übersichtlichsten.

Stundeneröffnungsrituale

Vorbemerkungen

Die meisten der heute im Schuldienst tätigen Lehrerinnen und Lehrer sind in den fünfziger und sechziger Jahren selber zur Schule gegangen und werden noch Erinnerungen an diese Zeit haben. Uns fällt bei einem Vergleich mit der heutigen Situation neben anderen Unterschieden nicht zuletzt das weitgehende Verschwinden der Rituale auf: das Auf- bzw. Strammstehen und das Gebet am Anfang der Stunde, die Turnübungen am offenen Fenster, das gemeinsame Singen eines Liedes auch noch in höheren Klassen, das nach festen Regeln ablaufende Kontrollieren der Hausaufgabe oder die ebenfalls streng ritualisierte Rückgabe einer Klassenarbeit.
Wir selber haben während unserer Ausbildung als engagierte und von der Studentenrevolte beeinflußte Lehramtsstudenten viele dieser Rituale als undemokratisch und autoritär verteufelt und ihre Abschaffung gefordert. Viele Kollegen qualifizieren die Rituale auch heute noch als Ausdruck konservativer Pädagogik ab, die die Schülerinnen und Schüler zur unkritischen Anpassung erzögen. Auch wir sind nach wie vor der Meinung, daß einige dieser Rituale zu Recht abgeschafft worden sind!
Aber was uns damals verlorenging und erst heute wiederentdeckt wird, ist die didaktische Reflexion der verschiedenen Funktionen von ritualisierten und nach immer gleichem Schema ablaufenden Unterrichtsphasen.
Gerade weil in der heutigen Gesellschaft auch außerhalb der Schule solch ein „ritualisiertes" Verhalten von den Jugendlichen kaum noch gefordert wird, gibt es Disziplinprobleme, auf die viele der oben angesprochenen Kollegen übrigens häufig spontan und heftig reagieren, was Einsichten auf Schülerseite eher verhindert.
Wir denken, daß „glaubwürdige Rituale" (Winkel 1993) eine ganze Reihe von positiven Funktionen haben und das gesamte schulische Leben wie den Unterrichtsprozeß strukturieren können. Wir beschränken uns hier auf die Analyse der Stundeneröffnungsrituale.

Definition und didaktische Funktionsbestimmung

Stundeneröffnungsrituale sind im Gegensatz zu den thematischen Einstiegen weitestgehend standardisiert und stereotyp, d.h., sie verlaufen mehrmals täglich in immer gleicher Art und Weise ab. Wir schlagen daher folgende Definition vor:

Definition und didaktische Funktionsbestimmung

> Stundeneröffnungsrituale bestehen aus immer wiederkehrenden und daher sofort verständlichen, verkürzten und ritualisierten Handlungen, die vielfach in symbolischen Andeutungen mit Aufforderungscharakter verdichtet sind. Gemeinsam ist allen Eröffnungsritualen das Prinzip der „Vorphase" vor dem Beginn der eigentlichen fachlichen Arbeit, die Lehrerin oder der Lehrer kommt nicht sofort zur Sache.

Diese kurzen Rituale am Beginn jeder Stunde haben folgende Funktionen:

♦ Sie können die stets gefährdete „Machtbalance" zwischen Lehrern und Schülern immer wieder stabilisieren. Die Schülerinnen und Schüler müssen sich einem bestimmten Ritual beugen, die Voraussetzung für Unterricht wird so geschaffen.

♦ Gleichzeitig werden Distanz und Nähe innerhalb der Lerngruppe und zur Lehrperson hergestellt, denn die „Machtausübung" wird von der Person der Lehrerin oder des Lehrers weg auf einen Gegenstand oder ein Verfahren gelenkt (Rauschenberger 1987).

♦ Sie können gerade in der Eingangssituation eine klare Unterrichtsstruktur fördern, sie schaffen deutlich sichtbare Eckpunkte.

♦ Sie wirken durch die Rhythmisierung des gemeinschaftlichen Lebens in der Klasse integrierend und geben damit eine verläßliche Orientierung für das Zusammenleben. Diese Integrationsfunktion ist besonders hilfreich für neue Schülerinnen und Schüler und entfaltet ihre Kraft auch dann, wenn diese der deutschen Sprache (noch) nicht mächtig sind.

♦ Schülerinnen und Schüler brauchen häufig am Stundenanfang eine kurze und möglichst hochritualisierte Phase, um sich innerlich aus dem Pausengeschehen oder der vorherigen Stunde zu lösen und sich auf die neue Stunde einzustellen.

♦ Der zumindest eine Zeitlang immer gleiche Ablauf wirkt beruhigend, da die Schülerinnen und Schüler wissen, was auf sie zukommt, und damit gleichzeitig disziplinierend. Sie können klar kalkulieren, welche Verhaltenserwartungen an sie herangetragen werden.

♦ Rituale schaffen Spannung auf das Neue, Überraschende, das nach dem regelmäßig Gleichen kommen wird. Sie verkörpern innerhalb der Dialektik von Verläßlichkeit und Freiheit/Spontaneität, die für guten Unterricht unverzichtbar ist, den ruhenden, bekannten Pol, auf den man sich als Schülerin oder Schüler ohne „Risiko" verlassen und einlassen kann.

Damit ermöglichen die Unterrichtseinstiegsrituale dann, wenn sie richtig eingesetzt werden, Ruhe und Konzentration auf das Kommende.

Die Einstiegsrituale müssen selbstredend immer wieder auf ihre Sinnhaftigkeit überprüft und gegebenenfalls modifiziert werden. Dies gilt insbesondere für den

28 4. Stundeneröffnungsrituale

Aspekt der Altersangemessenheit. Sie dürfen ebensowenig zum „Unterwerfungsritual" verkommen wie zur kindischen Spielerei, sondern sollen den gegenseitigen Respekt zum Ausdruck bringen.

Ein Beispiel zur Anregung: das Windspiel

Alle Eröffnungsrituale, die wir kennengelernt haben, bedürfen der gemeinsamen Absprache mit der Klasse. Auch die anderen in der Klasse unterrichtenden Kollegen sollten zumindest informiert werden.

Die kürzesten und häufigsten Eröffnungsrituale sind das geräuschvolle Betreten des Klassenraumes, das ritualisierte Begrüßen und Aufstehen sowie die überdeutliche Formulierung des Wortes „so" mit der entsprechenden Betonung.

Ein denkbar einfaches Ritual, mit dem wir beste Erfahrungen gemacht haben (besonders dann, wenn alle Kollegen in der Klasse mitmachen), ist das „Windspiel". Wir hängen in die Klasse nahe der Eingangstür ein Windspiel, bestehend aus kleinen Glöckchen oder aneinanderschlagenden Kupferstangen, das nach Berührung etwa zwei Minuten lang klingt. Dieses Windspiel wird von der eintretenden Lehrerin oder dem Lehrer in Bewegung gesetzt. In dem Augenblick, in dem der letzte Ton verklungen ist, müssen alle Schülerinnen und Schüler auf ihrem Platz sitzen, die entsprechenden Unterrichtsmaterialien für das Fach ausgepackt haben und ruhig sein – so die gemeinsam getroffene Vereinbarung.

Einige, die schon die Materialien ausgepackt haben, entspannen sich kurz, indem sie den Kopf auf die Arme legen, andere packen ihre Sachen aus, andere müssen noch schnell mit den Mitschülern reden oder überschüssige motorische Energie loswerden. Alle gemeinsam haben die Gewißheit, daß in diesen zwei Minuten der Unterricht noch nicht anfängt und sie das Recht haben, sich auf ihre Weise auf „die Sache" vorzubereiten, aber alle wissen auch ganz genau, daß diese Phase mit dem letzten Ton endet, die Lehrerin oder der Lehrer dann von ihnen Aufmerksamkeit und Konzentration erwartet und notfalls auch Sanktionen verhängt, wenn sich jemand nicht an die Abmachung hält. Wir haben gute Erfahrungen damit gemacht, nicht irgendwelche willkürlichen Strafen zu verhängen, sondern in Absprache mit der Klasse einen Katalog von Tätigkeiten aufzustellen, die die Schülerinnen und Schüler ungern erledigen, die aber für die Klassengemeinschaft wichtig sind.

Der Phantasie sind bei dieser Art des Eröffnungsrituals natürlich keine Grenzen gesetzt, das einzig Wichtige daran ist, daß eine in jeder Stunde gleiche, von allem Fachunterricht völlig unabhängige und etwa zwei Minuten dauernde Phase deutlich gekennzeichnet wird, sei dies nun durch akustische, optische oder sonstige Hilfsmittel. Auf der Didaktischen Landkarte finden Sie eine Reihe weiterer Eröffnungsrituale.

Das Gegenargument, man würde auf diese Art ja noch mehr von der kostbaren Unterrichtszeit verlieren, halten wir aus zwei Gründen für nicht stichhaltig:
- ◆ Keine Lehrerin und kein Lehrer kann sofort mit dem Stoff beginnen. Selbst dann, wenn alle pünktlich zum Stundenbeginn im Raum sind und auf ihrem Platz sitzen, vergeht einige Zeit, bis man wirklich anfangen kann.
- ◆ Der dennoch auftretende minimale Zeitverlust wird durch die Erhöhung der Konzentration mehr als ausgeglichen.

Ideenkiste

Das „Pädagogik"-Heft 1/1994 zum Thema „Rituale" beschäftigt sich mit der „Kultur des Zusammenlebens" in der Schule. Ein theoretischer Aufsatz von Arno Combe zur Frage, wie belastbar Rituale im Schulalltag sind, wird umrahmt von einer Reihe konkreter Ideen und Anregungen, zum Beispiel das „Ritual mit der Postmütze" (ein Symbol für die täglich wechselnde Ausübung eines Amtes, S. 18ff.) oder der ritualisierte Morgenkreis mit der Auswahl der „Tagesfarbe" (S. 14).

5 Übungen zum stofflichen Aufwärmen

Vorbemerkungen

Die Verwandtschaft der Rituale am Stundenbeginn mit den Übungen zum stofflichen Aufwärmen ist recht groß. Wir kennen einige Lehrerinnen und Lehrer, die grundsätzlich mit dem immer gleichen Ritual der Hausaufgabenkontrolle, die jeden Tag nach dem gleichen Schema verläuft, ihre Stunden beginnen. Die im letzten Kapitel beschriebenen positiven Funktionen, die ein Ritual an sich haben kann, sind bei einem derartigen „Kontrolleinstieg" natürlich nicht gegeben. Statt Entspannung und Konzentration wird wohl häufig eher Angst vor dem „Drankommen" das herrschende Gefühl zumindest der Schülerinnen und Schüler sein, die ihre Aufgaben nicht oder unvollständig erledigt haben.

Natürlich muß die Erledigung von Hausaufgaben ebenso kontrolliert werden wie andere zu erbringende Leistungen der Schülerinnen und Schüler, aber wir plädieren dafür, dies etwas phantasievoller und mit wechselnden Methoden zu gestalten.

Definition und didaktische Funktionsbestimmung

Im Gegensatz zu den stoffunabhängigen Ritualen sind die Übungen zum stofflichen Aufwärmen an die jeweilige Unterrichtsthematik und ihre sachlogische und stoffliche Struktur gebunden. Als gemeinsames und daher standardisierendes Element ist aber ihr wiederholender und überprüfender Charakter herauszuheben. Wir schlagen daher folgende Definition vor:

> Der thematische Einstieg zu Beginn einer Stunde soll in möglichst kurzer und konzentrierter Form am Stoff der vorigen Stunde anknüpfen und den Schülerinnen und Schülern die Arbeitsergebnisse der letzten Stunde, die offengebliebenen Probleme, die vorgeschlagenen Lösungsstrategien oder die Meinungen einzelner wieder in das Gedächtnis rufen.

Die Übungen zum stofflichen Aufwärmen können folgende Funktionen haben:
- ♦ Sie geben den Schülerinnen und Schülern eine strukturierende Gedächtnishilfe zur gedanklichen oder pragmatischen Rekonstruktion der in der vorigen Stunde erlernten Kenntnisse, Fähigkeiten oder Fertigkeiten.
- ♦ Sie ermöglichen der Lehrerin oder dem Lehrer die Kontrolle darüber, wie genau die Lernziele der letzten Stunde erreicht worden sind und welche Defizite noch aufgearbeitet werden müssen.

◆ Sie ermöglichen allen Schülerinnen und Schülern die entsprechende Selbstkontrolle.

◆ Sie geben die Gelegenheit, Probleme und Schwierigkeiten, die bei der Erledigung der Hausaufgaben aufgetreten sind, zu benennen und zu beseitigen.

◆ Sie wirken nicht zuletzt auf die Klasse disziplinierend in bezug auf die Erledigung der Hausaufgaben, und sie fordern Aufmerksamkeit und Konzentration von Schülerseite.

Drei Beispiele zur Anregung: Rechenschlange, Rechencrack und Eierknacker

In der fünften und sechsten Klasse ist es unbedingt notwendig, die Grundrechenarten regelmäßig zu wiederholen, weil die Kopfrechensicherheit unabdingbare Voraussetzung für den gesamten weiteren Mathematikunterricht ist. Wir möchten Ihnen einige für Schülerinnen und Schüler spannende Varianten vorstellen, die Sie etwa zwei- bis dreimal wöchentlich einsetzen können.

Die „*Rechenschlange*": Die Klasse wird in zwei Gruppen geteilt, die sich in einer langen Reihe hintereinander so aufstellen, daß die beiden ersten in der Reihe sich gegenüberstehen. Die Lehrerin oder der Lehrer stellt eine Kopfrechenaufgabe, und die Schülerin oder der Schüler mit der richtigen und schnelleren Antwort darf sich wieder hinten in der eigenen Reihe anstellen, während die oder der andere sich setzen muß. Dann treten die jeweils zweiten in der Reihe gegeneinander an und so fort. Verloren hat diejenige Gruppe, in der zuerst alle sitzen.

Der „*Rechencrack*": Beim ersten Einsatz dieser Methode stellt die Lehrerin oder der Lehrer zu Stundenbeginn der gesamten Klasse eine mehrteilige Kopfrechenaufgabe. Wer zuerst die richtige Antwort sagt, wird für diese Stunde „Rechencrack" und darf sich zu Hause für die nächste Runde eine entsprechende Kopfrechenaufgabe ausdenken und so fort. Da auf diese Weise aber nur die besten Rechner das Spiel unter sich ausmachen würden, sollten Sie als Lehrer für jeden gewesenen Rechencrack eine „Sperrfrist" verhängen, in der er allenfalls außer Konkurrenz mitrechnen darf, um die Schwächeren nicht völlig zu demotivieren. Zusätzlich können Sie die Klasse in mehrere Leistungsgruppen aufteilen, in denen dann jeweils ein „Crack" gefunden wird, so daß auch die Leistungsschwächeren Spaß an dieser Aufgabe bekommen.

Der „*Eierknacker*" erfordert ein bißchen Sammeltätigkeit und Vorbereitungsaufwand. Sie müssen etwa 60 bis 70 Döschen, wie sie in den „Überraschungseiern" zu finden sind, sammeln (möglich sind natürlich auch leere Filmdosen o.ä.). In jede Dose kommt eine Rechenaufgabe mit einer Kennziffer. Der Gewinner der letzten Runde erhält ein Blatt mit den Lösungen (also z.B.: Bei Aufgabe Nr. 17 kommt 249 heraus) und leitet das Spiel. Jede Schülerin und jeder Schüler darf sich aus einem Sack eine Dose herausnehmen und öffnen. Wer glaubt, die richtige Lösung errechnet zu haben, geht zum Spielleiter und trägt das Ergebnis vor. Wer sich verrechnet hat, scheidet aus, wer die richtige Lösung gefunden hat, darf ein neues Ei öffnen. Gewinner ist, wer die meisten Eier „geknackt" hat. Sie oder er übernimmt die Funktion des Spielleiters in der nächsten Runde.

Ideenkiste

Im Fremdsprachenunterricht können Sie mit Hilfe einer großen Vokabellernscheibe aus Holz, die mit Schultafellack gestrichen ist (kann man selber herstellen) und die zu Stundenbeginn vorne in den Klassenraum gestellt wird, regelmäßige Vokabelwiederholungen inszenieren. Die Übung kann Wettbewerbscharakter erhalten, wenn Sie die Klasse in zwei Gruppen aufteilen.

Die Scheibe kann auch im Mathematikunterricht (Kopfrechnen) oder im Grammatikunterricht (Wortarten/Zeiten/Fälle ...) eingesetzt werden.

Weitere Anregungen finden Sie am rechten Rand der Didaktischen Landkarte.

Informierender Unterrichtseinstieg

Vorbemerkungen
Sicherlich erscheint es auf den ersten Blick eher banal und selbstverständlich, daß jemand, der andere Menschen von Berufs wegen belehren will, diesen vorher sagt, was er mit ihnen vorhat, ihnen also mit anderen Worten einen „Informierenden Einstieg" präsentiert. In der Schule aber liegen die Dinge nicht so einfach, denn eine ganze Reihe von Unterrichtseinstiegskonzepten setzt geradezu das Nichtwissen der Schülerinnen und Schüler in bezug auf das sie Erwartende voraus. Alle Varianten des „entdeckenden" bzw. „genetischen" Lernens (vgl. etwa Wagenschein 1975) beispielsweise erfordern ebenso den Überraschungs- oder Aha-Effekt wie die im Kapitel 7 dargestellten Einstiegsvarianten.

Grundüberlegungen zur Didaktik
Dagegen beruht das Konzept des Informierenden Unterrichtseinstieges auf zwei speziellen Annahmen:
1. Lehrerinnen und Lehrer sollen auf jeden „Motivationsschnickschnack" wie Überraschungseffekte oder Frageimpulse verzichten und den Schülerinnen und Schülern klipp und klar sagen, worauf sie in der jeweiligen Stunde oder Unterrichtseinheit hinauswollen.
2. Radikale Vertreter dieses Konzeptes, z.B. Jochen und Monika Grell, gehen von der Annahme aus, daß Schülerinnen und Schüler prinzipiell nicht durch irgendwelche „Tricks" motiviert werden können, sondern Lernbereitschaft nur entwickeln durch eine klare Präsentation dessen, was gelernt werden soll.

Die Grells haben in ihrem Buch „Unterrichtsrezepte" ein engagiertes Plädoyer für den Informierenden Unterrichtseinstieg gehalten, wir zitieren der Einfachheit halber die von ihnen weiter genannten Vorgehensweisen:
„Ich gebe den Schülern die Ziele des Unterrichts bekannt (mündlich und/oder schriftlich an der Tafel),
ich gebe den Schülern eine Übersicht über den geplanten Stundenverlauf und seine Abschnitte,
ich begründe, warum die Ziele wichtig sind, oder diskutiere dies mit den Schülern (Warum muß man das lernen?)." (Grell 1982, S. 106)
Wir halten dieses Konzept für eine, aber beileibe nicht die einzige Möglichkeit, in ein neues Thema einzusteigen, und werden im didaktischen Kommentar die Vor- und Nachteile erörtern.

Voraussetzungen und Vorbereitung

Besondere Voraussetzungen sind nicht zu bedenken, und auch die Vorbereitungen bleiben im Vergleich zu anderen Einstiegsvarianten eher gering, dürfen deshalb aber keineswegs unterschätzt werden: Der Informierende Unterrichtseinstieg zwingt die Lehrerin oder den Lehrer dazu, die Stunde oder Einheit vorher sorgfältig zu planen und zu strukturieren, denn man legt sich mit der Veröffentlichung der eigenen Planung fest! Die Erarbeitung einer literarischen Epoche im Literaturunterricht kann auf Dutzende von verschiedenen Weisen erfolgen, der Informierende Unterrichtseinstieg verlangt eine klare Entscheidung von seiten des Lehrenden, ob z.B. von einem aktuellen Thema ausgegangen werden soll oder ob eine eher deduktive Herangehensweise eingeschlagen wird.

Durchführung im Unterricht

Wir möchten das an einem Beispiel illustrieren: Deutsch, Klasse 11, Thema der Einheit ist „Die Epoche der Aufklärung". Die Lehrerin hat sich entschlossen, mit einem aktuellen Textbeispiel zum Thema Ausländerfeindlichkeit (Jäger 1992) zu beginnen und dann zur Lektüre von „Nathan der Weise" überzuleiten, dafür steht eine Doppelstunde zur Verfügung.

Das Konzept des Informierenden Unterrichtseinstiegs erfordert, die Lerngruppe mit diesem Plan vertraut zu machen. Die Lehrerin fertigt daher am Stundenanfang folgendes Tafelbild an und erläutert es:

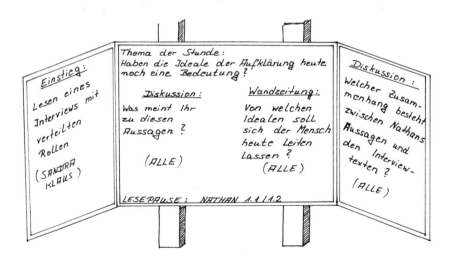

Didaktischer Kommentar

Didaktischer Kommentar

Was können Schülerinnen und Schüler beim Informierenden Unterrichtseinstieg lernen?

Die Schülerinnen und Schüler können sich auf die neue Thematik und das sie erwartende Pensum einstellen. Der „Quiz-Effekt" fällt weg, d.h., sie müssen nicht raten, was denn die Lehrerin oder der Lehrer da vorne wohl gerade bezweckt und was sie (insbesondere im gelenkten Unterrichtsgespräch) wohl sagen sollen dürfen. Die so oft von allen Beteiligten als unecht empfundene Fragesituation des normalen Erarbeitungsunterrichts, in der Lehrer etwas fragen, was sie eigentlich schon längst wissen, wird auf diese Weise im Sinn der Sache funktionalisiert und allen deutlich gemacht. Eher unsichere und zurückhaltende Schülerinnen und Schüler, die sich oft nicht trauen, etwas zu sagen, weil sie nicht wissen, ob es zum Thema gehört oder in die gewünschte Richtung geht, können durch die Eindeutigkeit der Vorgaben zu eigenen Wortbeiträgen ermuntert werden.

Es gibt so etwas wie eine gemeinsame Geschäftsgrundlage für die Stunde, auch die Lernenden können am Stundenende feststellen, ob Plan und Lernziele für die Stunde eingehalten bzw. erreicht worden sind oder nicht. Fehlende oder zu spät kommende Teilnehmer können leichter informiert werden. Und last not least können die Schülerinnen und Schüler den Plan kritisieren und u.U. ändern.

Nachteile und Schwächen

Im zuletzt angesprochenen Aspekt verbirgt sich ein großer Nachteil: Auch wenn die Schülerinnen und Schüler (vielleicht) den Plan noch modifizieren können, ist doch die eigentliche Vorbereitung und Durchführung einseitig lehrerzentriert. Die Lehrerin oder der Lehrer bereitet das Thema zu Hause unter Ausschluß von Schülerbeteiligung vor, und die Schülerinnen und Schüler haben während der Doppelstunde hauptsächlich die Funktion von Stichwortgebern zur Realisierung des Plans – der Informierende Unterrichtseinstieg begünstigt das Konzept der traditionellen Vermittlungsdidaktik.

Der Einsteig ist einseitig „verkopft" und rein kognitiv orientiert. Die Verständigung über die zu lernenden Inhalte und insbesondere die Reflexion über den Sinn dessen, was man denn nun lernen soll, beruhen ganz und gar auf Sprache. Die Schülerinnen und Schüler können nur durch eine kognitive Denkleistung, eine Art gedankliche „Zukunftsschau" die sie persönlich berührende eventuelle Relevanz der Thematik abschätzen. Damit begünstigt der Informierende Unterrichtseinstieg den kognitiven Lerntypus.

Handlungsorientierung im Umgang mit dem Thema ist ebensowenig eingeplant wie ganzheitliche, auf die Einheit von „Kopf, Herz und Hand" zielende Motivierung der Schülerinnen und Schüler.

Einsatzmöglichkeiten
Das Konzept des Informierenden Unterrichtseinstiegs eignet sich für alle Fächer, alle Jahrgangsstufen und alle möglichen Themen! Wenn einem als Lehrer partout überhaupt kein anderer Einstieg einfällt, kann man immer noch den Informierenden Einstieg praktizieren – dies soll allerdings keine Abwertung sein!

Ideenkiste
Anregungen und Rezepte sowie ein ausführliches Plädoyer für den „Informierenden Unterrichtseinstieg" finden Sie bei Jochen und Monika Grell (Grell 1983).

7 Denkanstöße

Vorbemerkungen
Auf der Didaktischen Landkarte finden Sie dieses Kapitel in der rechten oberen Ecke, und das bedeutet dreierlei:

1. Die Einstiege über Denkanstöße sind fast ausschließlich sprachlich vermittelt und bevorzugen daher den kognitiven Lerntypus. Der handelnde Umgang der Schülerinnen und Schüler mit dem Stoff ist zumindest in der Einstiegsphase nicht geplant.

2. Die Einstiege sind weitestgehend von Lehrerseite geplant und inszeniert. Einzelne Schülerinnen oder Schüler können zwar beispielsweise bei der „Provokation" eine Rolle oder eine Funktion übernehmen, aber sie bleiben Stichwortgeber der Lehrerinnen oder Lehrer.

3. Ideen, Anregungen oder auch Geschichten von Schülerinnen oder Schülern können erst als Denkanstöße für thematische Einstiege genutzt werden, wenn sie von der Lehrerin oder dem Lehrer aufgegriffen und zu Hause entsprechend aufgearbeitet werden.

Lehrervortrag

Grundüberlegungen zur Didaktik
Der Lehrervortrag ist bei den Schülerinnen und Schülern als Unterrichtseinstieg eher unbeliebt (vgl. entsprechende Befragungen, Czerwenka 1990). Wir vermuten, daß dies vor allem daran liegt, daß viele Lehrerinnen und Lehrer fließende Übergänge vom Vortrag zum gelenkten Gespräch praktizieren. Auf diesem Wege wollen sie die Aufmerksamkeit sichern und zugleich kontrollieren, ob der Inhalt auch tatsächlich angekommen ist. Wir halten dies für ungeschickt, denn die Schülerinnen und Schüler müssen während des Vortrages immer damit rechnen „dranzukommen", ihre Rolle als Zuhörer ist daher dauernd potentiell gefährdet, und dies verhindert das intensive Zuhören.

Lehrervortrag und gelenktes Unterrichtsgespräch sollten nicht miteinander vermengt werden.

Statt dessen sollten Sie sich bemühen, den Vortrag als kleine, in sich geschlossene Kunstform des Unterrichtseinstieges wiederzubeleben.

Ein negatives Extrem des Lehrervortrags wird durch die folgende Schülerzeichnung aus der Klasse 6 illustriert (der Lehrer, der permanent langweilige Geschichten aus der eigenen Biographie erzählt – schulinterner Spitzname: „Der mit seinem Lebenslauf nervt"):

7. Denkanstöße

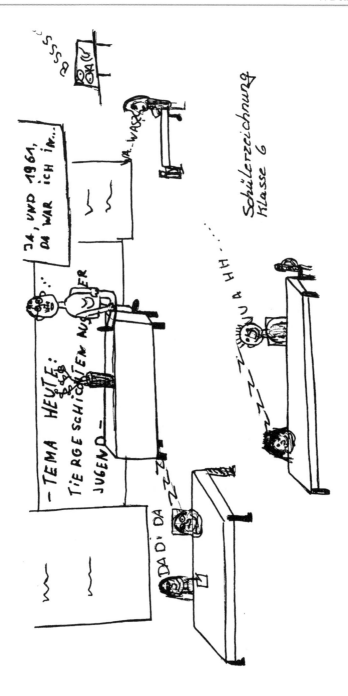

Voraussetzungen und Vorbereitung

Ohne Sachkompetenz geht's nicht, darüber brauchen wir kein Wort zu verlieren. Mit der Sachkompetenz allein ist es aber nicht getan: Der Vortrag sollte lebendig und – falls dies vom Thema her nicht ausgeschlossen ist – humorvoll vorgetragen werden. Lebendigkeit wird natürlich erleichtert, wenn Sie den Vortrag frei oder nur mit Hilfe eines Spickzettels halten. Entsprechende häusliche Übungen sind also nötig. Auch der regelmäßige Blickkontakt und das Reden mit „Händen und Füßen", also mit viel Gestik und Mimik, machen den Vortrag für Ihre Schülerinnen und Schüler interessant.

Durchführung im Unterricht

Auf folgende Kriterien sollte geachtet werden:

◆ Der Vortrag sollte kurz und prägnant sein (fünf bis maximal zehn Minuten – nach dem Motto: „Man kann über alles reden ... nur nicht über zehn Minuten!").

◆ Während des Vortrags sollten Zwischenfragen unterbleiben! Auch Verständnisfragen würden wir nicht zulassen, wenn der Vortrag wirklich kurz ist!

◆ Bevor der Vortrag beginnt, muß geklärt sein, ob sich die Schülerinnen und Schüler Notizen machen sollen oder nicht.

◆ Der Vortrag sollte übersichtlich gegliedert und geordnet vorgetragen werden. Er muß also einen klar definierten Anfang und ein ebenso deutlich mitgeteiltes Ende sowie eine thematisch eindeutige Überschrift haben.

◆ Der Vortrag sollte nicht zu weitschweifig und nicht zu knapp sein! Er kann ruhig Wiederholungen enthalten – nur die Neigung zu Exkursen sollte tunlichst vermieden werden!

Empirische Untersuchungen zur „Speicherkapazität" von Zuhörern haben übrigens ergeben, daß ein Text von zehn Zeilen mittleren Schwierigkeitsgrades 21 mal (!) vorgetragen werden muß, bevor er von Hörern vollständig gespeichert ist. Es wäre natürlich unsinnig, den Vortrag so oft hintereinander zu halten. Sie sollten angesichts dieses Befundes jedoch tolerant gegenüber den Schülerinnen und Schülern sein, wenn diese „schon wieder etwas vergessen haben", und den Vortrag so gestalten, daß nicht jedes Wort und jeder Satz für das Verständnis des Ganzen unbedingt notwendig sind, sondern Ihren Zuhörern Erholungspausen gönnen. Eine gewisse Redundanz im Vortrag ist also sinnvoll.

Fassen Sie zum Schluß des Vortrags noch einmal die wichtigsten Punkte zusammen.

Erläutern Sie vor Beginn des Vortrags der Klasse, welche Funktion er für diese Stunde im Hinblick auf das Thema hat.

Die einzelnen Ratschläge und Hinweise für einen guten Lehrervortrag lassen sich zusammenfassen in einer L–K–G–Regel:

> Ein Lehrervortrag soll lebendig vorgetragen werden, er soll kurz und gut gegliedert sein.

Didaktischer Kommentar
Was können Schülerinnen und Schüler beim Lehrervortrag lernen?
Ein liebevolles Plädoyer für den Lehrervortrag halten Jochen und Monika Grell, auf die wir uns hier ausdrücklich beziehen (Grell 1983, S. 199ff.). Der größte Feind eines guten Lehrervortrags ist nach ihrer Meinung das schlechte Gewissen der Lehrerin oder des Lehrers. Das Vortragen gelte als rückschrittlich, ja, sei sogar verpönt, weil es an vergangene, obrigkeitsstaatliche Zeiten erinnere. Deshalb hielten viele Kollegen das Gespräch für „demokratisch" und den Vortrag für „autoritär", und deshalb ließen sie sich so gern vom eigenen Vortrag abbringen.
Die Forderung der Grells daraus kann verallgemeinert und zu einem übergeordneten unterrichtsmethodischen Grundsatz umformuliert werden:
Sorgen Sie für klare Formen und Abgrenzungen zwischen den verschiedenen im Unterricht eingesetzten Methoden!
Denn nur dann, wenn den Schülerinnen und Schülern jederzeit bewußt ist, welche Unterrichtsmethode praktiziert wird, können sie die für selbständiges Arbeiten unverzichtbare Methodenkompetenz entwickeln.

Nachteile und Schwächen
Zuhören kann eine sehr aktive und spannende Tätigkeit sein, aber der Grat zur Passivität und zum Abschalten ist sehr schmal. Schon bei kurzer Unaufmerksamkeit fällt es oft schwer, sich wieder zu konzentrieren und den weiteren Vortrag zu verstehen.
Zudem fördert der Lehrervortrag die im Kapitel 2 beschriebenen „Lernverhinderungsmethoden" der Schülerinnen und Schüler.

Einsatzmöglichkeiten
Mit einem Lehrervortrag kann man in allen Jahrgangs- und Schulstufen und allen Fächern in ein neues Thema einsteigen.

Erzählen einer Geschichte

Grundüberlegungen zur Didaktik
Warum in unserer heutigen Zeit noch so etwas Altertümliches? Das Geschichtenerzählen ist leider aus der Unterrichtspraxis der Sekundarstufen I und II weitgehend verdrängt worden. Scheinbar gehört dies in die Grundschule und den Kindergottesdienst – aber der Schein trügt. Es gibt nichts Spannenderes als eine gut erzählte Geschichte.

Das Geschichtenerzählen erfordert von der Lehrerin oder dem Lehrer den Einsatz der ganzen Person! Sie liefern sich ein Stück weit den Schülerinnen und Schülern aus. Durch die Ankündigung „Ich will euch jetzt mal eine Geschichte erzählen!" schafft man eine Erwartungshaltung mit einer eigentümlichen Dynamik. Es muß nun gelingen, die Schülerinnen und Schüler zu fesseln. Es ist innerhalb einer Geschichte eben nicht möglich, auf ein gelenktes Unterrichtsgespräch umzuschalten; man kann sich auch nicht hinter Medien verstecken oder sich mit ironischen Bemerkungen der Situation entziehen, sondern muß eine einmal begonnene Geschichte zu einem befriedigenden Ende bringen. Die Angst mancher Lehrerinnen und Lehrer vorm Geschichtenerzählen ist deshalb berechtigt.

Das freie Erzählen einer selbst erfundenen Geschichte ist so etwas wie ein charakterologischer Striptease.

Die Stärken und Schwächen, die innere Ruhe oder Hast kommen dabei zum Vorschein. Und das ist wahrscheinlich der Grund, warum wir uns so selten trauen! Zudem: Wer eine Geschichte erzählen will, muß sich ganz auf das Erzählen konzentrieren und hat weder Kraft noch Zeit, an die vielen anderen Dinge zu denken, die in einer Unterrichtsstunde auch noch geregelt werden müssen.

Voraussetzungen und Vorbereitung
Die Lehrerin oder der Lehrer muß zu Hause eine geeignete Geschichte auswählen oder sich überlegen und deren Vortrag trainieren.

Um sich die Aufmerksamkeit und Spannung der Zuhörer zu sichern, ist es wichtig, die Geschichte lebendig und natürlich vorzutragen. Deshalb sollten wir möglichst nicht ablesen und allenfalls einen Spickzettel zur Hilfe nehmen! Eine nur vorgelesene Erzählung hat nie die Unmittelbarkeit der frei gestalteten.

Durchführung im Unterricht
Anlässe zum Erzählen einer Geschichte in einer Einstiegssituation gibt es unendlich viele. Wir haben daher an dieser Stelle auf ein konkretes Beispiel verzichtet und wollen versuchen, einige allgemeine Durchführungsbedingungen zu skizzieren:

Eine Geschichte sollte anschaulich und altersstufengemäß erzählt werden. Auch ältere Schülerinnen und Schüler haben nach unseren Erfahrungen größtes Vergnügen an einer gut erzählten Geschichte. Es darf auch parodiert, ironisiert und karikiert werden.

Die Erzählung muß spannend sein und möglichst einen Handlungsablauf enthalten. Was in der abstrakten Problemanalyse als Ebenen, Schichten, Aspekte oder Dimensionen auftaucht, wird in der erzählten Geschichte durch ein „Durcheinander" dynamisch gestaltet.

Gerade beim Geschichtenerzählen wird die Körpersprache besonders wichtig.

Über Mimik, Gestik und Proxemik, über Intonation, über Laut- und Leisesprechen, über Sprechtempo und Pausen wird eine Erzählung lebendig.

Erzählen einer Geschichte 43

Versuchen Sie, den Sach-, Sinn- oder Problemzusammenhang, den Sie vermitteln wollen, zu personalisieren. Abstrakte Vorgänge, Strukturen und Entwicklungen müssen in Handlungen, Gefühle, Konflikte und Entscheidungen leibhaftiger Menschen rückübersetzt werden.
Versuchen Sie, den Sinnzusammenhang zu lokalisieren. Irgendwo – sei es im Himmel oder auf der Erde – muß Ihre Geschichte ja schließlich spielen.

Didaktischer Kommentar
Was können Schülerinnen und Schüler bei dem Erzählen einer Geschichte lernen?
Das Geschichtenerzählen ist eine sinnlich-ganzheitliche Methode mit notwendig hoher Lehrerdominanz, die aber regelmäßig eine hohe innere Aktivität der Schülerinnen und Schüler zur Folge hat. Zuhören kann eine sehr intensive, lustbetonte Arbeit sein, die dennoch ausgesprochen ruhefördernd ist.
Eine Erzählung kann dazu dienen, Sachinformationen zu vermitteln. Eine Entdeckung oder Erfindung kann nacherzählt werden. Ein bestimmter Sach-, Sinn- oder Problemzusammenhang kann durch eine Erzählung kommentiert werden, mehrere Perspektiven auf ein und dieselbe Sache können in einer Erzählung dargestellt werden.
Eine Erzählung ermöglicht es Lehrerinnen und Lehrern, ihre eigenen Gefühle, Einstellungen und Wertorientierungen in einer glaubwürdigen und zugleich durch die Form der Erzählung ein wenig verfremdeten Art und Weise zu Gehör zu bringen.
Das Erzählen aktiviert Gefühle und Einstellungen, Phantasien und Tagträume, aber auch Ängste der Schülerinnen und Schüler, diese können angeregt werden, den Faden der Geschichte weiterzuspinnen.
Man kann durch eine geschickt ausgewählte und vorgetragene Geschichte das soziale Lernen der Schülerinnen und Schüler fördern. Zwischenmenschliche Konflikte werden direkt thematisiert und Lob oder Kritik in eine Geschichte gekleidet.
Das freie Erzählen einer Geschichte ist nach unseren Erfahrungen auch ein recht sicheres Disziplinierungsmittel. Störungen sind relativ selten, während die Lehrerin oder der Lehrer erzählt.
Das Geschichtenerzählen schafft Nähe und Distanz zugleich: Durch den direkten, lebendigen Kontakt zum Erzähler entsteht eine sinnlich-anschauliche Echtheit der Situation; sie lädt die Zuhörenden aber ein in eine oft fiktive, vergangene oder ferne Welt, die zugleich nah ist, wenn sie geschickt erlebbar gemacht wird.

Nachteile und Schwächen
Ebenso wie der Lehrervortrag ist auch das Geschichtenerzählen eine Methode, die die Schülerinnen und Schüler bei der Planung und Durchführung wenig aktiv beteiligt, es sei denn, eine Schülerin oder ein Schüler erzählt die Geschichte. Daher sollte wie auch beim Lehrervortrag diese Einstiegsvariante nicht allzu lange dauern. Nach unseren Erfahrungen sind 10 bis 15 Minuten eine ideale Zeitspanne.
Wenn wir eine Geschichte erzählen, teilen wir uns gleichzeitig anderen mit, geben ein Stück unserer eigenen Identität preis. Dieses um so eher, je mehr die Geschichte von uns selbst handelt. Das kann grundsätzlich zu einem besseren Lehrer-Schüler-Verhältnis beitragen, es birgt aber auch die Gefahr in sich, angreifbar und verletzt zu werden. Man stelle sich vor, eine Lehrerin oder ein Lehrer erzählt die Geschichte eines selbst erlebten tragischen Ereignisses, und ein Schüler macht dumme Witze oder sich lustig über die vermeintliche Sentimentalität! Diese Möglichkeit muß man vorher einplanen und entsprechende innere Gegenmaßnahmen treffen, notfalls eben die geplante Geschichte nicht erzählen oder im wörtlichen Sinne des Wortes „verfremden".

Einsatzmöglichkeiten
In jeder Alters- und Schulstufe und in jedem Fach kann und sollte das Geschichtenerzählen wiederbelebt werden. Wir können nur ausdrücklich dazu ermuntern. Auch Oberstufenschüler sind gespannte und aufmerksame Zuhörer! Auch der Mathematiklehrer kann ein neues Fachgebiet mit dem Erzählen einer Geschichte einleiten – etwa über ein eigenes einschneidendes Erlebnis mit dieser Materie!

Ideenkiste
Geschichte: Harald Parigger verdeutlicht durch ausgesprochen originelle und spannende fiktionale Geschichten, wie lebendig und anschaulich der Einstieg in eine Epoche sein kann. Sie können die Geschichten vortragen oder mit ein wenig Phantasie umändern und Ihren eigenen Zielen anpassen (Parigger 1994).

Etwas vormachen

Grundüberlegungen zur Didaktik
Lange bevor es die Institution Schule gab, haben Menschen durch Vor- und Nachmachen gelehrt und gelernt, und ganze Heerscharen früherer Generationen hätten diese Methode als die einzig überhaupt mögliche bezeichnet – die Philosophen und Theologen vielleicht ausgenommen. Jemand will oder soll etwas Neues lernen, also macht ein anderer es ihm vor!

Etwas vormachen

45

In den allgemeinbildenden Schulen gibt es nach unserem Wissen nur noch wenige Fächer, in denen es zur Lehrerausbildung und zur didaktischen Grundausstattung des Faches gehört, daß Lehrer ihrer Klasse den Lernstoff zumindest sporadisch vormachen: im Sport-, Kunst- und Musikunterricht und im naturwissenschaftlichen Experimentalbereich. Ansonsten sind wir Lehrer große Könner im „Darüber-Reden", ohne selbst etwas zu tun. Die Überfülle der heutigen Medien und Unterrichtsmaterialien und die vermutete eigene Inkompetenz (man hat es in der Ausbildung ja auch nie gelernt) lassen unser lustbetontes Tun vor der Klasse nicht mehr zu.

Ich habe kürzlich im Deutschunterricht einer siebten Klasse hospitiert, in der das Gedicht oder besser der Liedtext „Maikäfer flieg" interpretiert werden sollte. Der Referendar, der die Stunde gab, fragte zu Anfang, wer denn das Lied kenne und einmal vorsingen wolle. Schweigen war die erwartete Konsequenz. Daraufhin sang der Referendar das Lied selber vor, und alle, wirklich alle waren überrascht! Hier war der Lehrer tatsächlich einmal mit gutem Beispiel vorangegangen. Daß dies eigentlich eine Selbstverständlichkeit ist, die früher zur Lehrerausbildung gehörte, ist heute bei den meisten Pädagogen in Vergessenheit geraten.

Voraussetzungen und Vorbereitung
Die eigene Vorbereitung besteht in diesem Fall eher aus einem Abstreifen von Zwängen und Erwartungen als aus tatsächlicher fachlicher Präparation. Man muß Hemmungen überwinden und übertriebene Ansprüche an die eigene Perfektion dämpfen.

Durchführung im Unterricht
An einem kleinen und wenig spektakulären Beispiel wollen wir die Vorteile des „Vormachens" verdeutlichen: Ein befreundeter Lehrer wollte mit seinem Leistungskurs Englisch (Jahrgang 12) das Buch „Dead Poets Society" („Der Club der toten Dichter") lesen und hatte zwei Wochen vor dem angekündigten Beginn der Lektüre als Einstieg in die Romanhandlung einige Gedichte der dort zitierten Lyriker an einige Schülerinnen und Schüler mit dem Auftrag verteilt, diese Gedichte angemessen vorzutragen. Einige Tage später wurde ihm erklärt, daß man nicht so recht wisse, was ein „angemessener Vortrag" sei, und zudem seien die Gedichte ja auch ausgesprochen „komisch". Daraufhin gestaltete der Lehrer den Einstieg selber. Er brachte eine Kassette mit meditativer Musik mit, verdunkelte den Klassenraum, zündete eine Kerze an, stellte sich auf einen Tisch mitten im Raum und trug schließlich einige der Gedichte mit theatralischer Gestik und Mimik und der dazu passenden sprachlichen Ausdrucksweise vor.
Erwähnenswert an dieser eigentlich banalen Begebenheit ist, daß mir kürzlich einige der damaligen Kursteilnehmer, die inzwischen längst Abitur haben und die

ich zufällig bei einer Veranstaltung traf, einmütig versicherten, das sei eines der erinnerungsträchtigsten Erlebnisse ihres Schülerlebens gewesen. (An den weiteren Verlauf der Einheit konnten sie sich kaum noch erinnern.) Daß ihr Lehrer selber so etwas könne, das hätten sie ja vorher nie für möglich gehalten.

Didaktischer Kommentar
Was können Schülerinnen und Schüler beim Vormachen lernen?
Wir meinen, daß in einer Zeit, in der man jeden Tag live oder im Fernsehen aufwendig gestaltete und perfekt gemachte Inszenierungen, sportliche Höchstleistungen, grandiose Gesangsdarbietungen etc. im Überfluß konsumieren kann, die eigenen Fähigkeiten und das Vertrauen in sie dringend wieder gestärkt werden müssen!
Wir möchten an dieser Stelle daher ausnahmsweise ganz klar ein „Lernziel für Lehrerinnen und Lehrer" formulieren: Das Vormachen vor der Klasse, der Beweis eigener Fähigkeiten, ist auch für die eigene Person wichtig und positiv!
Das Vormachen reizt zur Nachahmung. Wenn die Lehrerin oder der Lehrer sich traut, dann sind auch die Schülerinnen und Schüler eher bereit, sich zu engagieren und selber vor der Klasse zu agieren.
Die Glaubwürdigkeit der Lehrerin oder des Lehrers und die Akzeptanz der Person in der Klasse steigen. Daß die Lehrerin fachlich kompetent ist, hat man ja schon immer gewußt oder zumindest vermutet, aber daß sie sich nicht zu schade ist, selbst etwas vorzumachen, verschiebt die rein fachliche hin zur menschlichen und interaktionellen Ebene.

Nachteile und Schwächen
Ein Mißerfolg kann sich eigentlich nur einstellen, wenn sich die Lehrerin oder der Lehrer wirklich maßlos überschätzt und die Demonstration des eigenen Könnens in jeder Beziehung danebengeht. Aber das ist eigentlich eher graue Theorie, denn jeder Pädagoge wird seine Möglichkeiten und Grenzen kennen.

Einsatzmöglichkeiten
Lehrerinnen und Lehrer sollten in allen Fächern und allen Jahrgangs- und Schulstufen in der Lage sein, ihren Klassen etwas vorzumachen. Sie sollten dieses gezielt trainieren und einsetzen und sich nicht zu schade für die eigene Exposition vor der Klasse sein – auch nicht in höheren Jahrgängen!

Ideenkiste
Wenn den Schülerinnen und Schülern eine anspruchsvolle Einzelleistung abverlangt wird, kann die Lehrerin oder der Lehrer diese Aufgabe zu Beginn selber vormachen, etwa beim Vortragen von

Auswendig-Gelerntem (Gedichte, Formeln, Vokabeln, Zahlen), bei der mündlichen Wiedergabe komplexer Sachverhalte (Inhaltsangabe), der Durchführung eines Experiments, das handwerkliche Geschicklichkeit erfordert, der „schauspielerischen" Einfühlung in eine Figur oder der sonstigen Umsetzung kognitiver Vorgaben in künstlerisch-kreative Aktionen.

Etwas vorzeigen

Grundüberlegungen zur Didaktik
In vielen Rahmenrichtlinien und Büchern über Schule ist heutzutage die Rede von der notwendigen Öffnung des Unterrichts nach außen und der Einbeziehung außerschulischer Lernorte. Das Vorzeigen mitgebrachter Gegenstände ist ein erster kleiner Schritt in diese Richtung, und dies fast ohne jeden Aufwand und jede organisatorische Hürde.
Hilbert Meyer beispielsweise fordert: „Die Lehrer bräuchten eigentlich einen Seesack, einen Arztkoffer, eine große Werkzeugkiste und eine Einkaufstasche, um all das mitzuschleppen, was den Unterricht bereichern könnte ... sie müßten Weltmeister im Sachensuchen sein" (Meyer 1987, S. 212).
Na ja, da wir beide grundsätzlich mit dem Fahrrad zur Schule fahren ...

Voraussetzungen und Vorbereitung
Wenn Sie mit Hilfe von vorzeigbaren Dingen in ein neues Unterrichtsthema einsteigen wollen, brauchen Sie weiter nichts zu tun, als diese zum Thema passenden Dinge zu organisieren und zu überlegen, welche didaktische Funktion das Zeigen dieses speziellen Gegenstandes haben kann. Hierbei können Ihnen folgende Fragen helfen:
◆ Soll der Gegenstand gezeigt, herumgegeben, vorgestellt, betastet, beschrieben, gezeichnet oder nachgebaut werden?
◆ Sind besondere Vorsichtsmaßnahmen zu treffen?
◆ Ist der Gegenstand bekannt oder soll zunächst geraten werden?
◆ Ist der Zweck seiner Nutzung unmittelbar einsichtig oder wird die Phantasie angeregt?
◆ Genügt eine kurze Aufmerksamkeitsphase oder wird der Gegenstand die Schülerinnen und Schüler über einen längeren Zeitraum beschäftigen?

Durchführung im Unterricht
Das Thema „Drogen und Suchtgefahren" taucht in vielen Fächern mehrerer Jahrgangsstufen auf. Ein befreundeter Kollege hat eine Methode entwickelt, die für jede Altersstufe bis hin zur Erwachsenenbildung als Einstieg in dieses Thema genutzt werden kann: den „Suchtsack" (Alfs 1993). In einem großen, undurchsich-

tigen Sack sind viele Gegenstände, die direkt oder indirekt auf eine Sucht hinweisen, wie Zigarettenschachteln, Bierflasche, Tabletten, Spritzen (ohne Nadel), Klebstoff etc. Jede Schülerin und jeder Schüler hat die Gelegenheit, den Sack ausgiebig zu betasten und sich einen Gegenstand auszusuchen, ohne daß der Sack geöffnet wird. Dieser wird nun beschrieben und zu erraten versucht. Der Begriff wird an die Tafel geschrieben, die Schülerinnen und Schüler schreiben mit. Nachdem alle fertig sind, werden die Gegenstände aus dem Sack geholt, und alle können sie noch einmal betrachten und anfassen. Als Hausaufgabe soll jeder aufschreiben, was die einzelnen Gegenstände mit „Sucht" zu tun haben.

Didaktischer Kommentar
Was können Schülerinnen und Schüler beim Vorzeigen lernen?
So wie das Vormachen zur Nachahmung reizt, stiftet das Vorzeigen zum „Begreifen" im wörtlichen Sinne an. Das Unterrichtsthema wird auf diese Weise über die mitgebrachten Gegenstände sinnlich erfaßbar und anschaulich-konkret.
Das Vorzeigen hat die Verlangsamung des Lernprozesses zur Folge, und das ist gerade in der Einführungsphase pädagogisch ausgesprochen sinnvoll. Ich habe den „Suchtsack-Einsteig" vor ein paar Monaten in einer elften Klasse ausprobiert. Statt des in früheren Jahren oft gehörten gequälten Schüleraufschreis „Oh nee, nicht schon wieder dieses abgelaberte Drogenthema!" war angesichts des schwarzen Sackes und des nicht sichtbaren Inhalts Neugierde und Spannung zu spüren, und statt der geplanten Einzel- wurde eine volle Doppelstunde mit dem „Begreifen" des Sackinhaltes zugebracht.

Nachteile und Schwächen
Auch wenn wir Hilbert Meyers Vorschlag folgten und jeden Tag mit Sackkarre und Überseekoffer in die Schule gingen, wird man nur für einen Teil aller möglichen Unterrichtsthemen etwas Vorzeigbares mitbringen können, da sich eben nur Themen, die eine dingliche Grundlage haben, zum Vorzeigen eignen. Es macht Arbeit und kostet häuslichen oder schulischen Stellplatz, vorzeigbare Dinge für möglichst viele Unterrichtsthemen zu beschaffen und zu archivieren, aber die Gegenstände lassen sich beliebig oft wieder einsetzen oder an andere Kollegen verleihen.

Einsatzmöglichkeiten
Die Einsatzmöglichkeiten sind, wie eben schon angedeutet, auf konkrete und gegenständliche Themen beschränkt, aber in der Primarstufe und den unteren Klassen der Sekundarstufe I kann in beinahe alle Themen gegenständlich eingestiegen werden. Worttafeln, Satzbaukästen, Holzeisenbahnen (das Verb zieht den aus anderen Satzteilen bestehenden Zug) können in grammatische Strukturen eben-

so einführen wie Würfel, Kugeln oder Zylinder in die Volumen- und Flächenberechung. Zudem sollte man die positive und motivierende Funktion so eines „gegenständlichen" Einstiegs auch auf ältere Schülerinnen und Schüler und selbst auf Erwachsene keinesfalls unterschätzen und sich auch in höheren Klassen Mühe geben und Phantasie entfalten, um Vorzeigbares als Unterrichtseinstieg zu organisieren. Der vorhin zitierte Günther Alfs ist seit Jahren als Fachmann für Suchtprävention in der Lehrerfortbildung tätig und hat seinen Standardeinstieg über ein theoretisches Referat nach kürzester Zeit zugunsten des Suchtsack-Einstieges aufgegeben, weil diese handfeste Variante wesentlich spannender und motivierender ist.

Ideenkiste

Erdkunde, Geschichte, Naturwissenschaften: Wenn das sinnlich-haptische „Begreifen" eines Gegenstandes für den Lernerfolg wichtig ist oder die Wißbegier steigert, sollten Sie möglichst entsprechende Gegenstände vorzeigen. Also etwa seltene oder kostbare Dinge, die vielleicht sogar selbst gefunden und mit einer entsprechenden Geschichte versehen sind wie Schmuckstücke, Geld, Waffen, alltägliche Gebrauchsgegenstände aus fernen Ländern oder unserer eigenen Geschichte, anschaulich funktionierende technische Gerätschaften etc.

Konstruktion eines Widerspruchs, Verfremdung, Verrätselung

Vorbemerkungen

Wir fassen diese drei Methoden in einem Abschnitt zusammen, da sie sich in bezug auf die didaktische Funktion und die Lernziele nur geringfügig unterscheiden sowie in Vorbereitung und Durchführung fast identische Maßnahmen erfordern.

Wir haben daher auf den Abschnitt „Voraussetzungen und Vorbereitung" verzichtet und wollen das Grundsätzliche hier kurz nennen: Alle drei Varianten leben von einem gewissen Überraschungseffekt und sind daher prinzipiell nicht von Schülerseite vorbereitbar. Dies liegt allein in der Hand der Lehrerin oder des Lehrers. Auch die Inszenierung der Methode im Unterricht ist allein Sache des Lehrers. Einige eingeweihte Schülerinnen und Schüler können zwar Hilfsfunktionen übernehmen, indem sie beispielsweise zu erratende Szenen vorspielen, aber letztlich sind diese Einstiegsmethoden lehrerzentriert.

Die Vorbereitung konzentriert sich auf die Auswahl geeigneter Materialien und Fragestellungen sowie die Entwicklung von Aufgaben.

Konstruktion eines Widerspruchs

Grundüberlegungen zur Didaktik

Ein neues Unterrichtsthema zu beginnen, indem man als Lehrerin oder Lehrer einen Widerspruch konstruiert, ist ebenso reizvoll wie riskant. Der Widerspruch existiert nicht „wirklich", sondern verdankt seine scheinbare Existenz dem mangelnden Vorwissen der Schülerinnen und Schüler bzw. der Tatsache, daß die Lehrerin oder der Lehrer sie nicht vollständig informiert hat. Hinter dieser Konstruktion steht die Grundidee, die Schülerinnen und Schüler neugierig zu machen und das Thema oder Problem in ihren Fragehorizont zu rücken. Die Gefahr, die bei dieser und auch den nächsten Einstiegsvarianten latent existiert, besteht darin, daß speziell die Schwächeren in der Lerngruppe oder diejenigen, deren Frustrations- und Entmutigungsschwelle niedrig sind, den auftauchenden Widerspruch als Signal verstehen, daß das Problem offenbar unlösbar ist und man deshalb auch keine Mühe darauf zu verschwenden braucht. Dennoch „funktioniert" diese Einstiegsmethode nur dann, wenn die Schülerinnen und Schüler eine Zeitlang glauben, der Widerspruch sei echt, und sich auf ihn einlassen! Als Lehrerin oder Lehrer muß man also genau abschätzen, wann der rechte Zeitpunkt zur Auflösung des Widerspruchs gekommen ist, damit keine Frustration auf Schülerseite entsteht.

Durchführung im Unterricht

Achilles und die Schildkröte:
Zur Einführung in das Thema „Folgen und Reihen" im Mathematikunterricht der 11. Klasse erzählt die Lehrerin der Klasse eine kleine Geschichte, in der dann, wenn wir sie mit unserem normalen „Alltagsverstand" betrachten, ein unauflösbarer Widerspruch steckt: Der griechische Held Achilles, bekannt für seine Schnelligkeit, soll einen Wettlauf mit einer Schildkröte austragen. „Kein Problem", meinen die Schülerinnen und Schüler, „selbst wenn Achilles der Schildkröte einen Vorsprung gibt, hat er sie in kürzester Zeit eingeholt, denn er läuft sicher hundertmal so schnell wie sie." „Also gut", sagt die Lehrerin, „Achilles gibt der Schildkröte 100 Meter Vorsprung, dann geht's los. Wenn Achilles 100 Meter gelaufen ist, hat die Schildkröte ein Hundertstel seiner Strecke zurückgelegt, sie ist also nur noch einen Meter vor ihm. Ist er einen Meter weitergelaufen, hat die Schildkröte ein Hundertstel von einem Meter geschafft und ist damit einen Zentimeter vor ihm. Immer dann, wenn der Grieche den jeweiligen Vorsprung der Schildkröte zurückgelegt hat, ist sie wieder eine Winzigkeit weitergekrochen – nämlich ein Hundertstel dieses Vorsprungs. Achilles kann die Schildkröte nicht einholen, denn sie ist immer schon eine Winzigkeit weiter als der Held."
Diese Geschichte hebelt unsere normalen Alltagserfahrungen aus, denn wir alle wissen aus unzähligen Beobachtungen, daß der Schnellere den Langsameren unweigerlich überholt. Der Übergang von dem rätselnden Staunen der Schülerinnen

Verfremdung

und Schüler zur Erkenntnis und zur Auflösung des Widerspruchs ist nur auf mathematischem Wege zu erlangen: Die Schülerinnen und Schüler sollen erkennen, daß sie die Gesamtzeit, die Achilles zum Einholen der Schildkröte benötigt, als Grenzwert einer geometrischen Reihe erhalten. Achilles konnte die Schildkröte also doch nach einer bestimmten berechenbaren Zeit einholen. Die Fragestellung in unserer Geschichte ist deshalb so widersprüchlich, weil alle angenommen haben, daß sich durch die Aneinanderreihung unendlich vieler Zeitabschnitte eine unendliche Gesamtzeit ergibt.

Natürlich läßt sich dieser Widerspruch auch physikalisch lösen. Der Grieche hat dann – bei gleichförmiger Bewegung und Geschwindigkeit – die Schildkröte eingeholt, wenn er eine entsprechende Strecke bewältigt und dabei der Schildkröte ihren Vorsprung von hundert Metern abgenommen hat.

Verfremdung

Das Verfremden eines Gegenstandes oder Themas ist nur dort sinnvoll, wo die Schülerinnen und Schüler etwas Bekanntes oder Vertrautes erwarten. Neue Unterrichtsbereiche, die noch völlig unbekannt sind, kann man nicht verfremden, denn diese Methode lebt von der Spannung zwischen den Erwartungshaltungen, die sich eben nur bei bekannten Thematiken ergeben, und der Enttäuschung dieser Erwartung – ähnlich wie eine Parodie sich nur demjenigen wirklich erschließt, der das Original kennt.

Zweck jeder Verfremdung ist es, Selbstverständlichkeiten anzugreifen und neue Sichtweisen auf den Gegenstand oder das Thema zuzulassen, die man bisher so nicht wahrgenommen hatte.

Das Verfremden erfordert einen gewissen pädagogischen Takt, denn nicht alles, was Schülerinnen und Schülern vertraut ist, sollte in diese künstliche Distanz gebracht werden. Jeder von Ihnen kennt sicherlich geschmacklose und entwürdigende Witze, deren Wirkung auf genau dieser fragwürdigen Verfremdung beruht.

Durchführung im Unterricht

Im Unterrichtsfach „Werte und Normen" ist das Thema „Männerrollen – Frauenrollen" für die neunte Klasse vorgesehen. Der Lehrer beginnt dieses Thema mit einer Verfremdung und stellt zunächst folgende Überlegung an: Man kann Inhalte verfremden, aber auch die Methoden der Aneignung der Inhalte, indem man z.B. die Rollen der Geschlechter tauscht oder die Spielregeln der Kommunikation zwischen Mann und Frau ändert. Der Text von Alice Schwarzer, den er auswählt, versucht beides:

> „Ich suche immer noch einen Mann, der meinen Haushalt macht. Ich gebe ihm genug Wirtschaftsgeld, lasse ihm freie Hand, und er kann sich kaufen, was er will. Er kann auch einmal in der Woche raus, natürlich, wenn alles getan ist. Von mir aus braucht der überhaupt nicht arbeiten zu gehen. Ich verdiene genug. Oder halbe Tage, ganz wie er will.
> Gute Behandlung hat er bei mir auch. Sollte es mal später im Büro werden, rufe ich an und sage, daß er mit dem Essen nicht zu warten braucht. Nur das ewige Gefrage, was gekocht werden soll, das kann ich nicht leiden, wie soll ich das immer wissen!
> Ach ja, jünger müßte er auch sein, so bis 10 Jahre, man hat doch Anspruch auf etwas Knackiges! Ich habe keine Lust, Geld für einen extra Freund auszugeben, ich bin treu! Also bitte, ich biete doch sehr viel – aber wo ist der Mann?"
> (Aus: Alice Schwarzer, Der „kleine Unterschied" und seine großen Folgen, © S. Fischer Verlag GmbH, Frankfurt am Main 1975, 1977).

Die Schülerinnen und Schüler lesen den Text und amüsieren sich zunächst recht diffus über seine Aussagen. Es kommt aber sehr schnell eine ernsthafte und engagierte Diskussion auf, als eine Schülerin die These aufstellt, daß kein männliches Wesen diesen Text als außergewöhnlich empfinden würde, wenn er von einem Mann stammte. Ein Teil der Jungen protestiert dagegen, ein anderer Teil findet die Position des Textes dann, wenn er von einem Mann stammte, tatsächlich selbstverständlich und völlig in Ordnung – und damit sind erste Ansätze zum Aufbrechen der geschlechtsspezifischen Sichtweise vorhanden, und der Einstieg über eine Verfremdung hat Erfolg.

Verrätselung

Im Gegensatz zum konstruierten Widerspruch oder zur Verfremdung wissen alle Beteiligten, daß es sich beim Rätselraten um ein Spiel handelt und es eine Lösung gibt, die man aufdecken kann, wenn man nur geschickt genug fragt. Daher ist dieser Einstieg u.U. dann sinnvoller als das Verfremden oder die Konstruktion eines Widerspruchs, wenn die Schülerinnen und Schüler beim Auftreten von Widerständen schnell resignieren.

Wird die Spielregel, daß es eine aufzudeckende Lösung gibt, von der Lehrerin oder vom Lehrer nicht eingehalten, sind die Schülerinnen und Schüler zu recht sauer, und das Rätsel war pädagogisch sinnlos, weil nichts gelernt werden konnte. Eine Frage wie: „Ratet mal, wie die Englischarbeit ausgefallen ist!" stellt eben kein Rätsel dar, sondern zeugt allenfalls von der Taktlosigkeit des Lehrenden. Außerdem macht blindes Raten keinem Menschen Spaß!

Rätsel stellen einen geradezu klassischen Umweg beim Lernen dar, ihre Auflösung kostet Zeit und führt in viele scheinbar unproduktive Sackgassen. Uns begegnet daher im Gespräch mit Kollegen öfter das Argument, sie hätten nicht soviel Zeit, weil sie mit dem Stoff durchkommen müßten, und zudem sei es effektiver, den Schülerinnen und Schülern gleich die richtigen Lösungen zu vermitteln. Wir halten das für einen gefährlichen Irrtum, und das aus zweierlei Gründen:

Informationen werden zur Kenntnis genommen, mitgeschrieben, gelernt, abgehakt – Rätsel zu lösen kostet dagegen eigene Mühe und Anstrengung. Derjenige, der es geschafft hat, kann stolz sein auf die eigene Leistung. Rätsel ermöglichen daher eine Verlangsamung und Intensivierung des eigenen Lernprozesses.

Rätsellösen stärkt die methodische Kompetenz. Fragestrategien müssen entwickelt, Hinweise entschlüsselt, Umwege und Sackgassen als solche erkannt werden – das hat positive Konsequenzen für die Selbständigkeit beim Lernen.

Durchführung im Unterricht

Wenn man die Verrätselung als Unterrichtseinstieg in ein neues Thema einsetzen will, muß das Rätsel schon einen etwas komplexeren Charakter haben und nicht durch ein paar Spontanfragen auflösbar sein.

Im Deutschunterricht einer zehnten Klasse will ich unter dem Oberthema „Reflexion über Sprache" mit der Klasse gemeinsam die wesentlichen Kennzeichen der Schriftsprache herausarbeiten. Ich habe hierfür das folgende Arbeitsblatt auf S. 54 zusammengestellt.

Die Schülerinnen und Schüler sollen eine Stunde lang in Partnerarbeit herausfinden, welche der „Texte" eine Sprache darstellen und welche sinnloses Gekritzel sind. Sie sollen ihre Meinung begründen und allgemeine Regeln für Schriftsprachen aufzustellen versuchen.

SCHRIFTRÄTSEL

① ﬨ※⇐⊤⫽⊦⫽⊦⊤⇍⊤⊻

② ᴋᴀᴏ̃ɟᴏᴛⳏᴜ ᴣʟᴄ↶ʟᴏᴛ

③ ⱶ ⸲ ⱶ⸳ ⱴⱶⱴⱶ⸨⫽⸲ⱶⱴⱴ⸲⸲

④ Tom Gent. er mu.
Auf ſtehen
dan Get er ins
Bad und dan
Kämd er ſich.
dan zid er sich
an und dan
fruschtückt er dan
Puzt er die zene
und zid Schue an.
und ſed zur Schule

⑤ מֹשֶׁה הָיָה רֹעֶה אֶת־צֹאן יִתְרוֹ כֹּהֵן מִדְיָן

⑥ NəƆUM NəHoK ᴏRTL3 NəƷ ⁻Tə̌ᵓ HƐᵊR HəƷᴀH HäkIʘM

⑦ ↶ᴜⱴ⸲ ⸔ ⸲⸲⸵ ⸔⸲ʒ ⸲ ⸵⸵ᵎ

⑧ **Ein kurtzweilig leſen von Dyl**
Vlenſpiegel gebore vß dem land zů Bunnſwick. Wie
er ſein leben volbracht hatt.xcvi.ſeiner geſchichten.

⑨ ☖ ⱪ⇁⯒⍜)⎯∸ ⸺ ⎸ ⍢

⑩ In niumer
Plauimen Jchül

⑪ مُنْيُهُ فَرَأَى رَجُلًا قَرِيبًا مِنْهُ فَقَالَ

⑫ H∖⊦/⫽ᐯH

Zu Anfang herrscht ziemliche Ratlosigkeit, denn bis auf den Text 4, den unsere Tochter Maria im ersten Schuljahr verfaßt hat, und ansatzweise den Text 8 kann man ja nichts „lesen", weil ... Ja, warum eigentlich nicht? Zunächst machen alle Gruppen denselben Fehler, sie versuchen nämlich, die Bedeutungen zu verstehen – und das klappt nur noch einigermaßen bei dem Text 10, der in deutscher Schrift geschrieben ist. Es herrscht zunächst Konsens darüber, daß alles andere Gekritzel ist. Dann beginnen sich Zweifel breitzumachen, denn einige entdecken gewisse Regelmäßigkeiten wie die Wiederkehr gleicher Zeichen oder die Verbindung von Buchstabengruppen zu „Wörtern". Am Schluß der Stunde sind sich fast alle Gruppen einig, daß es sich bei allen Texten außer 3, 7 und 12 um Schriftsprache handelt. Sie würden zwar die Bedeutung nicht verstehen, aber allen gemeinsam sei die Wiederkehr gleicher Zeichen, und das sei der entscheidende Unterschied zu dem Gekritzel in 3, 7 und 12. Der referentielle Charakter jeder Buchstabenschrift, also das Verweisen auf Bedeutungen, ist durch die Auflösung dieses Rätsels, das der Klasse zudem Spaß gemacht hat, als zentrales Lernziel der Stunde von allen erreicht worden. Ich bestätige am Stundenende die Richtigkeit dieser Vermutungen und gebe die „Sprachen" an.

(Für diejenigen unter Ihnen, die das Arbeitsblatt übernehmen wollen: Text 1 ist Altzyprisch, 2 Georgisch, 5 und 6 Hebräisch, 9 Ägyptisch-Hieratisch und 11 Arabisch.)

Didaktischer Kommentar

Was können Schülerinnen und Schüler beim Konstruieren eines Widerspruchs, beim Verfremden oder Verrätseln lernen?

Alle Einstiegsmethoden, die in diesem Unterkapitel vorgestellt werden, zweifeln die Dogmatik des gesunden Menschenverstandes an. Die Schülerinnen und Schüler erkennen, daß die unmittelbare Anschauung, also das, was „offensichtlich" ist, uns täuschen und sachlich unrichtig sein kann.

So kann Einsicht in die Sinnhaftigkeit möglichst umfassender Information gewonnen werden. Wer etwas wirklich wissen will, muß über einen langen Atem verfügen, dann werden Widersprüche auflösbar.

Die Auflösung des Selbstverständlichen, die künstlich geschaffene Distanz ermöglichen neue Perspektiven und neue Einsichten. Die Schülerinnen und Schüler können zu Erforschern ihrer Umwelt werden und Aspekte, die sie bisher als ganz natürlich und unabänderlich gesehen haben, in ihrer geschichtlichen und gesellschaftlichen Entwicklung und damit Veränderbarkeit begreifen.

Die Methodenkompetenzen im Umgang mit der Sache werden gefördert. Da der direkte Weg geradliniger Information nicht zum Ziel führt, müssen die Schülerinnen und Schüler andere Routen einschlagen, andere Vorgehensweisen planen und ausführen.

Nachteile und Schwächen

Die Konstruktion eines Widerspruchs und das Verfremden enthalten immer ein gewisses Risiko, wenn nämlich der Widerspruch nicht als solcher erkannt oder die Verfremdung nicht als ungewöhnliche Provokation begriffen wird. Dann sind wir in der gleichen unangenehmen Situation, in die wir geraten, wenn wir einen Witz erklären müssen! In solch einem Fall muß man im nachhinein sagen, daß der direkte Weg – zum Beispiel in Gestalt des Informierenden Unterrichtseinstieges – der bessere gewesen wäre.

Das Verrätseln unterliegt einer ähnlichen Gefahr, denn Rätselraten macht nur dann Spaß, wenn die Lösung nicht zu leicht und nicht zu schwer ist. Erweist sich ein Rätsel trotz intensiver Schülerbemühungen als unlösbar, weil die Lehrerin oder der Lehrer vielleicht die kognitiven Fähigkeiten überschätzt hat, sind die Schülerinnen und Schüler ebenso enttäuscht wie bei einer zu leichten Auflösung, die alle innerhalb kürzester Zeit herausgefunden haben.

Einsatzmöglichkeiten

Die Möglichkeiten, etwas widersprüchlich zu gestalten, etwas zu verfremden oder es zu verrätseln, sind so umfassend, daß wir keine Einschränkungen sehen. Alle drei Einstiegsmethoden sind in allen Altersstufen und allen Fächern einsetzbar.

Ideenkiste

Mathematik: Unter dem Titel: „Abenteuertraining" (z.B. Bergmann 1995) des Klett-Verlages finden Sie eine ganze Reihe von mathematisch faszinierenden Rätseln und Widersprüchen, die von den Schülerinnen und Schülern entdeckt und aufgelöst werden sollen.

Naturwissenschaft: Im naturwissenschaftlichen Bereich sind viele Gesetze nur durch idealtypische Abstraktionen formulierbar. Es gibt in der Realität z.B. weder die Nullreibung noch punktförmige Massen noch vollkommen elastische Körper – dies zeigen Experimente, die damit in Widerspruch zu der Theorie geraten, diese verfremden oder verrätseln können.

Deutsch, Fremdsprachen: Sie können z.B. Texte schreiben, in denen Personen und ihre Eigenschaften verfremdet oder widersprüchlich sind (aus dem „Bösen" wird der „Gute" oder umgekehrt). Rätsel können so konstruiert werden, daß in einem Text Figuren aus verschiedenen Geschichten auftreten oder sonstige Fehler auftauchen. Ideen mit verschiedenem Schwierigkeitsgrad, die daher für untere wie obere Klassen geeignet sind, finden sich z.B. in den „Dalli-Dalli-Sketchen" (Pillau 1980).

Provozieren und bluffen

Grundüberlegungen zur Didaktik

Jemanden zu provozieren und ihn zu bluffen bedeutet im alltäglichen Sprachgebrauch, dem betreffenden Menschen im wahrsten Sinne des Wortes „etwas vorzumachen". Wir könnten auch weniger behutsam sagen: ihn anzulügen! Nun hat das Lügen in unserer Gesellschaft zu Recht einen schlechten Ruf, und die Zahl der moralisch getränkten Sprichwörter ist Legion. Ein Lehrer, der die Schüler aus didaktischen Gründen belügt, muß sich über das Risiko, das er für eine gewisse Zeit eingeht, im klaren sein. Wir werden im didaktischen Kommentar noch ausführlich auf dieses Problem eingehen.

Die wichtigste Voraussetzung ist das Überraschungsmoment, d.h., die Provokation und der Bluff müssen glaubhaft sein, die Schülerinnen und Schüler sollen auf das Spiel hereinfallen, dürfen den Spielcharakter und die Spielregeln auf keinen Fall durchschauen! Es macht wenig Sinn, ihnen zunächst den Provokationsversuch anzukündigen und ihn dann zu starten, dies würde ja sofort durchschaut.

Voraussetzungen und Vorbereitung

Die Vorgehensweise bei dieser Unterrichtsmethode ist grundsätzlich ziemlich invariabel. Die Lehrerin oder der Lehrer vertritt eine Position, die für die Lerngruppe zunächst einmal einfach ärgerlich ist oder die Klasse in Befürworter und Gegner spaltet. Die Wirkung dieses Vorgehens wird verstärkt, wenn man unter den Schülerinnen und Schülern einen oder zwei Komplizen gewinnen kann, mit denen man die Provokation gemeinsam vorbereitet, wie dies in dem unten geschilderten Beispiel der Fall ist.

Der Verlauf des anschließenden Streitgesprächs ist sehr von Faktoren wie Vorbereitung, Thema, Gruppe und Zielsetzung abhängig, wichtig ist aber auf jeden Fall ein für alle Beteiligten befriedigender Abschluß dieser Einstiegsmethode, der keine Verletzungen zurückläßt. Daher sollten Sie, bevor Sie sich zum Einsatz der Provokation entschließen, ein genaues Bild der Klasse oder Lerngruppe vor Augen haben und einschätzen können, wie gut das eigene Verhältnis zu der Gruppe ist. Nur dann, wenn Sie sich sicher sind, daß die „aufgerissenen Gräben" ganz und gar wieder zugeschüttet werden können, sollte diese Methode eingesetzt werden. Unangenehm ist es übrigens auch, wenn das Gegenteil eintritt: Weil Sie bei den Schülerinnen und Schülern derart beliebt sind oder als völlig harmlos gelten, glauben sie Ihnen die Provokation einfach nicht und durchschauen das Advocatus-Diaboli-Spiel.

Durchführung im Unterricht

Wir möchten Ihnen ein Beispiel schildern, das unserer Meinung nach sehr anschaulich die Vorteile und die Risiken dieses Einstiegs verdeutlicht: Ich habe kürzlich eine Provokation ausprobiert, die in dieser Form sicherlich nur in den oberen Jahrgangsstufen einsetzbar ist, dort aber besonders deutlich ihre Vorteile zeigt.

Ich gehe nach den Sommerferien in einen neu gebildeten Leistungskurs im Fach Gemeinschaftskunde. Elf Gesichter, deren Mimik von erwartungsvoll über neutral bis skeptisch reicht, sehen mich zu Beginn der ersten Doppelstunde an. Einige sind sich offensichtlich noch nicht so ganz darüber im klaren, ob die Leistungsfachwahl die richtige war, andere erwarten mehr oder weniger neugierig das auf sie zukommende Stoffpensum, wieder andere sind im Geiste schon bei den Kurs- und Abiturnoten – also ein ganz normales Bild, wie es jeder Oberstufenlehrer schon häufig erlebt hat.

Die inhaltliche Arbeit wird eröffnet mit einer doppelten und quer zueinander verlaufenden Provokation: Ich beginne nach einer kurzen Vorstellung die Stunde mit einem Lehrervortrag über das, was die Schülerinnen und Schüler in den nächsten zwei Jahren bis zum Abitur von mir und dem Stoff zu erwarten haben. Dieser Vortrag ist ganz bewußt so gehalten, daß er die Gruppe aufgrund seiner komplizierten Wortwahl und der wenig ansprechenden, monotonen Art abschreckt. Ich formuliere inhaltlich einigermaßen furchterregende Ansprüche in bezug auf das angestrebte Niveau und das Arbeitspensum. Ergänzt wird dies durch die Ankündigung, ausschließlich im Frontalunterricht arbeiten zu wollen. („Etwas anderes habe ich schließlich nicht gelernt!") Schon nach wenigen Augenblicken erstarren die Gesichtszüge der meisten ob des sie erwartenden Unterrichts. Schließlich meldet sich eine Schülerin mit renitenter Mimik und Gestik mitten in den Vortrag hinein und kündigt energischen Widerstand gegen meine Pläne an: Sie sei weder bereit, die völlig überzogenen Leistungsanforderungen zu akzeptieren, noch willens, sich zwei volle Jahre lang von vorne berieseln zu lassen. Ihrer Meinung nach habe gerade das Fach Gemeinschaftskunde etwas zu tun mit Schüleraktivitäten und Teamarbeit, und inhaltlich sei es doch wohl überaus sinnvoll, die eigene politische Umgebung mit in den Unterrichtsstoff einzubeziehen und dieses Thema in Projektform zu bearbeiten.

Ich stelle mich zunächst perplex und im wahrsten Sinne „sprachlos". Dies nutzen zwei Mitschüler, um in die gleiche Kerbe zu hauen und ebenfalls ihren Anspruch auf schüler- und praxisbezogenen Unterricht anzumelden. Eine weitere Schülerin meldet sich zu Wort und verteidigt zumindest teilweise meine Absichten und Pläne. Es sei doch schließlich wichtig, auch auf einer theoretischeren und abstrakteren Ebene etwas zu lernen. Ein weiterer Schüler, der eher der passiven Fraktion angehört, meint, er halte wenig von schülerbezogenem Unterricht und Projekten und so einem Zeugs, denn das würde alles nur Mehrarbeit machen und sei vom Ergebnis her doch völlig unökonomisch, Schule sei sowieso langweilig, und er wolle lieber normalen Frontalunterricht haben, da könne er das Wichtigste einfach mitschreiben und für die nächste Klausur zu Hause auswendig lernen. Schon ist die schönste Diskussion innerhalb der Lerngruppe im Gange, und da es um die ureigensten Belange geht, sind die meisten auch engagiert dabei. Am Ende der Diskussion, in die ich mich nach einiger Zeit auch wieder einschalte, steht ein gemeinsam erarbeiteter Arbeitsplan für das erste Kurshalbjahr, der sowohl schüleraktive als auch lehrerzentrierte Phasen enthält und mit dem alle zufrieden sind.

Am Schluß der Doppelstunde erläutere ich mein Vorgehen: Ich bin durch einen glücklichen Zufall aufgrund gemeinsamer Aktivitäten in der Theater-AG der Schule mit der Schülerin, die mich so respektlos unterbrochen hatte, gut bekannt und habe mit ihr zusammen den Verlauf der Stunde bis zu dem Moment, als sie mich unterbricht, geplant. Auch das, was sie gesagt hat, haben wir gemeinsam vorher festgelegt. Mein Ziel war nicht, sie „hinter's Licht zu führen" oder mich über sie lustig zu machen, sondern es ging mir ausschließlich darum, die Lerngruppe zu einer engagierten Diskussion zu bringen, in der die je eigenen Interessen die Basis der Auseinandersetzung bildeten, um schließlich eine von möglichst allen getragene Kursplanung zu entwickeln.

Didaktischer Kommentar

Was können Schülerinnen und Schüler bei der Methode des Provozierens und Bluffens lernen?

Da die Schülerinnen und Schüler nicht wissen, daß ein Spiel stattfindet, gibt es keine Distanz zwischen angenommener Rolle und eigener Identität. Sie simulieren nicht etwas oder spielen eine Rolle, sondern meinen es wirklich! Diese grundlegende Gegebenheit ist Chance wie Gefahr gleichzeitig.

Wie kaum eine andere Methode bietet die Provokation die Möglichkeit, Schülerinnen und Schüler aus der Reserve zu locken, sie sich ganz einbringen zu lassen. Eine gut gemachte Provokation kann Redehemmungen auch und gerade bei den Stilleren beseitigen und sie dazu bringen, etwas zu sagen oder schärfer zu formulieren, was sie in der normalen Unterrichtssituation so nicht gesagt hätten. Sachkompetenz und rhetorische Fähigkeiten werden also gestärkt.

Ein Mensch, der emotional aufgewühlt ist und es darüber hinaus ehrlich meint, ist nicht bruch- und problemlos auf die Spielebene zu bringen, d.h., es erfordert ein hohes Maß an pädagogischem Einfühlungsvermögen, wann eine durch Provokation ausgelöste Diskussion beendet wird und wie die Schülerinnen und Schüler über die Tatsache, daß sie getäuscht worden sind, aufgeklärt werden. Daher sollte der pädagogisch Verantwortliche die Diskussion nicht zu weit treiben und sie spätestens dann abbrechen, wenn sie zu emotional und unsachlich geführt wird oder wenn die Schülerinnen und Schüler im emotional angeregten Zustand zu sehr in private, intime Bereiche abgleiten. Auf der anderen Seite erfordert diese Methode auch Mut und ist ganz sicherlich sinnlos, wenn man zu schnell und schon bei dem ersten Konflikt die Karten aufdeckt! Wichtig ist daher das folgende, aufklärende Gespräch. Da es vorher keine mit Arbeitsaufträgen versehenen Beobachter gab, müssen alle sich auf ihr Gedächtnis verlassen, daher sollte das Auswertungsgespräch unmittelbar der Provokation folgen und nicht zeitlich versetzt sein.

Die Lehrerin oder der Lehrer muß zu Beginn des Gesprächs deutlich machen, daß der Zweck des Spiels keineswegs war, die Schülerinnen und Schüler einmal kräftig auf den Arm zu nehmen. Sollte dieser Eindruck dennoch entstehen, wäre der Zweck der Methode verfehlt, die Schülerinnen und Schüler würden sich (zu Recht) beleidigt fühlen und sich in ihr emotionales Schneckenhaus zurückziehen. Einsichten sachlicher und persönlicher Art wären damit blockiert.

Dies erreichen Sie nach unserer Erfahrung am besten damit, daß Sie den Sinn des vorhergehenden Spiels möglichst anschaulich erläutern und sofort auf eine Ebene der inhaltlichen Diskussion der vorher gehörten Argumente kommen.

Im günstigsten aller möglichen Ergebnisse würden die Schülerinnen und Schüler erkennen, welche Vorurteile sie zu einem Thema haben und wie sie mit diesen Vorurteilen in einem kontrovers geführten Gespräch umgehen: ob sie bereit sind, diese Einstellungen zumindest teilweise aufzugeben und sich kooperativ und kompromißbereit verhalten, ob sie andere Argumente gelten und andere zu Wort kommen lassen etc.

Sollte dies tatsächlich gelingen, weicht die Enttäuschung über den üblen Trick der Lehrerin oder des Lehrers der Einsicht in die Vorteile des Vorgehens.

Da gerade stille und verschlossene Schülerinnen und Schüler durch diese Methode zum engagierten Reden ermuntert werden können, besteht grundsätzlich die Möglichkeit eines neuen, breiteren und damit besseren Interaktionsgefüges in der Lerngruppe.

Nachteile und Schwächen
Der Überraschungseffekt nutzt sich sehr schnell ab, Schülerinnen und Schüler lassen sich nicht beliebig oft täuschen. Diese Methode taugt nur ein-, zwei- oder höchstens dreimal pro Lerngruppe, dann sind auch die Gutgläubigsten in Zukunft auf der Hut.

Es besteht bei der Provokation immer die Möglichkeit des Beifalls von der falschen Seite. Stellen Sie sich in bezug auf das obige Beispiel vor, die gesamte Lerngruppe oder zumindest eine Mehrheit hätte sich der Meinung meiner beiden Fürsprecher angeschlossen! Auch wenn ich nicht ernsthaft mit dieser Möglichkeit gerechnet habe, weil ich die meisten Schülerinnen und Schüler aus der Mittelstufe oder der 11. Klasse kannte, wäre das für mich nun wirklich fatal gewesen.

Einsatzmöglichkeiten im Unterricht

Am leichtesten ist die Provokation natürlich in den Fächern und Themenbereichen einzusetzen, in denen die Schülerinnen und Schüler eine Voreinstellung haben, die in der Regel ja vom Alltagsbewußtsein und den täglichen Erfahrungen geprägt ist. Immer dann, wenn es im weitesten Sinne um die Regeln unseres Zusammenlebens geht, um Rollen und Rollenklischees, um Außenseiter, um Gerechtigkeit, um Stärke und Schwäche, um Gewalt, um das Verhältnis der Geschlechter zueinander, kann das Thema mit einer Provokation begonnen werden, die den jeweiligen Inhalt aufnimmt und polarisiert. Zum Beispiel kann bei dem letzten Thema die Lehrerin oder der Lehrer eine sehr radikale „Emanzen-" oder „Machohaltung" einnehmen.

Wir wollten mit dem vorgestellten Beispiel aus dem Gemeinschaftskundekurs aber auch deutlich machen, daß es über diese inhaltliche Ebene hinaus weitere Einsatzmöglichkeiten gibt. Beispielsweise können der Unterricht und die Methoden der Lehrperson, aber ebenso das Sozialverhalten der Lerngruppe oder schulinterne Sachverhalte problematisiert werden.

Da diese Einstiegsmethode ihre Risiken in sich trägt, möchten wir Ihnen empfehlen, sie nicht in unteren Altersstufen einzusetzen. Die Schülerinnen und Schüler brauchen ein gewisses Niveau der eigenen Entwicklung, um die Doppelbödigkeit des Vorgehens wirklich zu verarbeiten, und ein gewisses Maß an Ich-Stärke, um sich den Zumutungen der Lehrerin oder des Lehrers entgegenzustemmen.

8 Schnupperstunden

Vorbemerkungen
Bei diesen Einstiegsvarianten geht es um die Sache, das neue Thema steht ohne methodische Verfremdungen, Verrätselungen etc. im Mittelpunkt. Auch die Person der Lehrerin oder des Lehrers tritt – vergleichsweise zu den vorigen Kapiteln – sehr viel weiter in den Hintergrund. Die spezielle Art und Weise, wie das neue Thema präsentiert und den verschiedenen Lerntypen innerhalb der Klasse oder Gruppe nähergebracht wird, ist der didaktische Leitgedanke der Methoden dieses Kapitels.
Die Schülerinnen und Schüler erhalten ausführliche Gelegenheit, die wichtigsten Aspekte des neuen Themas zu begutachten. Sie bekommen einen ersten Eindruck von der möglichen Untergliederung, den Hauptproblemen und den Nebenlinien (evtl. den Streitpunkten zwischen verschiedenen Positionen), der Alltagsrelevanz oder der Bedeutung des Themas für die eigene Person.

Karteikartenreferat

Grundüberlegungen zur Didaktik
Das Karteikartenreferat könnte man zunächst grob skizzieren als Gruppenkurzreferat. Es soll als Methode des Einstiegs in ein neues Thema den Schülerinnen und Schülern Appetit machen auf das Neue, was da auf sie zukommt, indem es ihnen einen ersten Einblick vermittelt und erste Problematisierungen ermöglicht. Bestimmte Aspekte des neuen Sachgebiets werden arbeitsteilig oder parallel in kleinen Gruppen zusammengestellt und diskutiert. Anschließend müssen die Ergebnisse dieser Gruppenphase in eine möglichst anschauliche und originelle Präsentationsform gebracht werden. Strukturierung und Weitergabe von Informationen sind also die beiden Hauptziele dieses Einstiegs.

Voraussetzungen und Vorbereitung
Diese Methode nimmt weder sonderlich viel Zeit in Anspruch (eine Schulstunde – höchstens eine Doppelstunde), noch verlangt sie der Lerngruppe erhöhte Anstrengungen im intellektuellen oder kreativen Bereich ab.
Die Vorbereitungen auf Lehrerseite sind nicht unbeträchtlich, andererseits aber überschneiden sie sich mit der ohnehin notwendigen Vorarbeit für ein neues Thema, zu der die Kenntnisnahme wichtiger Texte sowieso gehört. Zu dem gewählten Thema werden einige passende Texte gesucht, die möglichst kontroverse oder zumindest unterschiedliche Aussagen haben. Aus diesen Materialien wählt man

Thesen, Zitate und Textabschnitte heraus, die inhaltliche Positionen möglichst prägnant und für die Schülerinnen und Schüler verständlich wiedergeben. Diese sind schließlich auf Karteikarten schriftlich zu fixieren. Die Anzahl der Karteikarten richtet sich nach der vorgesehenen Größe der Arbeitsgruppen. Nach unseren Erfahrungen sind vier bis sechs Gruppenmitglieder ideal.

Durchführung
Ähnlich wie beim Texttheater (s. S. 116) muß die Lehrerin oder der Lehrer sich zunächst entscheiden, ob alle Schülerinnen und Schüler parallel an einem Thema arbeiten, oder ob arbeitsteilig zu verschiedenen Aspekten des neuen Themenbereichs vorgegangen werden soll. Beides ist möglich, und wir können hier keine allgemeinen Richtlinien geben, da die Entscheidung für das eine oder das andere Vorgehen zu sehr vom Einzelfall abhängt. In dem Beispiel, das wir jetzt vorstellen wollen, hat sich die Lehrerin für das parallele Verfahren entschieden.
In einem Gemeinschaftskundekurs des Jahrgangs 12 ist von den Schülerinnnen und Schülern das Thema „Horror- und Gewaltvideos: Welche Folgen hat ihr Konsum für Jugendliche?" gewählt worden. Die Lehrerin möchte unmittelbar „in medias res" beginnen und wählt als Einstiegsmethode das Karteikartenreferat. Da die Lerngruppe das Arbeiten in Blöcken zu 90 Minuten gewohnt und das Thema recht komplex ist, plant sie eine Doppelstunde ein. Sie hat zu Hause aus drei zur Zeit aktuellen Büchern zu dem Thema, die die drei kontroversen wissenschaftlichen Positionen repräsentieren (Büttner 1990, Glogauer 1991, Vogelgesang 1991), eine Reihe von Thesen zusammengestellt und auf sechs Karteikarten geschrieben:

Karte 1:
„Die Analyse von jugendlichen Video-Cliquen zeigt, daß die angeblichen ‚Videoten' in Wirklichkeit eine höchst aktive Gruppe darstellen. In weitestgehend von elterlichen Kontrollen abgeschotteten Räumen werden in lockerer und ausgelassener Atmosphäre Filmkompetenzen und Erlebnisstile erlernt und erprobt. Video-Sessions sind ein kollektives Happening, bedeuten Spaß, Unterhaltung und Ablenkung."

Karte 2:
„Der Konsum von Medien, besonders von Bildschirmmedien, ist ein hochemotionalisierter Vorgang, der bei zahlreichen Kindern und Jugendlichen die Basis wird für die vielfältigsten Wirkungen, zu denen auch die Ausbildung der Aggressionsbereitschaft und die Aggressivität gegenüber Sachen und Personen gehört ... Viele Straftaten sind fast ausschließlich nach dem Konzept des Modellernens zu erklären."

64   8. Schnupperstunden

Karte 3:
„Bei allen ungünstigen Bedingungen der Gruppen von Kindern und Jugendlichen spielt die emotionale Verarbeitung eine entscheidende Rolle. Es ist klar, daß ständige Unterlegenheit, das fortgesetzte Einstecken von Niederlagen, Vernachlässigung, das Erleiden physischer Gewalt usw. bei den Betroffenen starke Emotionen, nämlich Ärger, Wut, Zorn, Niedergeschlagenheit, Unlustgefühle und vor allem auch Ängste auslösen."

Karte 4:
„Wirkliche Grausamkeit, Folter oder Holocaust sind in der Vergangenheit auch ohne filmische Vorbilder von solchen Menschen geduldet, politisch legitimiert oder ausgeübt worden, die jeweils als anständig oder häufig von ihrer Berufsrolle her als besonders fürsorglich galten."

Karte 5:
„Vieles spricht dafür, daß die Beschäftigung mit grausamen Phantasien im Film oder ihr Ausleben im Spiel bzw. spielerischen Ritualen mehr dazu beiträgt, sie weniger zur Wirklichkeit des Alltags werden zu lassen. Möglicherweise werden gerade dann Menschen zu Sadisten oder Masochisten und üben unvorstellbare Grausamkeiten aus, wenn sie an ihrer Phantasietätigkeit gehindert werden."

Karte 6:
„Es sind überwiegend Gewaltvorstellungen und -phantasien, die durch Action-Spielzeug ausgebildet werden. Da die Kampftechniken hundertfach auf motorischem Wege, unter Begleitung von Kampfgeräuschen und hektischen Aktionen eingeübt werden, sind alle Sinne intensiv beteiligt. Auf diese Weise werden die motorischen Abläufe stark verinnerlicht, gefestigt und automatisiert, so daß sie in bestimmten Situationen (z.B. wenn es Streit gibt) eingesetzt werden und dann auch automatisch ablaufen."

Der achtzehnköpfige Kurs wird in drei Gruppen unterteilt, und in jeder Gruppe erhält ein Schüler Karte 1, einer Karte 2 etc. Dazu bekommt jede Gruppe folgenden Arbeitsauftrag:
„Überlegen Sie gemeinsam eine Methode, mit der Sie in der Gruppe das Material sichten, diskutieren und zusammenstellen können. Entwickeln Sie dann eine mögliche Präsentation, aus der deutlich wird, welchen Minimalkonsens Sie in der Gruppe erreicht haben. Begründen Sie diese Entscheidung."

Nach einer dreißigminütigen Arbeitsphase präsentieren die Gruppen ihre Ergebnisse, und auch hier wird die bereits oben angesprochene Verwandtschaft zum Texttheater deutlich, denn gleich die erste Gruppe präsentiert eine Art Revue: Die einzelnen Thesen sind, soweit sie sich ähneln, zusammengefaßt worden, ihr Inhalt wird von einem Vorsprecher zitiert und dazu pantomimisch von zwei anderen dargestellt. Deutlich sichtbar wechselnde Standorte markieren die inhaltlichen Gegensätze und machen damit räumlich deutlich, was die Gruppe inhaltlich akzeptiert hat und was nicht. Die zwei anderen Gruppen haben eine konventio-

Karteikartenreferat

nellere Präsentation gewählt: Sie stellen jeweils Gemeinsamkeiten und Gegensätze in den Aussagen heraus und erläutern dann ihre eigenen gedanklichen Ansätze, die Diskussion und die daraus folgenden Ergebnisse. Am Schluß der Doppelstunde stellt der Kurs gemeinsam einen Arbeitsplan für die weitere Einheit auf, der die Anregungen dieses Karteikartenreferates aufgreift und das Thema dann vertiefen soll.

Didaktischer Kommentar

Was können Schülerinnen und Schüler beim Einsatz des Karteikartenreferats lernen?

Wie Sie an dem Beispiel sehen konnten, führt diese Einstiegsmethode im Regelfall ohne große Umschweife direkt zum Kern der Sache, denn die Lehrerin, die das Karteikartenreferat vorbereitet, wird nun nicht gerade die unwichtigen oder nebensächlichen Aspekte auf den Thesenkarten festhalten. Die Schülerinnen und Schüler werden also direkt mit zentralen Gesichts- oder Knackpunkten des neuen Themas konfrontiert. Dieser Beschleunigung des Lernprozesses steht aber sofort seine Verlangsamung in der Gruppenphase gegenüber, in der die ersten Eindrücke strukturiert werden und sich so erst einmal setzen können. Die Schülerinnen und Schüler entwickeln auf diese Weise das Gefühl, sofort und ohne großen Leseaufwand mit wichtigen Details konfrontiert zu werden und damit die Möglichkeit des Meinungsaustausches zu erhalten. Das Karteikartenreferat hat also – überspitzt ausgedrückt – einen gewissen Überfallcharakter, der Interesse und Neugierde wecken kann.

Schülerinnen und Schüler können Vorahnungen zu der gesamten Theorie formulieren, die hinter den ihnen vorgesetzten kargen Thesen steckt, ihr Vorwissen einbringen und damit so etwas wie Sacheinfühlung entwickeln. Dies fördert sowohl textanalytische Qualifikationen als auch den Prozeß der „theoretischen Neugierde".

Für die Präsentation können die Schülerinnen und Schüler ihre vorhandenen schauspielerischen und sonstigen methodischen Fähigkeiten sinnvoll einsetzen. Im obigen Beispiel wurde die Revue der ersten Gruppe mit großem Applaus bedacht. Insbesondere dann, wenn die Gruppen arbeitsteilig zu verschiedenen Themenaspekten arbeiten, gewinnen die Präsentation und die eben angesprochenen Fähigkeiten erhöhtes Gewicht.

Nachteile und Schwächen

Da ist zunächst der verhältnismäßig hohe Vorbereitungsaufwand zu nennen, der sich bei arbeitsteiligem Vorgehen, wenn also jede Gruppe eine andere Thesengrundlage erhält, noch erhöht. Nun sind in den unteren Jahrgängen weder die Themen so komplex noch die Texte so umfangreich wie in unserem Beispiel, aber es bleibt eine erhebliche Vorarbeit. Wir haben bei unseren Karteikartenreferaten die Thesen auf festen Karton geschrieben und anschließend mit Klarsichtfolie überzogen. Das garantiert ziemlich lange Haltbarkeit und macht die Methode ohne erneuten Vorbereitungsaufwand wieder verwendbar. Auch wenn neue Forschungsergebnisse veröffentlicht werden, bleibt zumindest der Grundstock der schon geleisteten Arbeit erhalten.

Ein grundlegendes didaktisches Problem ergibt sich durch den sogenannten Überfallcharakter. Gerade die leistungsschwächeren oder wenig interessierten Schülerinnen und Schüler haben, nachdem sie in der Eingangsphase mit zentralen Aspekten konfrontiert wurden, leicht den Eindruck, damit sei jetzt alles gesagt und das Thema abgeschlossen.

Mit anderen Worten: Das mühsame Geschäft des sorgfältigen Kleinarbeitens der Eingangsthesen anhand umfangreicheren Materials ist notwendige Konsequenz dieser Einstiegsmethode, wenn das Ganze nicht bei talkshowartiger Oberflächlichkeit stehen bleiben soll! Und genau dieses sind die Jugendlichen heute oft nicht mehr gewohnt. Der Einstieg „in medias res" ist gängige Praxis der Medien (nicht nur in den Talkshows), aber das Verbleiben bei dem Thema, wenn alle Statements hergebetet sind, ist für viele Menschen heute ungewohnt, lästig, beschwerlich.

Einsatzmöglichkeiten
Ungeachtet seines einfachen Durchführungsschemas verlangt das Karteikartenreferat den Schülerinnen und Schülern einiges ab. Sie sollten es daher erst in den höheren Klassen der Sekundarstufe I einsetzen, können aber mit einfachen Texten und Themen diese Methode bereits in den Klassen fünf bis acht trainieren. Für die Entwicklung der Sacheinfühlung ist es notwendig, daß man als Schülerin oder Schüler schon ein gewisses Vorverständnis von der Sache hat und einige Zusammenhänge erahnt, um die Bedeutung dieser aus jedem Kontext gerissenen Thesen zu begreifen.

Durch die eigene Lebenspraxis, den Unterricht und die Medien haben die Schülerinnen und Schüler aber in einem gewissen Alter eine ganze Menge breitgestreuter Vorkenntnisse, und die können sie sich beim Karteikartenreferat zunutze machen. Daher sehen wir Einsatzmöglichkeiten für alle Schularten der Sekundarstufe I und II und eine breite Palette von Fächern, denn auch reine Sachinformationen können dann, wenn Vorkenntnisse vorhanden sind, erarbeitet werden. Zum Beispiel könnte der Biologielehrer, der die Vererbungslehre einführen will, ebenso einige Aussagen entsprechender Koryphäen zusammenstellen wie die Geschichtslehrerin, die den Nationalsozialismus behandeln möchte.

Ideenkiste
Deutsch, Englisch (in der Sekundarstufe II): Beim Einstieg in eine literarische Epoche, eine Gattung oder auch das Werk eines Dichters (bzw. einer literarischen Gruppe) sind Materialien für die Karteikarten ziemlich mühelos aus literarischen Lexika, Literaturgeschichten, Biographien u.ä. zusammenzustellen. Gleiches gilt für den englischen Literaturunterricht in der Oberstufe.

Erdkunde, Geschichte: Epochen, Kontinente, Zeitströmungen, Klimazonen; in der Primarstufe auch heimatkundliche Themen wie Landschaften etc. können als Grundlage für Karteikartenreferate dienen.
Für den erdkundlichen Bereich gibt es unter dem Titel „Unterrichtsbaustein Oktopus" (z.B. Hell/Kirch 1995) im Klett-Perthes-Verlag fertig ausgearbeitete Materialien, die ohne weiteren Aufwand als Material für Karteikartenreferate verwendet werden können.

Angebotstisch

Grundüberlegungen zur Didaktik
Das Konzept der Einstiegsmethode „Angebotstisch" basiert auf der Tatsache, daß es zu fast allen Unterrichtsthemen verschiedene Arbeitsschwerpunkte und Aspekte gibt, die auch fächerübergreifend sein können. Die Materialien zu diesem Thema sowie die damit verbundenen Handlungsaufforderungen, die die Lehrerin oder der Lehrer vorbereitet, machen diese unterschiedlichen Zugangsweisen für die Schülerinnen und Schüler transparent. Das Material muß den Schülerinnen und Schülern vor der Entscheidung für ein bestimmtes Angebot deutlich machen, was sie erwartet, ob sie zum Beispiel eher theoretisch oder eher praktisch an das Thema herangehen werden, ob die Tätigkeit eher manuelles Geschick, künstlerische Kreativität oder sprachliche Talente erfordert, ob sie ein eher streng logisches oder ein eher experimentelles Vorgehen erwartet. Zu diesem Zweck werden auf mehreren Angebotstischen (die aus zwei oder mehreren zusammengeschobenen Schultischen bestehen) die Materialien bereitgestellt. Die Schülerinnen und Schüler „studieren" die Angebote und entscheiden sich nach den persönlichen Neigungen.
Es findet keine frontale Lenkung statt, sondern die Schülerinnen und Schüler erarbeiten sich die Inhalte mit Hilfe der zur Verfügung stehenden Lernmaterialien und Handlungsaufforderungen selbständig. Alle Arbeitsschwerpunkte sollten so konzipiert sein, daß sie durch eigene Ideen erweitert werden können. Am Ende der Einstiegsphase werden durch die Dokumentation und Präsentation der Ergebnisse und ihrer Entstehung den Mitschülern alle Lerninhalte vermittelt. Das

68 8. Schnupperstunden

Thema kann anschließend auf vertieftem Niveau weiterverfolgt werden. Besonders schön ist es, wenn sich während der Einstiegsphase Schülerinnen und Schüler Spezialwissen erarbeitet haben, das zur weiteren Unterrichtsgestaltung genutzt werden kann.

Diese binnendifferenzierenden Angebote berücksichtigen die unterschiedlichen Lern- und Leistungsfähigkeiten und orientieren sich an den Lerntypen.

In dem Maße, in dem eine Klasse größere Routine im Umgang mit dem Angebotstisch erwirbt, können die Angebote erweitert und die Schülerinnen und Schüler stärker in die Planung einbezogen werden.

Voraussetzungen und Vorbereitung

Sie sollten die komplette Unterrichtseinheit im voraus vorbereiten, da die Eingangssituation „Angebotstisch" spätere Modifikationen nur in geringen Grenzen ermöglicht, die Einheit muß also zu Beginn der Einführung in der Klasse schon „stehen". Einzelheiten wie die Ausgestaltung möglicher Arbeitsblätter können aber auch sinnvoll mit Schülerhilfe erledigt werden.

Eine ganz wichtige Voraussetzung ist aber unbedingt zu beachten:

Die Arbeitsmaterialien sollten nicht nur aus Texten bestehen. Da möglichst alle Sinne bei den Schülerinnen und Schülern angesprochen werden sollen, ist es notwendig, daß die Materialien einen handelnden Umgang mit dem Thema zulassen, z.B. Erkundungen, Experimente, Bauten und Zeichnungen eingeplant sind. Nur die Vielfalt der Materialien ermöglicht einen handelnden Umgang. Dies ist für manche Themenbereiche sicherlich schwierig, aber Ideen entstehen aus Phantasie und Routine.

Die Schulbücherei, die öffentliche Bibliothek, das Heimatmuseum, die kommunalen Behörden, die Handwerkskammer, der Kunstverein, die Drogenberatungsstelle, das Altenheim können hier sehr sinnvoll für die Vorbereitung genutzt werden.

Durchführung

Wir möchten Ihnen hier anhand eines Vorhabens zum Thema „Steine" die Vielfalt der Einsatzmöglichkeiten des Angebotstisches vorstellen.

Zur Vorbereitung des Einstiegs habe ich gemeinsam mit mehreren Kollegen notiert, was uns zum Thema Steine einfiel. Aus diesen Ideen heraus werden konkrete Angebote formuliert, die die traditionellen Zugangsweisen verschiedener Fächer (wie Textarbeit, Mikroskopieren, Experimentieren) integrieren.

Die Angebote sind so konzipiert, daß der Zeitaufwand zur Bearbeitung in etwa gleich ist.

Angebotstisch

1. Tisch: Einige farblich schön illustrierte Sachbücher über Steine befinden sich auf diesem Tisch. Die Schülerinnen und Schüler können in den Büchern stöbern, lesen und blättern. Sie sollen sich einen Text heraussuchen, der ihnen besonders gut gefällt und den sie uns vorstellen wollen. Vorstellen beinhaltet bei uns verschiedene methodische Möglichkeiten: Der Text kann vorgelesen, vorgespielt, pantomimisch dargestellt oder szenisch interpretiert werden

2. Tisch: Hier geht es darum, eine eigene kleine Geschichte über einen „fiktiven Stein" zu schreiben. Neben das Blatt mit dieser Handlungsaufforderung habe ich einige besonders schöne Steine und bunten Karton zur Anregung gelegt.

3. Tisch: Auf dem dritten Tisch befindet sich die Anregung, ein Gedicht über einen Stein auf großes buntes DIN-A3-Papier zu schreiben. Daneben liegen einige (teils selbstverfaßte) Gedichte über Steine zur Beflügelung der Phantasie.

4. Tisch: Auf diesen Tisch habe ich verschiedene Steine, Farben und Pinsel gelegt. Die Aufgabe besteht darin, die Steine möglichst schön und phantasievoll zu bemalen.

5. Tisch: Auf dem Tisch klebt ein großes Informationsblatt, das Hinweise und Erläuterungen zur Gesteinsbestimmung enthält. Daneben liegen einige verschiedene Steine. Die Schülerinnen und Schüler sollen die Gesteinsart bestimmen und ihre Zuordnung schriftlich begründen.

6. Tisch: Das Volumen einzelner Steine kann hier mit Hilfe von verdrängten Flüssigkeiten bestimmt werden. An einem Meßbecher können die Schülerinnen und Schüler ablesen, wieviel Flüssigkeit verdrängt wird, und dieses in einer Liste notieren.

7. Tisch: Ein Mikroskop und verschiedene Steine befinden sich hier auf dem Tisch. Was die Schülerinnen und Schüler über die Steine unter dem Mikroskop beobachten können, zeichnen sie für die anderen auf.

8. Tisch: Hier können mit Hilfe von besonderen Klebstoffen Figuren oder künstlerische Gebilde aus Steinen gebaut werden.

9. Tisch: Das Bearbeiten der Steine mit Hilfe von Hammer und Meißel ist hier die Aufgabe für die Schülerinnen und Schüler und gar nicht so leicht zu bewerkstelligen (auf Schutzbrillen achten!). Gleichzeitig soll dabei beschrieben und notiert werden, welcher Stein der am schwierigsten zu bearbeitende ist.

10. Tisch: Steinspiele sind das Thema an diesem Tisch. Anhand von Büchern werden einzelne einfache Steinspiele vorgestellt. Die Schülerinnen und Schüler sollen sich ein Spiel heraussuchen, das leicht nachzubauen ist und ihnen besonders gut gefällt. (Das Uraltspiel „Wari", das in Sandmulden gespielt werden kann, ist ihr liebstes Spiel.)

Jede Schülerin und jeder Schüler kann frei wählen, an welchem Tisch und mit wem zusammengearbeitet werden soll, diese Wahl ist aber dann verbindlich. Nach etwa zehn bis fünfzehn Minuten haben sich alle Schülerinnen und Schüler für einen Tisch entschieden. Wo es gewünscht wird, gebe ich Hilfestellung, greife aber von mir aus nicht in den Arbeitsablauf ein. Diese Arbeitsphase dauert ohne die Präsentation, die am nächsten Tag stattfindet, eine Stunde. Interessant zu berichten ist, daß alle Tische immer besetzt sind und alle Themen bearbeitet werden.

70   8. Schnupperstunden

Didaktischer Kommentar

Was können Schülerinnen und Schüler beim Einsatz des Angebotstisches lernen?
Durch die von der Lehrerin oder dem Lehrer vorstrukturierten Lernangebote haben die Schülerinnen und Schüler sehr viel mehr Möglichkeiten, die Entscheidungen über ihre Lerninhalte selbst zu bestimmen. Durch die verschiedenen Angebote wird aber auch der Rahmen für ein Thema oder für einen Bereich abgesteckt und festgelegt.

Angebotstische fördern die Selbständigkeit der Schülerinnen und Schüler und deren Methodenkompetenz. Voraussetzung sind ein gewisses Maß an Grundfertigkeiten im Umgang mit Lernangeboten und die zumindest ansatzweise Erkenntnis, daß jeder für seinen Lernerfolg selbst verantwortlich ist. Nur wenn ich meine Arbeit selbstverantwortlich organisieren kann, bin ich in der Lage, die Lernangebote für mich zu nutzen und mir Wissen und Fertigkeiten anzueignen. Wer sich diese Kompetenzen zu eigen gemacht hat, ist auch später in der Lage, sich jeden neuen Bereich selbständig zu erschließen und zu bearbeiten.

Zudem erhöht der handlungsauffordernde Charakter der Angebote die Motivation der Schülerinnen und Schüler. Sie gehen mit Begeisterung an ihre Aufgaben heran, haben Spaß an der Sache und behalten von den Inhalten mehr als in anderen üblichen Unterrichtsformen.

Der Angebotstisch entlastet Sie von der traditionellen Vermittlerrolle, so daß Sie während des Unterrichts mehr Zeit für die Schülerinnen und Schüler haben.

Nachteile und Schwächen

Ein Nachteil dieses Einstiegs ist der erhöhte Zeitaufwand insbesondere bei der erstmaligen Vorbereitung, da der Neueinsteiger zunächst nur schwer abschätzen kann, welche Themen Schülerinnen und Schüler besonders interessieren, wie sie aufgebaut sein müssen, welche unterschiedlichen Zugangsmöglichkeiten sich anbieten und wie gesichert wird, daß möglichst viele Angebote von den Schülerinnen und Schülern gewählt werden. Bei häufigerem Einsatz dieses Einstiegs entwickeln Sie aber ein Gespür hierfür.

Für ungeübte Schülerinnen und Schüler stellt sich zudem anfänglich oft das Problem, daß sie noch keine Kriterien entwickelt haben, nach denen sie sich ein Thema bzw. ein Angebot auswählen. Hier sollten Sie als erfahrene Kraft Hilfestellung geben, im Zweifelsfalle dem einen oder anderen auch einmal ein Thema vorgeben, an dem er probieren kann, ob es ihm Spaß macht und er damit zurechtkommt.

Der Entscheidungsfreiraum für die Schülerinnen und Schüler ist hier durch die Wahl eines Angebots zwar gegeben, wird aber durch den von der Lehrerin oder dem Lehrer vorgegebenen Rahmen in Form der Angebote eingeschränkt.

Einsatzmöglichkeiten
Angebotstische lassen sich in jedem Fach und zu fast jedem Thema einsetzen, da eben fast jeder Stoff unabhängig von Schulstufen und Fächern mehrere Aspekte aufweist. Für alle geschichtlichen, erdkundlichen und gesellschaftlichen Themen ist das sicherlich unmittelbar einleuchtend. Im sprachlichen und im naturwissenschaftlichen Bereich erfordert die Vorbereitung sicher etwas mehr Zeit, ist aber sachlogisch fast immer ohne allzu große Mühe zu leisten, z.b. haben wir Angebotstische zum Thema Flächen- und Volumenberechnung und Dezimalbruchrechnung erstellt.

Ideenkiste
Der Einstieg in das fächerübergreifende Thema „Natur erleben – Natur erfahren" läßt sich durch eine Reihe von Angeboten besonders gut gestalten: Gedichte oder Geschichten zur Natur schreiben, Klimazonen definieren, Diagramme zeichnen, Pflanzen bestimmen, Wetterstationen bauen, Wurzeln und Pflanzen mit dem Mikroskop erforschen ... Wenn das Thema in allen Klassen eines Jahrgangs parallel behandelt wird, können die Angebote auch klassenübergreifend gestaltet werden.

Themenbörse

Grundüberlegungen zur Didaktik
Zentral beim Unterrichtseinstieg „Themenbörse" ist die weitgehend selbständige Erarbeitung eines Themas. Der Lerntypus und die Leistungsstärke der einzelnen Schülerinnen und Schüler werden berücksichtigt. Alle arbeiten an den gleichen Inhalten, aber auf der ihrem Lerntyp entsprechenden Ebene. Die Themenbörse bildet den Einstieg in die Themenplanarbeit.

Voraussetzungen und Vorbereitung
Das Arbeiten in unterschiedlichen Sozialformen (Einzel-, Partner- oder Gruppenarbeit) sollte den Schülerinnen und Schülern bekannt sein. Die einzelnen Arbeitsgruppen dürfen nicht zu groß sein, damit effektives Arbeiten möglich ist. Daneben ist eine Lerntypenbestimmung der einzelnen Schülerinnen und Schüler erforderlich. Dies kann z.b. durch einen einfachen Test erfolgen, wie das Klippert (Klippert 1994, S. 61) demonstriert. Nur so ist es möglich, schüleradäquates Arbeitsmaterial zu erstellen, mit dem selbständig gearbeitet werden kann.
Die Vorbereitungen sollten möglichst durch Absprache mit den Fachkollegen oder den an diesem Thema arbeitenden Kollegen erfolgen und die Feinplanung der Einheit vor Beginn weitestgehend abgeschlossen sein. Das erleichtert ganz erheblich den Arbeitsaufwand für die Materialerstellung.

Durchführung

Volumenberechnung ist ein Thema in der sechsten Klasse, in das wir durch eine „Themenbörse" eingestiegen sind. Die Lerntypenbestimmung in meiner Klasse zu Beginn des Schuljahres hatte fünf „Hauptlerntypen" ergeben. Ich gestaltete fünf verschiedene Arbeitsblätter mit Anregungen zur Bearbeitung des Themas, die ich in einer Themenbörse als Zugang zur Volumenberechnung anbieten konnte. Das Ziel des Unterrichts sollte sein, daß alle Schülerinnen und Schüler am Ende dieser Einheit das Volumen verschiedener Körper bestimmen konnten. Die Auswahl des Arbeitsblattes und damit die Festlegung auf eine bestimmte Herangehensweise sowie die Sozialform blieben den Schülerinnen und Schülern überlassen. Folgende, durch die Arbeitsblätter vorstrukturierten Varianten ergaben sich:

- ◆ Eine Möglichkeit der Volumenbestimmung bestand darin, die Körper in Flüssigkeit zu tauchen und die Wasserverdrängung abzulesen. Daraus entwickelte sich bald die Frage nach den Meßeinheiten zur Volumenbestimmung. Dieses Problem wurde von den Schülerinnen und Schülern durch gezielte Informationsbeschaffung aus Büchern, die ich zur Verfügung gestellt hatte, weitgehend selbständig gelöst (Lerntyp: Lesen, Sehen, Tasten).
- ◆ Die nächste Herangehensweise war, mit Meßbechern Wasser in verschiedene Gefäße zu schütten und zu überprüfen, wie viele Becher Wasser das Gefäß faßte (Lerntyp: Hören, Sehen, Tasten).
- ◆ Es war weiterhin möglich, sich mit dem Bau verschiedener Körper und deren Volumenberechnung anhand einer Formel zu beschäftigen, zu deren mathematischer Herleitung sich auf dem Arbeitsblatt gezielte Hilfen fanden (Lerntyp: Lesen, Sehen).
- ◆ Das vierte Angebot bestand darin, hohle vorgefertigte Körper mit ein Kubikzentimeter großen Quadraten zu füllen und deren Anzahl zu bestimmen (Lerntyp: Hören, Lesen, Sehen, Tasten).
- ◆ Die letzte Möglichkeit ergab sich aus der Arbeit mit einem vorgegebenen Text zur Volumenberechnung, den die Schülerinnen und Schüler sich selbständig aneignen und verstehen sollten (Lerntyp: Lesen).

Jede Schülerin und jeder Schüler wählte sich eine Möglichkeit des Einstiegs aus. Diejenigen, die die gleiche Zugangsweise gewählt hatten, setzten sich an Gruppentischen zusammen und bearbeiteten ihren Bereich.

Nach diesem Einstieg, in dem die Schülerinnen und Schüler eine Vorstellung über das Volumen eines Körpers entwickeln konnten, wurde dann in Fachthemenplanarbeit an diesem Thema weiter gearbeitet. Möglich wären sicher auch andere Formen der Weiterarbeit – vom lehrerzentrierten bis zum Offenen Unterricht.

Didaktischer Kommentar

Was können Schülerinnen und Schüler beim Einsatz der Themenbörse lernen?
Da bei dieser Art des Einstiegs von den Vorlieben der Schülerinnen und Schüler und ihren individuellen Fähigkeiten und Fertigkeiten sowie ihrem Lerntempo ausgegangen wird, hat jede und jeder die Möglichkeit, optimal zu lernen. Alle suchen sich den Zugang aus, mit dem sie die besten Erfahrungen gemacht haben und am besten lernen können. Sicherlich kann man nicht immer alle Lerntypen in der Klasse berücksichtigen, aber eine entsprechende Anzahl an unterschiedlichen Zugangsmöglichkeiten sollte stets Voraussetzung für diesen Einstieg sein.
Die Einsatzbereitschaft der Schülerinnen und Schüler ist sehr hoch, daher sind die einzelnen durchaus bereit, auch mit denjenigen zusammenzuarbeiten, denen sie sonst reserviert oder ablehnend gegenüberstehen. Die Methode wirkt also sozial integrierend.
Die Wahl des eigenen Lerntempos ist ausschlaggebend dafür, daß sich keiner überfordert fühlt und abschaltet.

Nachteile und Schwächen

Ein Nachteil dieser Methode besteht, ähnlich wie bei dem Angebotstisch, in einer gewissen Unsicherheit in bezug auf die Attraktivität der einzelnen Angebote und deren zeitlicher Dauer. Dieses Manko ist letztlich nur durch Routinebildung zu beseitigen oder zumindest abzumildern.
Da die Schülerinnen und Schüler aber gerade in den „exakten" Fächern recht intensiv die präzise Begriffsbildung trainieren, können die weiteren Stunden viel straffer konzipiert werden.

Einsatzmöglichkeiten

Diese Art des Einstiegs wählen wir bei vielen mathematischen und naturwissenschaftlichen Themen insbesondere dann, wenn die Entwicklung konkreter Modelle und Vorstellungen eine große Rolle spielt und wir Hilfestellung zur eigenständigen Weiterentwicklung geben wollen.
Jede Schülerin und jeder Schüler kann aber ohne großes Vorwissen mit Hilfe der Themenbörse auch in jedes weitere Thema einsteigen, das, wie beim Angebotstisch, unterschiedliche Zugangsweisen ermöglicht und verschiedene Aspekte aufweist.
Auch in bezug auf die Themenbörse gilt der Vorteil, daß die Lehrerin oder der Lehrer im Unterricht, in dem die Klasse selbständig arbeitet, Zeit hat, entsprechende Hilfestellungen zu geben. In der Grundschule und Orientierungsstufe gibt es dann Schwierigkeiten, wenn die Schülerinnen und Schüler bisher wenig selbständig gearbeitet haben. Die Themenbörse ist aber eine gute Möglichkeit, kleinschrittig und konkret diese Art des Arbeitens zu lernen.

Ideenkiste

Mathematik: Themen, bei denen die Schülerinnen und Schüler selber Berechnungen anstellen oder Konstruktionen ausprobieren können, sind besonders gut für den Einstieg mit der Themenbörse geeignet. Sie können in das Sachgebiet „Flächenberechnung" (Klasse 5/6) mit folgenden Aufgaben einsteigen: Selber Flächen auf dem Schulhof abmessen und -stecken. Testen, wie viele Menschen auf einen aus Papier ausgeschnittenen Quadratmeter passen. Die Größe der eigenen Wohnung/des eigenen Grundstückes abmessen. Sich erkundigen, wieviel „Lebensfläche" verschiedenen Tierrassen zusteht etc.

In Klasse sieben lassen sich auf sehr unterschiedliche Arten und mit verschiedenen Mitteln Dreiecke konstruieren.

Thematische Landkarte

Grundüberlegungen zur Didaktik

Eine Thematische Landkarte soll in optisch ansprechender und übersichtlicher Form für alle Schülerinnen und Schüler verschiedene Arbeitsangebote zu einem Thema ausbreiten. Die optische Präsentation erlaubt eine rasche und problemlose Orientierung, sie ist daher eine wichtige Entscheidungshilfe für alle, um das für sie jeweils interessante Sachgebiet und die ihren Neigungen und Fähigkeiten entsprechende Methode herauszufinden. Zudem können Hinweise zur Strukturierung und zur Sachlogik graphisch so gestaltet werden, daß die Thematische Landkarte den Schülerinnen und Schülern das Thema schon teilweise weit erschließt. Die Didaktische Landkarte zu Unterrichtseinstiegen im dritten Kapitel ist ein Beispiel für diese graphische Strukturierung und Erschließung. Der waagerechte Pfeil in der Mitte und die senkrecht angebrachten Beschreibungen am linken Bildrand ordnen die unterschiedlichen Einstiegsmethoden nach einem zwar sachlich angemessenen, aber dennoch von uns bewußt gewählten Schema. Es wären auch andere Kategorisierungen möglich gewesen (vgl. Anhang).

Voraussetzungen und Vorbereitung

Die Thematische Landkarte muß von Ihnen zu Hause in überlegten Detailschritten aufgebaut und komponiert werden. Nur in Ausnahmefällen wird sie mit den Schülerinnen und Schülern gemeinsam erstellt werden können, da Sachkompetenz und Überblick über sämtliche Strukturen des neuen Themas notwendige Voraussetzungen sind.

Die verschiedenen Sachaspekte, die der neue Stoff „hergibt", müssen in Stichworten festgehalten und in optisch ansprechender, origineller Form auf einem Blatt Papier oder einer Wandzeitung fixiert werden.

Thematische Landkarte 75

In den unteren Jahrgängen sollten Sie die notwendigen Arbeitsmaterialien für die Untergruppen selber vor Beginn der Einheit zusammenstellen oder den Schülerinnen und Schülern ganz gezielte Hinweise zur Materialbeschaffung geben.

Durchführung
Im Sozialkundeunterricht der Klasse 9 ist das Thema „Die Rechte und Pflichten der Jugendlichen" vorgesehen. Anhand eines fiktiven Falls (der 16jährige Christian will gegen den Willen der Eltern mit Realschulabschluß die Schule verlassen und sich einer Musikgruppe anschließen), der mitsamt vielen Arbeitsmaterialien aus der Literatur entnommen wurde (Reinhardt o.J.), erstellt die Lehrerin die folgende Thematische Landkarte mit der Arbeitsanweisung: „Sucht Euch bitte jeder das Thema aus, das Euch am meisten interessiert. Wir werden dann zu den Themen Arbeitsgruppen bilden, und Ihr solltet Euch in der Gruppe auf ein oder zwei Bearbeitungsmethoden einigen, die Euch am meisten Spaß machen. Falls Ihr Euch überhaupt nicht einigen könnt, bildet Untergruppen, die mit verschiedenen Methoden an dem gleichen Thema arbeiten."
Es empfiehlt sich, die Landkarte während der gesamten Einheit im Klassenraum hängen zu lassen, denn sie ist für die Arbeit in den Gruppen und auch bei der Präsentation der Arbeitsergebnisse eine ausgezeichnete Strukturierungshilfe.

Didaktischer Kommentar
Was können Schülerinnen und Schüler beim Einsatz einer Thematischen Landkarte lernen?
Die Thematische Landkarte hält die Schülerinnen und Schüler zunächst dazu an, das eigene Vorwissen zu aktivieren und darüber nachzudenken, welche Wissenslücken sie in bezug auf das neue Thema unbedingt auffüllen wollen und was ihnen besonders wichtig oder interessant erscheint. Die Auswahl des Unterthemas erfolgt also nach Interessen und Neigungen.
Die Methode führt direkt „in medias res", die Schülerinnen und Schüler sind nicht gezwungen, gleich zu Beginn umfangreiche Texte oder sonstige Materialien durchzuarbeiten, sondern erhalten direkt einen Gesamteindruck davon, was das neue Thema umfaßt und welche Ziele am Ende der Einheit stehen könnten.
Nicht zuletzt wird die Methodenkompetenz gefördert, da alle zu einer Entscheidung über die Zuordnung von Inhalten und Methoden gelangen müssen und damit selbstverantwortlich für den eigenen Lernprozeß sind.

Nachteile und Schwächen
Die Methode ist nur dort einsetzbar, wo das Thema mehrere gleichrangige Aspekte aufweist, die deutlich voneinander unterschieden und parallel bearbeitet werden können. Falls es einige Details gibt, deren Kenntnis Voraussetzung für die

8. Schnupperstunden

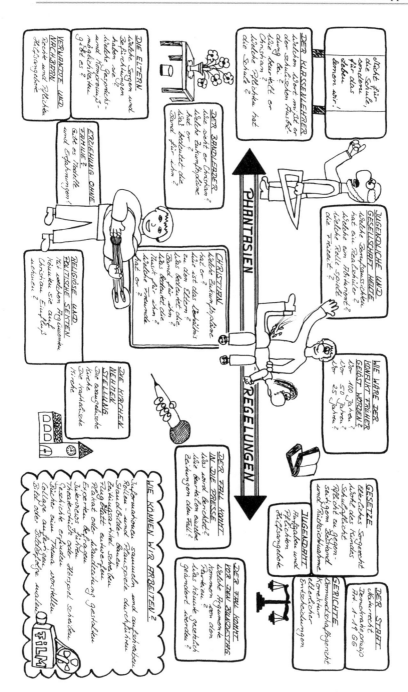

Thematische Landkarte

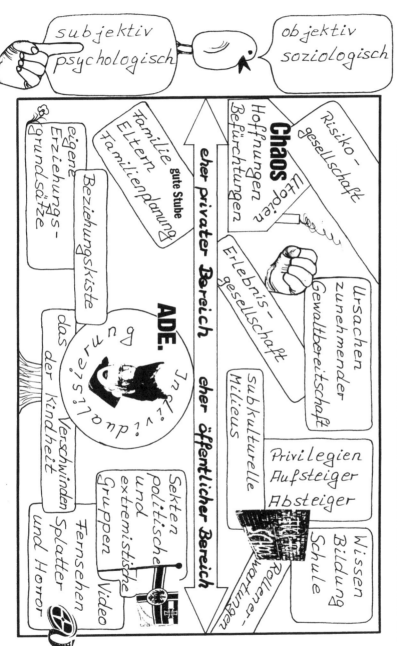

Bearbeitung aller anderen Aspekte ist, kann man auf der Landkarte einen Pflichtbereich abgrenzen, den alle bearbeiten müssen.
Nicht geeignet ist die Methode für all jene Themen, bei denen streng aufeinanderfolgende Lernschritte notwendig sind und der Wegfall eines Bausteins das Ganze zum Einsturz bringen würde, also beispielsweise in streng logisch aufgebauten Unterrichtssequenzen im mathematisch-naturwissenschaftlichen Aufgabenfeld.

Einsatzmöglichkeiten
Einsatzmöglichkeiten sehen wir in allen Alters- und Schulstufen und in den Fächern, in denen die thematische Struktur die oben beschriebene Parallelität erlaubt. Je besser die Schülerinnen und Schüler in der Lage sind, ihr eigenes Lernen selbständig zu planen und zu organisieren, desto erfolgreicher kann die Thematische Landkarte eingesetzt werden.

Ideenkiste
Gemeinschaftskunde: In der Klasse 11 sind wir mit der Thematischen Landkarte (s. S. 77) in das Thema „Wie werden Jugendliche heute erwachsen?" eingestiegen.

Mathematik, Erdkunde: Der Begriff „Landkarte" legt es nahe: Das Thema „Rechnen mit verschiedenen Größen und Maßstäben" läßt sich sehr gut mit einer entsprechenden Karte beginnen.

Speisekarte

Grundüberlegungen zur Didaktik
Eine Speisekarte als Unterrichtseinstieg ist vergleichbar einer Speisekarte in einem Lokal. Ich lese sie in Ruhe durch und entscheide mich dann für eine Vorspeise, ein Hauptgericht und eine Nachspeise. Hierbei achte ich genau darauf, daß die Gänge des Menüs zueinander passen.
Übertragen auf die schulische Situation bedeutet das: Das Thema der neuen Unterrichtseinheit ist den Schülerinnen und Schülern bekannt, evtl. auch vorher mit der Lehrerin oder dem Lehrer gemeinsam ausgewählt worden. Dieser hat nun zu entscheiden, wie die Schülerinnen und Schüler sich auf das Thema vorbereiten können, wie sie sich die Inhalte aneignen und wie sie die Ergebnisse präsentieren. Wahlmöglichkeiten sind also gegeben, aber im Gegensatz zur vorherigen Methode weder auf die Lerntypen bezogen noch auf die Fähigkeiten und Fertigkeiten der Schülerinnen und Schüler. Das Thema und damit der inhaltliche Aspekt haben Priorität.

Speisekarte

79

Voraussetzungen und Vorbereitung
Die Speisekarte sollte von der Lehrerin oder dem Lehrer vor Beginn der Einheit erstellt werden. Dazu muß die Literatur gesichtet, weiteres vorhandenes Material geprüft, die zur Verfügung stehenden Arbeitsmaterialien ausgewählt werden etc., um die nötige Grundlage zu schaffen, auf der Schülerinnen und Schüler arbeiten können.
Dazu kommt die optische Präsentation der Speisekarte. Sie sollte „Appetit machen", also Aufforderungscharakter für die Klasse oder den Kurs haben. Zeichnungen und entsprechende Hinweise über die Zusammensetzung der Gerichte dürfen auf keinen Fall fehlen. Weiterhin ist darauf zu achten, daß „Vorspeisen", „Hauptgerichte" und „Nachspeisen" inhaltlich zueinander passen, es also mehrere, aber keineswegs beliebig viele Varianten der Kombination gibt. Wir werden dieses an einem Beispiel illustrieren.

Durchführung
Speisekarte zum Thema „Sekten und andere Verführer"
Die auf S. 80 abgebildete Speisekarte wurde in einem Werte- und Normenkurs des Jahrgangs 12 (Kursthema: Grundlagen individueller Ethik) den Schülerinnen und Schülern in der ersten Stunde der von ihnen gewählten Unterrichtseinheit „Sekten und andere Verführer" vorgelegt.
Die Schülerinnen und Schüler erhalten die Aufgabe, sich entweder alleine oder zu zweit für eine Vorspeise, ein Hauptgericht und eine Nachspeise nach eigenen Kriterien zu entscheiden und zu überlegen, ob die drei „Menügänge" inhaltlich zueinander passen.
Am Ende der Einstiegsphase präsentieren die Schülerinnen und Schüler zunächst die Wahl ihres Menüs und erläutern ihre geplanten Vorgehensweisen. Damit ist die Einstiegsphase abgeschlossen, die weitere Arbeit findet einzeln oder in Gruppen statt.
Zum Schluß werden in der Präsentation die Inhalte und Ergebnisse anhand von Landkarten, Collagen, Texten, Referaten, Texttheater ... vorgestellt. Außerdem wird viel Wert auf die Schülerkritik gelegt. War das vorhandene Arbeitsmaterial ausreichend? War die Speisekarte so angelegt, daß alle selbständig auswählen und sinnvoll damit arbeiten konnten? Welche Entscheidungshilfen können beim nächsten Mal gegeben werden? Hat der Lehrer oder die Lehrerin genügend Hilfen angeboten und gegeben?

Didaktischer Kommentar
Was können Schülerinnen und Schüler beim Einsatz der Speisekarte lernen?
Das hier vorgestellte Beispiel zeigt, daß die Schülerinnen und Schüler nur mit einem angemessenen Vorwissen in solch eine Unterrichtseinheit einsteigen kön-

Speisekarte
(Sekten und andere Verführer)

Vorspeisen
(Die Ursachen)

Heilslehren und Propheten
Risikogesellschaft
Erlebnisgesellschaft
Erosion von Werten und Rollenverständnissen
Identitätsprobleme
Säkularismus
Der Götze „Konsum"

Hauptgerichte
(Die einzelnen Sekten und Organisationen)

New Scientology Church
Hare Krisna (Iskon-Gesellschaft)
Die Kinder Gottes (Mo-Organisation)
Die Verweigerungskirche (Mun-Organisation)
Die Zeugen Jehovas
Die Mormonen
Die Adventisten
Die Naturgesetzpartei
Maharishi Mahesh Jogi (Transzendentale Meditation)
Voodoo-Kult und Okkultismus

Nachtisch
(Lösungsstrategien und -möglichkeiten)

Wertevermittlung in der Familie
Wertevermittlung in der Schule
Die Rolle der Kirchen
Neue Sachlichkeit
Der „EQ" und die Gefährdung Einzelner
Überwindung des Außenseitertums
Sinnvolle Tätigkeiten
Ganzheitlichkeit

nen. Sie müssen in der Lage sein, die Unterrichtsinhalte eigenständig zu strukturieren, sich selbständig Sachwissen zu erarbeiten und dieses anderen zu präsentieren. Die Speisekarte bietet ihnen hierbei verschiedene Möglichkeiten, das neue Thema zu behandeln. Diese Wahlmöglichkeiten sollten die Schülerinnen und Schüler nutzen, um auch die Vielfalt der möglichen Herangehensweisen kennenzulernen. Die Entscheidung, welche Schwerpunkte zu setzen und welche didaktisch-methodischen Überlegungen und Kriterien zu benutzen sind, ist aus der Speisekarte nur sehr bedingt ersichtlich und wird weitgehend in die Hände der Schülerinnen und Schüler gelegt, denen in Zweifelsfällen natürlich die Lehrerin oder der Lehrer beratend zur Seite steht. So wie der Feinschmecker seine Fähigkeiten unter Beweis stellt, indem er aus dem Angebot des Restaurants ein exzellent zueinander passendes und ebenso vorzüglich schmeckendes Menü zusammenstellt, ist auch die kompositorische Leistung der Schülerinnen und Schüler zu begreifen.

Nachteile und Schwächen
Die Speisekarte ist nicht für untere Klassen geeignet. Voraussetzung für ihren Einsatz ist, daß die Schülerinnen und Schüler im Laufe der Zeit gelernt haben, selbständig zu arbeiten, strukturiert zu denken und bestimmte methodische Kompetenzen zu beherrschen. Auch die Vorkenntnisse der einzelnen sollten sinnvoll eingebracht werden.
Eine prinzipiell unvermeidbare potentielle Fehlerquelle ist die falsche Menüwahl. Dieser Fehler kann während der Einstiegsphase kaum sinnvoll behoben werden. Erst bei der Vorstellung der Menüwahl vor der Klasse sind Einsichten und Veränderungen möglich.

Einsatzmöglichkeiten
Sinnvolle Einsatzmöglichkeiten für die Speisekarte sehen wir frühestens ab Klasse 9, sofern das Thema aktuell und wenig komplex ist. Da diese Methode aber relativ hohe kognitive und methodische Ansprüche an die Schülerinnen und Schüler stellt, ist ihre Verwendung insbesondere in der Sekundarstufe II zu empfehlen.
Beschränkungen auf bestimmte Fächer sehen wir nicht, nur sollte sich die Lehrerin oder der Lehrer vorher über den Stand des Vorwissens informieren.

Ideenkiste
Auch wenn der Begriff „Speisekarte" eher positive Assoziationen weckt, möchten wir Ihnen ein Beispiel vorstellen, das keinerlei angenehme Gefühle hervorruft, aber bei den Schülern (Gemeinschaftskunde, Jahrgang 12) sehr gut angekommen ist:

SPEISEKARTE
Bosnien-Konflikt

Vorspeisen
(Die Voraussetzungen)

Die Völker Jugoslawiens
Entstehung Jugoslawiens
Historisch-regionale Voraussetzungen
Nationalismus
Sozialökonomische Probleme
Außenpolitische Konflikte
Erosion staatlicher Strukturen
Die neuen Verhandlungen
Die Rolle der Nato
seit Dezember '95
Perspektiven einer Nachkriegsordnung

Hauptgerichte
(Der Konflikt)

Die Kriegsparteien
Die jeweiligen Feindbilder
Taktische und strategische Kriegsziele
Flucht und Vertreibung
Menschenrechtsverletzungen
Die Reaktion der internationalen Organisationen
Die Interessen der Supermächte

Nachspeisen
(Die Lösungsmöglichkeiten)

Wirtschaftliche Sanktionen
Die Verhandlungsmodelle bis zum Herbst '95
Die geänderte Situation
seit Herbst '95

Arbeitsplanarbeit

Grundüberlegungen zur Didaktik

Wochen- oder Tagespläne stellen eine gute Möglichkeit dar, die Schülerinnen und Schüler zu selbständigem und selbstgeplantem Arbeiten auch über längere Zeiträume zu führen. Die Arbeitspläne helfen den Schülerinnen und Schülern,

♦ eine Übersicht über die bereits geleistete und noch zu leistende Arbeit zu behalten,

♦ ihre Fortschritte festzuhalten und zu überprüfen,

♦ das weitere Vorgehen festzulegen,

♦ eigene Kriterien zu entwickeln, in welcher Reihenfolge die Aufgaben von ihnen bearbeitet werden,

♦ Erfahrungen bezüglich des Zeitaufwandes, der zur Lösung der einzelnen Aufgaben erforderlich ist, zu sammeln

♦ und verschiedene Sozialformen mit verschiedenen Partnern zu erproben.

Arbeitsplanarbeit trägt somit zur frühzeitigen Einsicht in die Selbstverantwortlichkeit des Arbeitens bei und ermöglicht eine verläßliche, weil zunehmd routinierter werdende Selbsteinschätzung und -kontrolle.

Durch die Festlegung von Wahl- und Pflichtaufgaben sind die Arbeitsbereiche klar eingegrenzt. Zum Einstieg in die Arbeitsplanarbeit empfiehlt es sich, geschlossene Pläne mit hohem Verbindlichkeitsgrad einzusetzen. Die Schülerinnen und Schüler können die Reihenfolge der Bearbeitung und die Sozialform selbst bestimmen. Dazu gibt es die Möglichkeit, individuelle Aufgaben für einzelne Schülerinnen und Schüler zur Unterstützung des Lernfortschritts zu stellen.

Offene Arbeitspläne geben die Fachbereiche, die Fächer oder auch fächerübergreifende Themen an. Die Schülerinnen und Schüler können frei wählen, welche Aufgaben sie bearbeiten, mit wem sie zusammen arbeiten wollen und wie sie ihre Zeit einteilen. Arbeitspläne bilden die Nahtstelle zu offenen Unterrichtskonzepten.

Arbeitsplanarbeit ist daher keine typische Einstiegsmethode, sondern findet ihren systematischen Ort eher in Erarbeitungs- und Vertiefungsphasen des Unterrichts. Dennoch halten wir die oben skizzierten Vorteile für so wichtig, daß wir Ihnen an einem Beispiel demonstrieren wollen, wie Arbeitsplanarbeit als Methode des Einstiegs in ein neues Thema sinnvoll eingesetzt werden kann.

Voraussetzungen und Vorbereitung

Der Arbeitsplan wird von der Lehrerin oder dem Lehrer (oder auch fächerübergreifend im Team) nach folgenden Kriterien erstellt:

♦ Wieviel Aufgaben kann z.B. ein Wochenplan enthalten, ohne die Schülerinnen und Schüler zeitlich zu unter- oder zu überfordern?

♦ Wie soll das Verhältnis von Pflicht- und Wahlteil sein?
♦ Wie selbständig können die Schülerinnen und Schüler arbeiten?
♦ Welches Methodenwissen kann vorausgesetzt werden?
♦ Ist das Prinzip der Eigenverantwortlichkeit in jeder Aufgabe gewahrt?
♦ Lassen alle Aufgaben die Selbstkontrolle zu?
♦ Sind die notwendigen Arbeitsmaterialien verfügbar?
♦ Läßt die Aufgabenstellung die freie Partnerwahl zu?
♦ Welches Maß an Mitbestimmung lassen die Aufgaben zu?

In den unteren Klassen ist es sinnvoll, eine Liste mit den Namen der Schülerinnen und Schüler auszuhängen, in die sie eintragen können, wann sie welche Aufgabe bearbeitet haben und wieviel Zeit sie dafür benötigten. Dieser Plan schafft Transparenz für die Klasse und erleichtert die gegenseitige Hilfestellung.

Durchführung
Die Arbeitspläne in unserer sechsten Klasse sind Wochenarbeitspläne und dauern von Montag bis Freitag. Dieser Rhythmus hat sich als sinnvoll erwiesen, da so mit dem Ende der Woche auch für die Schülerinnen und Schüler eine Erholungszeit zur Verfügung steht.

Da in unserem Beispiel in das geschichtliche Thema „Ägypten" mit Beginn dieser Woche neu eingestiegen wird, bespreche ich in der ersten Stunde während des Morgenkreises die Aufgaben mit der Klasse. Einige Arbeitsaufforderungen aus den anderen Fächern berühren das Thema Ägypten ebenfalls, haben aber wie die restlichen Aufgaben Wiederholungs- und Vertiefungscharakter.

Da detailliert beschrieben wird, wo die Arbeitsmaterialien zu finden sind, wo es weiterführende Literatur gibt, wieviel Arbeitsblätter und Blätter sie für die einzelnen Aufgaben benötigen und welche Seitenzahl die Blätter haben, müssen lediglich Verständnisfragen zu Formulierungen o.ä. geklärt werden.

Nach der Einführung legen die Schülerinnen und Schüler die Reihenfolge der Aufgaben fest, die sie bearbeiten wollen, und wählen sich einen oder mehrere Partner aus, mit denen sie zusammenarbeiten. Während der Arbeitsphasen tragen alle in die Liste ein, welche Aufgaben sie sich vorgenommen haben, wieviel Zeit sie dafür voraussichtlich benötigen und wann die Aufgaben erledigt sind. Am Freitag werden die Ergebnisse des Arbeitsplanes vorgestellt und präsentiert. Dem neuen Thema Ägypten wird dabei besonders breiter Raum gelassen, um allen Schülerinnen und Schülern Gelegenheit zu geben, ihre bisherigen Kenntnisse und weitergehenden Interessen an dem Thema darstellen zu können, um so die weitere Arbeit gemeinsam zu planen und Schwerpunkte festzulegen.

ARBEITSPLAN

Montag, 23.10.1995 - Freitag, 27.10.1995

Pflichtteil

erledigt am:

Gesellschaft 1:
Gruppenarbeit
Wir wollen in der nächsten Woche mit dem Thema „Ägypten" beginnen. Besprecht bitte in Eurer Tischgruppe, was Euch zu diesem Thema einfällt. Schreibt alles ungeordnet auf ein farbiges DIN-A-3 Blatt, und hängt es mit Wäscheklammern an unsere Leine unter der Decke.
(1 buntes DIN A 3 Blatt pro Tischgruppe)

Gesellschaft 2:
Einzelarbeit
Notiert bitte auf drei Karteikarten drei Bereiche zum Thema Ägypten, über die Ihr unbedingt noch mehr erfahren wollt! Heftet die Karten hinten an unsere Ägypten-Pinwand!
(3 Karteikarten)

Mathematik 1:
Partnerarbeit
Um die Matheaufgaben in dieser Woche lösen zu können, benötigst Du folgende Gegenstände:
Zirkel, Bleistift, Lineal, Radiergummi, Anspitzer, Buntstifte.
Suche im Schulgebäude oder auf dem Schulgelände mindestens drei Dinge, die aus einem Kreis bestehen. Betrachte sie genau, beschreibe sie, und zeichne sie so sauber wie möglich ab.
Hefte die Blätter mit den Zeichnungen und der Überschrift „Geometrie: Kreise" (Seitenzahl 28 A, ...) erst dann in Deine Mathemappe, wenn Du sie mir gezeigt hast und wir sie besprochen haben.

Wahlteil

erledigt am:

Gesellschaft 1:
Partnerarbeit
Besorgt Euch bitte Prospekte und Bücher zum Thema „Ägypten".
Ihr könnt ins Reisebüro gehen, in die Bücherei oder Eure Eltern, Freunde und Verwandten fragen. Stellt alle Materialien in unserer Lernecke aus!

Gesellschaft 2:
Bastians Vater war schon häufig in Ägypten in Urlaub. Vielleicht sind die Eltern einiger anderer Schülerinnen und Schüler auch schon in Ägypten gewesen. Interviewt sie bitte über das Land und ihre Urlaubserfahrungen. Vergeßt bitte nicht, Euch die Fragen vorher zu überlegen! Ihr könnt das Interview auf Cassette aufnehmen oder schriftlich festhalten. Stellt es uns bitte am Freitag vor.

Mathematik 1:
Partnerarbeit
Zeichnet mit Kreide auf dem Schulhof einen Kreis mit einem Durchmesser von 5 Metern. Erklärt mir, bevor Ihr mit dem Zeichnen beginnt, wie Ihr das Experiment durchführen wollt. Wieviel ganze Steine liegen in diesem Kreis?
Zeichnet den Kreis mit einem Durchmesser von 5 cm auf ein Blatt Papier. Malt den Kreis mit einem Steinmuster bunt an, und beschreibt anschließend Euer Experiment.
(1 Blatt, Seite 28 C)

Mathematik 2:
Einzelarbeit
Zeichne mit dem Zirkel folgende Kreise:
a) $r = 5$ cm   b) $r = 4$ cm   c) $d = 12$ cm   d) $d = 8$ cm
Zeichne zuerst den kleinsten Kreis und zuletzt den größten Kreis. Bemale sie der Reihe nach in den Farben gelb, rot, blau, grün.
(1 Blatt, Seite 28 D)

Freies Schreiben:
Du kannst eine Geschichte über ein Thema Deiner Wahl schreiben. Als Anregung kannst Du Dir den Ordner mit Ideen für Geschichten ansehen. Jede Geschichte sollte mindestens eine halbe Seite lang sein und eine Überschrift haben.

(...)

Arbeitsplanarbeit

Didaktischer Kommentar

Was können Schülerinnen und Schüler bei der Arbeitsplanarbeit lernen?
Sie haben die Möglichkeit, ihre Arbeit selbst zu planen, zu strukturieren, zu ordnen, sich die Zeit entsprechend der eventuellen Vorgaben einzuteilen und sich – falls erforderlich – noch Hilfen von außen zu holen. Der Einstieg in ein neues Thema wird weitgehend selbständig oder in der Zusammenarbeit mit Mitschülern gestaltet, die Aufgabe der Lehrerin oder des Lehrers ist die der Beratung und Hilfestellung.

Nachteile und Schwächen

Probleme treten immer dann auf, wenn die Aufgabenstellung zu komplex ist und dem Lernniveau der Schülerinnen und Schüler nicht gerecht wird. Diese Schwierigkeit stellt sich allen Neueinsteigern. Sie werden aber mit zunehmender Bearbeitung von Arbeitsplänen ein Gespür dafür entwickeln, wie die Konzeption der Pläne aussehen soll und wie genau und ausführlich Sie sie einführen müssen.
Die zeitliche Einteilung fällt den Schülerinnen und Schülern zu Beginn sehr schwer. Sie haben dann am Ende der Woche die Pflichtaufgaben nicht alle erledigen können und müssen nacharbeiten. Das ist eine lästige Pflichterfüllung, aber unbedingt notwendig, da sonst die Arbeitsmoral leidet, sollte Ihnen aber im Wiederholungsfall ein deutliches Signal zur Kürzung des Aufgabenumfangs sein.
Das angestrebte Prinzip der Selbständigkeit und Selbstverantwortlichkeit wird dann unterlaufen, wenn Sie zu schnell Hilfestellungen geben. Die Schülerinnen und Schüler gewöhnen sich in dem Fall daran, daß sie bei jeder – auch der kleinsten – auftauchenden Schwierigkeit die Lösung von der Lehrerin oder dem Lehrer fertig präsentiert bekommen.

Einsatzmöglichkeiten

Arbeitspläne als Einführung in ein neues Thema sind in jeder Altersstufe, in jedem Fach und bei entsprechender gemeinsamer Planung mit den Kollegen auch fächerübergreifend einsetzbar.

Simulationsspiele

Vorbemerkungen

Die folgenden Kapitel beschäftigen sich hauptsächlich mit Spielen im Unterricht, wir möchten daher zunächst einmal deutlich machen, welche Funktionen Spiele im Unterricht haben können bzw. sollen und welche Ansprüche an eine Didaktik des Spielens wir stellen (Paradies/Meyer 1994).

In einer Fortbildungsveranstaltung warf ein Oldenburger Psychologe kürzlich den Lehrern pauschal vor: „Lehrer können doch überhaupt nicht spielen!" Auf unsere erstaunte und leicht pikierte Nachfrage erklärte er: „Na ja, ihr verfolgt doch immer irgendwelche Ziele oder Zwecke, die außerhalb des eigentlichen Spiels liegen!" Nach seiner Definition ist Spielen etwas vollkommen Wert- und Zweckfreies, das ausschließlich um seiner selbst wegen getan wird. Dies ist natürlich insoweit richtig. Wir spielen, weil es uns Spaß macht.

Spielen im Unterricht müssen wir jedoch anders definieren: Schulisches Spielen dient immer einem ganz bestimmten Zweck! Das folgt schon allein aus der Tatsache, daß jede pädagogische Aktivität in der ganz und gar künstlichen Situation Unterricht immer ein klares Ziel verfolgt. Das spricht weder gegen das Spielen noch das Unterrichten, nur sollte man sich über diese Grundbedingung, die man als Lehrer nicht aufheben kann, im klaren sein.

Aus dem eben Gesagten ergibt sich zwangsläufig: Wir Lehrer müssen Ziele und Zwecke für Spielphasen im voraus bestimmen und die Zielerreichung überprüfen. Wir versuchen daher eine knappe didaktische Definition.

Spielen ist zweckgerichtetes Handeln in vorgestellten Situationen, hierbei sind grundsätzlich folgende Dimensionen realisierbar:

♦ Das Spielen kann eine Intensivierung des Lernprozesses durch dessen Verlangsamung bewirken. Das Spiel schafft ein anderes Lerntempo als zum Beispiel der Lehrervortrag. Muße und Konzentration, Spannung und Lösung, Spaß und Ärger sind die Pole, die man der Flüchtigkeit anderer, vordergründig ökonomischerer Aneignungsmethoden entgegensetzen kann.

♦ Im Spiel wird das Methoden- und Regelbewußtsein gestärkt. Spielen erfordert die Einhaltung klarer Regeln, die ihrerseits die Bearbeitung eines Themas erst ermöglichen.

♦ Spielen ist eine zielgerichtete Tätigkeit und daher handlungs- und produktorientiert. Am Ende einer Einstiegsphase, die aus einem Spiel besteht, gibt es ein Ergebnis, etwa eine Aufführung, ein Planspielprotokoll, Photos von Standbildern etc. – oder auch nur schlicht ein Gewinner. Dies bedeutet im Zusammenhang mit der vorigen These, daß die in der Schule üblicherweise herrschende Fremdkontrolle durch Selbstdisziplin abgelöst wird, das Spiel produziert seine eigene Dynamik, die die Spieler vorwärtstreibt.

♦ Spiele erziehen zum sozialen Lernen, die an einem Spiel Beteiligten müssen im Regelfall die Balance halten zwischen Egoismus und Solidarität. Schülerinnen und Schüler lernen so mehr als nur die bloße Beherrschung des Stoffes.

♦ Spiele sind – allerdings in sehr verschiedenem Grade – mehrdeutig und offen. Der Verlauf und das Ergebnis können in den meisten Fällen nicht genau vorhergesagt werden, aber gerade das macht die Spannung und den Reiz des Spielens aus.

Sie finden in der Didaktischen Landkarte die drei Simulationsspiele, die wir für die wichtigsten im Bereich der Unterrichtseinstiege halten. Sie unterscheiden sich durch das Maß an Zeit- und Vorbereitungsaufwand und die Lernziele. Gemeinsam aber ist allen Formen das grundlegende Prinzip der Simulation von Realität durch die Schülerinnen und Schüler. Die hinter den Simulationsspielen stehenden didaktischen Grundüberlegungen sind daher so formulierbar:

> ♦ Durch Übernahme von Rollen aus der uns umgebenden Wirklichkeit sollen die Schülerinnen und Schüler lernen, daß diese Umgebung für sie und ihr weiteres Leben wichtig ist.
>
> ♦ Das Probehandeln in einer spielerischen Situation kann den Schülerinnen und Schülern Ängste vor der späteren Übernahme von Erwachsenenrollen nehmen, und sie können erste Schritte im Aufbau von später alltagsrelevanten Handlungskompetenzen vollziehen.

Standbildbauen

Grundüberlegungen zur Didaktik

In der Didaktischen Landkarte finden Sie das Standbildbauen gleich an zwei Stellen: bei den Offenen Spielformen und den Simulationsspielen. Wir wollten damit deutlich machen, daß diese Einstiegsmethode – ähnlich wie das Rollenspiel – mit sehr unterschiedlichen Graden von Regelungen und inhaltlichen Vorgaben inszeniert werden kann und daher tatsächlich einen sehr unterschiedlichen Grad von Lehrerlenkung einerseits und Schülerselbsttätigkeit andererseits erreicht. Im folgenden beschreiben wir zunächst die Methode des „Standbildbauens durch den Lehrer" und geben dann eine Reihe von möglichen Alternativen an, die das Maß der Lehrerdominanz graduell zurücknehmen. Die Übergänge zur offenen Gestaltung des Standbildbauens sind fließend, alle Formen haben wir in diesem Kapitel erläutert.

Gemeinsam ist allen Varianten des Standbildbauens, daß ein Regisseur – die Lehrerin oder der Lehrer, eine Schülerin oder ein Schüler – versucht, ein Bild aus lebenden Personen Schritt für Schritt aufzubauen, das dann seine persönliche Interpretation des zu bearbeitenden Themas darstellt. Er muß dabei Vorstellungen in innere Bilder umwandeln und diese dann durch die Körperhaltungen der von ihm ausgewählten Mitspieler auszudrücken versuchen. Er muß also ihre Körperhaltungen regelrecht formen.

Die Mitspieler haben die Gelegenheit, sich in die ihnen vom Regisseur zugedachte Rolle einzufühlen und evtl. ihr Körpergedächtnis (dazu weiter unten) „aufzufrischen".

Voraussetzungen und Vorbereitung
Besondere Vorbereitungen sind im Prinzip nicht erforderlich. Falls es sich vom Thema her anbietet, können einige Requisiten o.ä. eingesetzt werden – aber es geht auch ohne!

Durchführung im Unterricht
Zur Spieltechnik
Wir haben in letzter Zeit im Unterricht Standbilder bauen lassen zum Thema „Wie sieht für dich eine typische Situation in einer guten bzw. schlechten Unterrichtsstunde aus?" – und zwar jeweils in einer Verfügungsstunde in Klasse fünf, in Klasse sieben, in Klasse elf und mit Lehramtsstudenten in einem Pädagogik-Seminar an der Uni Oldenburg. Die Ergebnisse waren recht erstaunlich: In allen

Gruppen wurde schlechter Unterricht assoziiert mit einer deutlichen Frontalsituation, der Lehrer steht vorne an der Tafel, die Schüler pennen oder machen Unsinn; guter Unterricht wurde dagegen immer dargestellt als gleichberechtigte Arbeitssituation in Kleingruppen, im Kreis etc. ohne erkennbare Lehrerdominanz.

Wenn ein Thema gefunden oder vorgegeben ist, beginnt die eigentliche Bauphase, dazu haben wir folgende Spielregeln bekanntgegeben:

Der Erbauer des Standbildes (Regisseur) sucht sich diejenigen Personen aus, die er für die jeweilige Rolle in bezug auf Geschlecht, Körperhaltung, Mimik etc. für geeignet hält.

Der Regisseur baut mit den auserwählten Mitspielern Schritt für Schritt das Bild auf, indem er die Haltung der Mitspieler so lange mit seinen Händen formt bzw. sie ihnen vormacht, bis sie die richtige Position eingenommen, die richtige Mimik gefunden haben. Die Mitspieler müssen sich dabei völlig passiv verhalten, sie dürfen sich nicht gegen bestimmte Haltungen sperren.

Während der gesamten Bau- und Betrachtungsphase wird kein Wort gesprochen! Der völlige Verzicht auf jede verbale Äußerung ist wichtig und sollte wirklich penibel durchgesetzt werden, da er ganz entscheidend zum Gelingen dieser Methode beiträgt.

Da wir Menschen ja in beinahe jeder Situation daran gewöhnt sind, unsere Wünsche und Vorstellungen mit Hilfe unserer Sprache zu formulieren, widmen wir dem gesamten körpersprachlichen Kommunikationssystem wenig Aufmerksamkeit (Lorenz 1974). Erst durch die Verfremdung (vgl. Kapitel 7) und Verlangsamung, die durch die künstliche Ausschaltung der Verbalsprache gegeben sind, erhalten die Schülerinnen und Schüler die Möglichkeit der sukzessiven Einfühlung in die darzustellende Situation.

Wenn das Standbild fertig ist, erstarren alle Spieler für ca. 60 Sekunden, um sich selbst meditativ in die eingenommene Haltung einzufühlen und den Beobachtern Gelegenheit zu geben, das entstandene Bild auf sich wirken zu lassen.

Dann wird das Standbild beschrieben und interpretiert, hierbei kommen sowohl die Beobachter als auch die Spieler und natürlich auch der Regisseur zu Wort.

Mögliche Variationen

Sie können diese Spielanweisungen beinahe unendlich variieren und damit den Grad der Lehrerlenkung bzw. der Schülerselbsttätigkeit ausweiten oder einengen, der Phantasie sind keine Grenzen gesetzt. Übergänge etwa zum Rollenspiel oder zum Texttheater sind fließend.

Hier nur einige Ideen:

 ◆ Das Thema kann gemeinsam erarbeitet werden.
 ◆ Das Thema kann auch geheimgehalten oder völlig frei dem Regisseur überlassen werden, die Beobachter müssen dann anschließend raten.

92   9. Simulationsspiele

◆ Sie können die Erarbeitung des Standbildes in Kleingruppen vorbereiten lassen.

◆ Sie können selber Rollenkarten vorbereiten oder von einzelnen Schülerinnen und Schülern bzw. Kleingruppen entwickeln lassen, auf denen die jeweilige Haltung, die der Spieler einnehmen soll, beschrieben wird.

◆ Die einzelnen Personen können in verschiedenen Phasen ausgetauscht werden.

◆ Die Beobachter können in Bilder hinein- oder aus Bildern herausgehen und sie damit modifizieren.

◆ Eine Variante möchten wir als besonders ergiebig herausheben, die Einführung von sog. „Hilfs-Ichs": Ein Beobachter tritt hinter einen Spieler, legt ihm die Hand auf die Schulter und drückt aus, was dieser denken oder fühlen könnte.

Didaktischer Kommentar

Was sollen die Schülerinnen und Schüler beim Standbildbauen lernen?

Der Bau von Standbildern in der Einstiegsphase in ein neues Thema ermöglicht es, die Vorstellungen der Schülerinnen und Schüler von bestimmten sozialen Situationen wie beispielsweise Abhängigkeit, Konkurrenz, Neid, Zufriedenheit, Umgang mit Ausländern, mit Behinderten, mit dem anderen Geschlecht etc. zu klären. Der Vorteil dieser Methode besteht darin, daß keine vorschnellen verbalen Schein-Lösungen sozialer Konflikte produziert werden. Viele Schülerinnen und Schüler sind mit Lippenbekenntnissen schnell zur Hand: „Was, ich bin doch nicht auf den und den neidisch!" Oder: „Ich hab' doch keine Probleme im Umgang mit Behinderten!" Beim Standbildbauen ist es sehr viel schwieriger zu mogeln, da die im Körpergedächtnis gespeicherte wirkliche Einstellung eher zum Vorschein kommt, wie ja überhaupt die Körpersprache als das archaische, tierische Erbe in uns häufig viel verräterischer und ehrlicher ist als die Verbalsprache (vgl. z.B. Rosenbusch 1985 und 1986).

Standbilder liefern also eine körperlich-sinnliche Darstellung von eigenen Erfahrungen, Ängsten, Phantasien etc. Diese erwachsen aus den Bildern, die wir seit früher Kindheit aufgebaut und immer weiterentwickelt haben. Jeder Mensch hat nicht nur ein kognitives Gedächtnis, sondern auch ein Gefühls-, Geruchs-, Raum- und Körpergedächtnis. Diese Körpergeschichte kann bei der Arbeit mit Standbildern wieder lebendig werden.

Nachteile und Schwächen

Das Standbildbauen beansprucht weder besonders viel Vorbereitungs- noch viel Durchführungszeit. Es verlangt von den Schülerinnen und Schülern keine große Anstrengung oder Überwindungen. Die einzige Schwäche dieser Methode liegt in der Gefahr, daß sie von den Schülerinnen und Schülern nicht ernst genommen wird. In den Schulen wird – mit Ausnahme der Grundschule – der Unterrichtsstoff überwiegend im gelenkten Unterrichtsgespräch und verwandten Methoden kognitiv gelehrt. Das führt nach unseren Erfahrungen dazu, daß Schülerinnen und Schüler nur dann das Gefühl haben, wirklich zu arbeiten oder etwas Wichtiges zu lernen, wenn dieser gewohnte Unterricht stattfindet. Daß man auch spielerisch tatsächlich etwas lernen kann, müssen viele erst einmal erkennen.

Einsatzmöglichkeiten
Die entstandenen Bilder von sozialen Situationen sind niemals vorurteilsfrei, sie spiegeln vielmehr die höchst subjektive Sicht des jeweiligen Standbildbauers. Gerade deshalb ist diese Methode gut als Einstieg für all jene Themen und Probleme geeignet, bei denen es um Einstellungen von Menschen geht. Dagegen ist in allen Unterrichtssituationen, die um den Erwerb reinen Faktenwissens kreisen, der Bau eines Standbildes nur schwer vorstellbar.
Einzusetzen ist das Standbildbauen im gesamten Sekundarbereich in allen Schulformen. Im Primarbereich und den unteren Klassen der Sekundarstufe I gerät man allerdings leicht in die Gefahr, daß die Schülerinnen und Schüler das Ganze als Posse betrachten und so die Ernsthaftigkeit dieser Methode in unverbindlichen Klamauk abgleitet.
Da diese Methode wenig Zeit und Aufwand erfordert, ist sie im Gegensatz zum Rollen- und Planspiel auch als Einstieg in eine einzelne Stunde möglich.

Ideenkiste
Deutsch, Fremdsprachen: Interpretationen von einzelnen Charakteren und den Verhältnissen der Personen zueinander können sehr gut durch Standbilder, die die Schülerinnen und Schüler selber komponieren, dargestellt oder problematisiert werden.

Sozialkunde, Religion, Werte und Normen: Beziehungen Mann – Frau (Mädchen – Junge); Eltern – Kind; Ausländer – Deutscher; Lehrer – Schüler; Clique – Außenseiter, aber auch alltägliche Konflikt- und Streitsituationen lassen sich durch Standbilder gut aufarbeiten. Rollentausch nach stattgefundenen Gewaltausbrüchen unter Schülerinnen und Schülern sind häufig eine bessere Therapie als das moralisierende Gespräch.

Geschichte: Gesellschaftliche Hierarchien vom Ägypten der Pharaonen bis zu den egalitären Demokratien der Gegenwart geben den Schülerinnen und Schülern die Möglichkeit der Einfühlung in die Über- und Unterordnungsstrukturen der jeweiligen Gesellschaft oder Epoche.

Rollenspiel

Grundüberlegungen zur Didaktik

Ebenso wie das Standbildbauen ist auch die Methode des Rollenspiels weit gefächert in bezug auf das Verhältnis von Lehrerdominanz und Schülerselbsttätigkeit, daher gelten die im letzten Abschnitt formulierten Aussagen zur Bandbreite ebenso für dieses Kapitel. Auch hier werden wir zunächst die gelenkte Form dieser Methode vorstellen und dann offenere Alternativen aufzeigen.

Die Schülerinnen und Schüler sollen sich im Rollenspiel in die Rolle eines anderen hineinversetzen, für ihn stellvertretend agieren und so die Position des anderen und damit nicht zuletzt auch die eigene besser verstehen lernen. Es handelt sich also um eine spielerische und ganzheitliche Methode zur Aneignung von und Auseinandersetzung mit gesellschaftlicher Wirklichkeit. Darüber hinaus ist das Rollenspiel geeignet, den Unterricht lebendig und anschaulich zu machen, es kann zur Erprobung alternativer Lösungen von Konflikten jedweder Art genutzt werden, und es kann zu mehr Körperbewußtsein führen.

Wir werden im folgenden zunächst das übliche Ablauf-Schema des gelenkten Rollenspiels vorstellen. Es zeigt die nach unseren Erfahrungen am häufigsten gebrauchte, aber eben keineswegs einzig mögliche Durchführung des Rollenspiels, wir werden daher anschließend eine Reihe von Variationsmöglichkeiten skizzieren, die das Spiel offener gestalten.

Voraussetzungen und Vorbereitung

Ein konkretes, mehrere Handlungsmöglichkeiten eröffnendes Thema bildet den Anlaß des Rollenspiels. Der Spielleiter (das muß bei rollenspielerfahrenen Klassen keineswegs immer die Lehrerin oder der Lehrer sein) legt die Rollen fest und entscheidet, wer welche Rolle spielt. Die restlichen Schülerinnen und Schüler erhalten den Beobachter-Status.

Die Spieler erhalten die Gelegenheit, sich ihre Rolle zu erarbeiten. Dies kann so ablaufen, daß der Spielleiter Rollenkarten mit kurzen, grundsätzlichen Charakterisierungen vorbereitet hat und verteilt, die Schülerinnen und Schüler erarbeiten dann entweder allein oder in kleinen Gruppen das Nähere.

Der Beobachtungsauftrag wird sorgfältig formuliert, damit diejenigen Schülerinnen und Schüler, die nicht spielen „dürfen", eine ebenso sinnvolle Aufgabe bekommen. Für Neulinge sind Beobachtungsbögen mit genauen Vorgaben unbedingt erforderlich, für Routiniers ebenfalls hilfreich.

Die äußeren Bedingungen werden geschaffen und ggf. Requisiten bereitgestellt (z.B. Aktenkoffer und Handy für den Vater, Modezeitschrift und Fitness-Outfit für die Mutter, Walkman für den Sohn). Gerade für Anfänger kann es eine große Hilfe sein, sich an Requisiten „festzuhalten" – sie sollten aber nicht zu sehr ablenken und die Hauptrolle übernehmen. Wir haben einen ausrangierten Koffer zum „Requisitokasten" umfunktioniert, der in der Schule für Rollenspiele ständig bereitsteht. Er enthält Hüte, Tücher, Brillen, Zeitungen und Zeitschriften, ein altes Telephon, alte Tassen und Becher, eine Kittelschürze etc.

Durchführung im Unterricht
Das Spiel
Im Sprachbuch für die fünfte Klasse befindet sich ein Kapitel mit dem Titel „Gespräche führen – miteinander reden". Die Schülerinnen und Schüler sollen lernen, auftretende Konflikte verbal zu lösen und dabei in angemessener Form miteinander zu reden und aufeinander zu reagieren. Die Lehrerin beschließt, die Einheit mit einem Rollenspiel zu einem in der Altersstufe typischen Konflikt zu beginnen: „Was und wie lange dürfen Kinder fernsehen, und wer bestimmt darüber?" Dazu erfindet sie folgende Situation: Der Vater will an seinem Feierabend nach langem, anstrengendem Tag ein Fußballspiel im Fernsehen anschauen, die beiden Kinder hocken aber schon vor dem Gerät und schauen sich eine Musiksendung auf einem Musikkanal an.
Dazu werden auf Karteikarten die folgenden Rollenanweisungen gegeben, die wir hier in Stichworten zusammenfassen.

Vater: müde von der Arbeit, Fußballfan, hat erst vor ein paar Tagen darüber gemeckert, daß die Kinder zu spät ins Bett gehen.
Mutter: um Ausgleich bemüht, dabei manchmal das jüngere Kind bevorzugend, kein Verständnis für die Fußballeidenschaft des Mannes.
1. Kind: 16 Jahre alt, spielt in einer Band, hat kein Interesse für Sport, empfindet den Vater als Spießer.
2. Kind: 10 Jahre alt, mit dem Fernsehen aufgewachsen und an Dauerkonsum gewöhnt.
Oma: Sie lebt mit im Haushalt, hat aber ihr eigenes Zimmer mit Fernseher. Sie ist einerseits gegen zu viel Fernseh-, Video- und Computerkonsum und findet, daß die Jugend es heute viel zu gut hat, hockt andererseits selber halbe Tage vor dem Gerät. Da sie sich für aufgeschlossen und modern hält, ist sie nicht dafür, den Enkeln alles zu verbieten, was dazu führt, daß diese sie im Bedarfsfall immer „rumkriegen" können.

Die Beobachter erhalten den folgenden Beobachtungsbogen mit der Anweisung, sich Stichworte zu notieren. Zur ersten Aufgabe werden Gruppen gebildet, die sich nur mit jeweils einem Spieler befassen.
Was halten die Personen grundsätzlich vom Fernsehen?
Bewegen sich die Personen im Verlauf des Gesprächs aufeinander zu, oder bestehen sie hartnäckig auf der eigenen Meinung?
Was dürfen die Kinder in Zukunft sehen?
Ist diese Lösung überzeugend und in der Realität anwendbar?
Das Spiel findet jetzt ohne Unterbrechung statt, was besonders ungeübten Spie-

lern eine gewisse Sicherheit gibt. Der Spielleiter bestimmt das Ende; dies wird spätestens dann der Fall sein, wenn sich die Argumente wiederholen und nichts Neues dazukommt.

Auswertung und Wiederholung
Die Beobachter beschreiben und interpretieren den Spielverlauf. Vor allem für Anfänger ist es wichtig zu betonen, daß nicht die Kritik an den schauspielerischen Leistungen im Vordergrund steht. Die folgenden Beobachtungskriterien müssen vorher eindeutig formuliert worden sein:
◆ Wie einleuchtend ist der im Spiel erarbeitete Kompromiß?
◆ Oder auch: Warum kam kein Kompromiß zustande?
◆ Welche Handlungsalternativen hätte es gegeben?
◆ Sind diese Alternativen realistisch?
◆ Wie sind eure eigenen Erfahrungen in dieser Sache?

Gerade die letzten Fragen verweisen auf die Möglichkeit eines zweiten Spieldurchlaufs!

Mögliche Alternativen bei der Vorbereitung
Das Thema wird gemeinsam formuliert oder entwickelt sich als die Schülerinnen und Schüler interessierendes Problem aus früheren Unterrichtsphasen. Auf diese Weise sind alle schon am Planungsprozeß beteiligt und können ihre eigenen Ideen und Vorstellungen einbringen und die Rollen zunächst im Unterricht diskutieren. Möglich ist die Erarbeitung im Plenum, sinnvoller ist hier die Kleingruppenarbeit, da die Schülerinnen und Schüler damit selbständig arbeiten und für die restliche Klasse ein gewisser Überraschungseffekt während des Spiels erhalten bleibt.
In Schulklassen, die schon größere Erfahrung mit Rollenspielen oder anderen darstellerischen Spielformen haben, ist erfahrungsgemäß die Angst vor dem eigenen Auftritt durch eine gewisse Routinebildung geringer als bei Neulingen, sie agieren bereits freier und spontaner. Wenn es in einer solchen Klasse einen Spielanlaß gibt, in dem die Spontaneität und das unmittelbare Agieren in einer Konfliktsituation sehr wichtig sind, können die Rollen vollkommen offen bleiben, jeder Spieler kann sie dann völlig frei ausfüllen. Ein derartig gestaltetes offenes Rollenspiel ist sehr reizvoll, stellt aber auch hohe Ansprüche an Spieler wie Beobachter: Die Spieler müssen ohne jeden vorab formulierten Leitfaden die gewählte Rolle ausfüllen und werden in der Streßsituation des Spieles sicherlich unbeabsichtigt mehr von sich selber preisgeben als in der gelenkten Form. Die Beobachter müssen, wenn sie die Rollengestaltung auswerten, noch behutsamer vorgehen und die sachliche von der persönlichen Ebene trennen. Wir haben als

Beobachter einmal in einem solchen offenen Rollenspiel zum Thema „Darf der Vater seinem siebzehnjährigen Sohn verbieten, am Samstagabend auszugehen?" selber erlebt, daß die Identifikation mit der eingenommenen Rolle so groß wurde, daß der Vater dem Sohn eine Ohrfeige gegeben hat. Die beteiligte Lehrerin hatte hinterher viel Mühe, das Verhältnis der zwei Schüler zueinander wieder zu ordnen.

In der gerade geschilderten Situation wäre ein rechtzeitiger Rollentausch angebracht gewesen: Gerade dann, wenn sich zwei Spieler in die Haare geraten, kann ein Tausch der Positionen ausgesprochen sinnvoll sein. Natürlich können auch die Beobachter und die Spieler ihre Funktionen tauschen.

Mögliche Alternativen bei der Durchführung

„Beiseite-Reden": Bei diesem aus dem Theater bekannten Hilfsmittel spricht der Spieler etwas, das zwar vom Publikum, aber scheinbar nicht von den übrigen Personen auf der Bühne gehört wird. Dies hat den Vorteil, daß der Spieler dem Publikum Gefühle oder Gedanken, die mit schauspielerischen Mitteln nur sehr schwer oder gar nicht darzustellen wären, direkt mitteilen kann.

Einfrieren und Auftauen der Handlung: Das Spiel kann auf ein Signal des Spielleiters hin eingefroren werden (zu einem Standbild). Die Beobachter können sich so durch eingehende Betrachtung besser in die Szene einfühlen, auch die Diskussion alternativer Verhaltensweisen oder die Veröffentlichung der Phantasien und Gedanken der Spieler kann an dieser Stelle stattfinden.

Didaktischer Kommentar

Was sollen Schülerinnen und Schüler beim Rollenspiel lernen?

Das Rollenspiel als Einstieg in ein neues Thema soll die Entwicklung der Fähigkeit zur Empathie (Einfühlungsvermögen) fördern. Unabhängig davon, ob es sich um die Analyse eines komplexen Konfliktes, den Einstieg in ein literarisches Werk, das Nacherleben einer geschichtlichen Situation oder einen konkreten Streitfall in der Klasse geht, soll das Spiel rollengebundene Einsichten ermöglichen. Eine Sachlage aus dem Blickwinkel eines anderen Menschen zu sehen, quasi mit dessen Augen, öffnet den eigenen Blick für die Bedürfnisse und Interessen des anderen, für seine Ängste und Vorlieben. Schülerinnen und Schüler sollen erkennen, welche Erwartungen an sie herangetragen werden und welche Konsequenzen für das eigene Denken daraus resultieren können.

Zudem sollen sie lernen, Ich-Stärke und Rollendistanz in ein ausgewogenes Verhältnis zu bringen. Eigene Bedürfnisse und Interessen dürfen nicht unkenntlich, aber auch nicht ausschließlich betont werden. Nur, wenn sich die Spieler von der eigenen und der Rolle der Mitspieler durch Reflexion distanzieren können, wird eine begründete Auseinandersetzung mit Rollenerwartungen möglich.

Kommunikative Kompetenz als Fähigkeit, faire Kompromisse zu schließen und gegenseitige Rücksichtnahmen zu üben, ist ein weiteres wichtiges Lernziel. Schließlich wäre noch die Ambiguitätstolerenz zu nennen, d.h. die Fähigkeit, zwiespältige oder widersprüchliche Situationen sowie einen befristeten Dissens in der Spielgruppe zu ertragen.
Unabhängig davon, ob das Rollenspiel den Einstieg in ein literarisches Werk oder die Grundlage zur Bewältigung eines Konflikts bildet, erzeugt es Betroffenheit und Engagement und ermöglicht eine differenzierte Sichtweise.

Nachteile und Schwächen
Ein gewisses Problem ergibt sich sicherlich durch die in der Auswertungsphase notwendige Distanz zwischen sachlicher und persönlicher Ebene (vgl. das Ohrfeigen-Beispiel oben). Natürlich sind die Spieler, die sich eben noch vor der Klasse exponiert haben, leicht verletzlich oder angreifbar. Nach unseren Erfahrungen und Beobachtungen aber sind Schülerinnen und Schüler schon in der Primarstufe in der Lage, den Mut ihrer spielenden Mitschüler zu honorieren, daher sehr sparsam mit persönlicher Kritik umzugehen und die sachliche Ebene von der schauspielerischen Leistung zu trennen.

Einsatzmöglichkeiten
Einsatzmöglichkeiten für das Rollenspiel sehen wir in allen Alters- und Schulstufen. Je eher die Schülerinnen und Schüler in diesem Bereich Spielpraxis bekommen, desto mehr bauen sich Hemmungen ab, desto größer ist die Bereitschaft, sich erneut auf ein Rollenspiel einzulassen.
Im Fächerkanon hat das Rollenspiel sicher zunächst seinen Platz im Deutschunterricht und den gesellschaftlich orientierten Fächern, da sein Einsatz nur dort Sinn macht, wo soziale Konflikte, die in Erfahrungen, Einstellungen und Überzeugungen wurzeln, entstehen oder entstanden sind. Unwichtig ist dabei, ob es sich um Konflikte aus der unmittelbaren Lebensumwelt der Schülerinnen und Schüler handelt, also um selbsterfahrene Probleme, oder ob dies Konflikte sind, die z.B. im Literaturunterricht in einer Lektüre dargestellt werden.

Ideenkiste
Deutsch, Fremdsprachen in höheren Klassen: Literarische Vorlagen und deren zentrale Konflikte können Sie als Gerichtsverhandlung spielen lassen. Ein anschauliches Beispiel findet sich in Frommer 1988, S. 44ff.: „In Sachen Strapinsky" – zu G. Kellers Novelle „Kleider machen Leute".

Sozialkunde: Konflikte in der Klasse (z.B.: Wohin geht unsere Klassenfahrt ?),

Konflikte in der Schule (z.b.: Regelungen der Schulordnung), Konflikte in der Familie (z.b: Wer darf was im Fernsehen ansehen?) oder auch Konflikte in der Gesellschaft (z.b: Erwachsene und Kinder in Alltagssituationen wie der Warteschlange vor der Supermarktkasse etc.) bilden die sachliche Grundlage für einen sinnvollen Einstieg mit einem Rollenspiel.

Geschichte: Rollen- und Stegreifspiele zur Einführung in geschichtliche Situationen finden Sie in großer Fülle bei Friedrich Jahn (Jahn 1992).

Planspiel

Didaktische Eingrenzung und grundsätzliche Definition
Zwischen Rollen- und Planspiel gibt es viele Überschneidungen, die Übergänge zwischen beiden Spielformen sind fließend. Beide Unterrichtsmethoden arbeiten mit Rollen sowie entsprechenden Festlegungen und Aufträgen, beide verlangen den Einsatz szenischer, schauspielerischer Elemente, in beiden geht es um die Simulation eines zentralen Konfliktes.

Dennoch gibt es eine Reihe von klar benennbaren Unterschieden:

◆ Das Planspiel erfolgt nach mehr Regeln als das Rollenspiel, es ist daher weniger spontan, erlaubt nicht die völlig freie Ausgestaltung einer Rolle, sondern muß mit engeren Vorgaben arbeiten.

◆ Das Planspiel ist deutlich komplexer und zeitaufwendiger, nur im Ausnahmefall wird eine Unterrichtsstunde ausreichen. Große Planspiele können sich durchaus über mehrere Stunden erstrecken und bilden dann nicht nur den Einstieg, sondern auch einen guten Teil der Erarbeitungs- bzw. Vertiefungsphase der jeweiligen Unterrichtseinheit.

◆ Der wichtigste Unterschied zum Rollenspiel besteht in der Intention und im Ziel: Planspiele sind weniger auf die Bewältigung gegenwärtiger Konflikte, sondern mehr auf die fiktiv-modellhafte Regelung zukünftiger Probleme gerichtet. (Nebenbei: Sie entstanden im militärstrategischen Bereich, im Sandkasten wurden zukünftige Schlachten antizipiert.) Ein erfolgreich abgeschlossenes Planspiel soll eine akzeptable Konfliktlösung für möglichst alle am Spiel beteiligten Interessenparteien liefern.

Voraussetzungen und Vorbereitung
Grundsätzlich sind die zum Rollenspiel dargelegten Vorbereitungs-, Durchführungs- und Auswertungstips auch für das Planspiel geeignet, es gelten jedoch einige Modifikationen und zusätzliche Bedingungen, die den Vorbereitungsaufwand deutlich erhöhen, wie wir an einem selber ausprobierten Beispiel zeigen wollen:

Im Fach Erdkunde ist das Thema „Gefährdungen des Wattenmeers" an der Reihe, und die Lehrerin oder der Lehrer entschließt sich, mit einem Planspiel in diese Einheit einzusteigen. Notwendig ist eine eigene gründliche Vorbereitung nicht nur auf der fachlichen Ebene:

Die zu besetzenden Rollen müssen realistisch sein. In diesem Beispiel sind folgende Gruppen an dem Planpiels beteiligt: die Fischer, die Bauern der Umgebung, die vom Tourismus lebenden Küstenbewohner, die Umweltschützer, die öl- und gasfördernde Industrie, die Touristen, der Bürgermeister und ein Vertreter der Landesregierung. Diese Gruppen haben wir mit je drei bis fünf Schülerinnen und Schülern besetzt und auf weitere Binnendifferenzierung verzichtet, um das Spiel nicht weiter zu komplizieren. 20 oder mehr Parteien mit partiell unterschiedlichen und teilweise identischen Interessen verhindern die notwendige Übersichtlichkeit eines solchen Spiels.

Diese Rollen müssen jetzt entweder gemeinsam erarbeitet oder sorgfältig erläutert werden, da im Planspiel deutlich voneinander getrennte und kontrovers zueinander gerichtete Interessengruppen aufeinandertreffen.

Eine ausführliche Einarbeitung der Spieler in ihre jeweilige Rolle im inhaltlichen Bereich ist unbedingt vonnöten, und der jeweilige Spieler oder die Gruppe muß sich sachkundig machen! Das im Planspiel sicherlich notwendige emphatische Vermögen ist von vornehein eng verknüpft mit den jeweiligen sachlichen Gegebenheiten und Möglichkeiten. Die Lehrerin oder der Lehrer muß also für die einzelnen Gruppen vergleichsweise ausführliches Material bereitstellen, in dem die spezielle Interessenlage der jeweiligen Gruppe ebenso beschrieben wird wie bestimmte Besonderheiten (beispielsweise die aktuelle Finanznot der Gemeinde).

Daher sollten Sie sich bei der Vorbereitung eines Planspiels dieser Art an den folgenden Faustregeln orientieren:

♦ Die Interessen der grundsätzlich Beteiligten und Betroffenen sollte man ebenso kennen wie die möglichen Konflikte.

♦ Örtliche und ethnische Besonderheiten der Region sind einzubeziehen.

♦ Die entsprechenden staatlichen Entscheidungsstellen und deren Pläne sind zu eruieren.

♦ Die grundsätzlichen gesetzlichen Möglichkeiten der verschiedenen Gruppen sollten ausgelotet sein.

Wir hoffen, Sie mit diesem Katalog nicht abzuschrecken. Das alles läßt sich relativ einfach zusammentragen, und fehlende Informationen können, wenn sie im Lauf des Spiels vermißt werden, nachgetragen werden (Näheres dazu weiter unten). Außerdem ist die einmal geleistete Vorbereitungsarbeit nicht verloren; das Planspiel kann – mit kleineren oder größeren Modifikationen – in späteren Klassen wiederholt werden.

Planspiel

101

Das Planspiel kann durchaus auch die Öffnung des schulischen Lernraums nach außen ermöglichen, indem man etwa in einem Planspiel zur Berufswahl Experten des örtlichen Arbeitsamtes, der Handwerkskammer und der ortsansässigen Betriebe zur sachlichen Vorbereitung der Rollen heranzieht.

Durchführung im Unterricht
Der stark an Regeln gebundene Verlauf des Planspiels macht es nötig, daß der Spielleiter vor Beginn des Spieles mit den Spielern Verfahrensregeln abspricht. In dem hier vorgestellten Beispiel sieht das folgendermaßen aus: Am Beginn steht eine offene Diskussion, in der alle Beteiligten ihre Interessen und Ziele äußern. Dann beraten die Gruppen zunächst einzeln ihre Wünsche und deren Realisierungschancen. In einem nächsten Schritt können „Kundschafter" zu anderen Gruppen ausgesendet werden, um mögliche Koalitionen zu erkunden. Es findet anschließend ein zweites Plenum statt, in dem die Gruppen ihre bisher erarbeiteten Vorschläge deutlich machen. In der letzten Gruppenphase können alle gemeinsam oder einzeln in den gefundenen Koalitionen tagen. Jede Gruppe muß dem Spielleiter schriftlich die eigenen Vorstellungen zur Konfliktlösung und deren Begründung einreichen. In der Abschlußdiskussion wird dieses Material für alle kopiert, es bildet die Grundlage für den endgültigen Beschluß.
Gerade in komplexen Planspielen kann das eigentliche Spiel durch eine entsprechende Eingabe beim Spielleiter einmal oder auch mehrfach unterbrochen werden, um neue Sachinformationen zu erarbeiten. Es ist sogar wünschenswert und ein wichtiges Lernziel, wenn die Beteiligten sachliche Defizite selber bemerken und sich Gedanken über mögliche Strategien zu deren Behebung machen.
Das eben genannte Kriterium ist aber nicht so zu verstehen, daß Rollen nicht konsequent eingehalten werden müssen. Aus dem ökonomisch denkenden und handelnden Tourismusmanager kann nicht bruchlos ein ökologischer Robbenschützer werden! Planspiele beziehen sich auf Realsituationen, die Rollen sind gekennzeichnet durch klare Interessengegensätze, und das Spiel findet unter hohem Entscheidungsdruck statt.
Der komplexe und zeitaufwendige Charakter des Planspiels verbietet in der Regel eine Spielwiederholung.
Zuschauer sind im Gegensatz zum Rollenspiel nicht unbedingt notwendig, da alle Spieler selber unmittelbar den Charakter des Spiels und seinen Verlauf beobachtend verfolgen. Da der Spielleiter durchaus verlangen kann, daß z.B. Beschlußvorlagen für Entscheidungen, Statements, Expertisen u.a. schriftlich fixiert werden, ist die vom eigentlich Spielverlauf deutlich getrennte Beobachtung nicht zwingend notwendig. Das Spiel kann mit einer abschließenden Diskussion der erarbeiteten Lösung beendet und das Thema mit Hilfe anderer Methoden und Materialien weiterverfolgt werden.

Falls doch eine formelle Auswertungsphase beabsichtigt ist, können folgende Punkte erörtert werden:

◆ Beurteilung der erzielten Entscheidungs- bzw. Verhandlungsergebnisse,
◆ Beschreibung der Erfahrungen, die die einzelnen Spieler gemacht haben,
◆ Beurteilung des inhaltlichen Realitätsgehalts des Spiels.

Didaktischer Kommentar
Was sollen die Schülerinnen und Schüler beim Planspiel lernen?

Auch in bezug auf die Ziele, die mit dem Planspiel verbunden sind, können wir auf den Abschnitt zum Rollenspiel verweisen, denn die dort formulierten Ziele gelten prinzipiell ebenso für das Planspiel, allerdings mit teilweise anderen Akzentuierungen und Erweiterungen:

Die speziell in den Formen des offenen Rollenspiels mögliche Spontaneität und Emotionalität ist im Planspiel nur bedingt erfahrbar.

Die Schülerinnen und Schüler können allein oder in ihrer Gruppe lernen, Strategien zu entwickeln, Einzel- oder Gruppeninteressen zu verteidigen und sich sprachlich auf angemessenem Sachniveau zu bewegen. Der Unterschied von Rollen- und Planspiel läßt sich mit zwei Schlagwörtern umreißen: Statt der Arbeit an Haltungen wie im Rollenspiel steht im Planspiel das Entscheidungstraining im Vordergrund.

Des weiteren können die Schülerinnen und Schüler lernen zu taktieren, zu verhandeln, zu paktieren, andere Gruppen gegeneinander auszuspielen und sogar zu intrigieren. Gerade deshalb macht das Planspiel nach unseren Beobachtungen den Schülerinnen und Schülern häufig so viel Spaß.

Sie haben die Chance, organisatorische Zusammenhänge, Organisationsstrukturen, Verwaltungsapparate, behördliche Entscheidungsmodalitäten etc. kennenzulernen. Letzteres natürlich besonders dann, wenn der enge Schulrahmen verlassen und Experten von außerhalb eingebunden werden.

Nachteile und Schwächen
Einen Nachteil dieser Methode sehen wir nur in dem verhältnismäßig großen Vorbereitungs- und Zeitaufwand und den relativ engen Einsatzmöglichkeiten, auf die wir abschließend eingehen.

Einsatzmöglichkeiten
Wichtig bei der Durchführung eines Planspiels ist die realistische Gestaltung und Darstellung des Konflikts. Die Gruppen dürfen sich nicht in irgendwelche Omnipotenzphantasien flüchten, sondern müssen schon eine recht genaue Vorstellung von unserer gesellschaftlichen Wirklichkeit haben, um die realistischen Handlungs- und Einflußmöglichkeiten der von ihnen gespielten Bevölkerungs-

gruppen einschätzen zu können. Ein Gemeindevertreter, der im obigen Beispiel die Finanzmisere seiner Kommune durch Lottospiel oder ähnliches beheben will, ist in einem Planspiel nicht tragbar, denn das Planspiel ist eben keine fiktive Utopie.

Planspiele sind also erst von einem gewissen Alter an spielbar, nämlich dann, wenn die Schülerinnen und Schüler einen genügend großen Einblick in den Realitätsausschnitt, den das Spiel erfaßt, haben. Je mehr das Planspiel Konflikte aus der unmittelbaren Lebenswelt der Kinder aufgreift, indem es zum Beispiel Konflikte mit den Eltern, den Geschwistern oder den Lehrern thematisiert, desto früher ist es einsetzbar. Denkbar ist ein relativ kurzes, vielleicht einstündiges Planspiel zum Thema „Änderung der Schulordnung" sicher schon am Ende der Primarstufe oder Anfang der Sekundarstufe. Je größer die „Vernetzung" mit der Wirklichkeit und je komplexer das Spiel, desto älter sollten die Schülerinnen und Schüler sein. Planspiele, die z.B. politische Konflikte thematisieren, wie das ja auch im Wattenmeer-Beispiel der Fall war, sind nach unseren Erfahrungen erst etwa ab Klasse neun realisierbar. Dies gilt um so mehr, als das Planspiel eben auch ein recht hohes Maß an Disziplin im Einhalten der Regeln erfordert.

Im Planspiel geht es um eine hoch rationale Durchdringung interessenabhängiger Konflikte, sein Einsatz ist daher in allen Schulformen in den Themengebieten denkbar, die sich mit den Regeln unseres Zusammenlebens beschäftigen, also nicht nur in Fächern wie Sozial- und Erdkunde oder Religion, sondern auch dort in den naturwissenschaftlichen Fächern, wo durch die Auswirkungen naturwissenschaftlichen Tuns auf das Leben der Menschen Probleme und Konflikte entstehen.

Ideenkiste

Gemeinschaftskunde, berufsorientierender Unterricht: Planspiele zur Berufswahl und zur Orientierung im Berufsleben geben den Schülerinnen und Schülern gute Einblicke und sind verhältnismäßig einfach vorzubereiten.

Ein informativ-einführender Artikel über planspielartige Betriebssimulationen „für den praktischen Unterricht" finden Sie bei M. Büttner (Büttner 1991).

Gemeinschaftskunde, Erdkunde: Planspiele kann man zu vielen lokalpolitischen Themenbereichen entwerfen. Sowohl die einzelnen Parteien wie auch die Interessen und Konflikte des „Wattenmeer-Planspiels" sind in ähnlicher Form bei vielen örtlichen Baugroßvorhaben und ähnlichen Projekten virulent – vom geplanten kleinstädtischen Freizeitzentrum bis zur Untertunnelung des Berliner Regierungsviertels.

Fachübergreifend: Im Rahmen von Projektwochen hat es in einigen Schulen in letzter Zeit großangelegte Planspiele zum Thema „Schule als Staat" gegeben, in denen die gesamte Schule in einen Ministaat mit entsprechenden Gremien verwandelt wurde. Im „Jahrbuch 1994 des Alten Gymnasiums Oldenburg" finden Sie eine ausführliche und kritische Beschreibung.

Einen grundsätzlichen Aufsatz zu diesem Thema hat Joachim Detjen (Detjen 1994) veröffentlicht.

10 Szenische Spiele

Vorbemerkungen

Die Literaturwissenschaft definiert die Szene als „innerlich geschlossenes Stück dramatischen Lebens" und als „geschlossenen Handlungsabschnitt", und die Psychoanalyse begreift das „szenische Reagieren" als zwanghaftes Verhalten, das automatisch bei dem Arrangement einer bestimmten Situation (einer „Szene") eintritt. Beide Bedeutungsebenen sind im Begriff szenische Spielformen enthalten: Ein Spieler oder mehrere stellen mit schauspielerischen und anderen Mitteln eine in sich geschlossene Handlung (oder einen Handlungsabschnitt) dar, und die Zuschauerreaktionen sind durch die Art dieser Darstellung (in gewissen Grenzen) voraussehbar und steuerbar.

Stegreifspiele und -pantomimen

Grundüberlegungen zur Didaktik

Stegreifspiele und -pantomimen sind nicht nur als Vorübung und Training für die anspruchsvollere Form Szenische Interpretation einsetzbar, sondern stellen auch relativ wenig aufwendige Einstiegsmethoden in die Interpretation oder Analyse fiktionaler, biographischer und anderer Texte dar.

Im Unterschied zum Rollenspiel und zur Szenischen Interpretation wird grundsätzlich aus dem Stegreif gespielt, die Schülerinnen und Schüler müssen also spontan und ohne jede inhaltliche Vorbereitung eine darstellerische Aufgabe lösen und können sich hierbei nur auf ihre Vorkenntnisse und Vorurteile stützen. Daher ist diese Spielform entsprechend offen, wenig planbar und variationsreich, sie verlangt daher auch von Ihnen ein gewisses Maß an Flexibilität und Spontaneität sowie die Fähigkeit, auch unvorhergesehene Situationen auszuhalten und sie produktiv zu nutzen.

Wegen dieser Offenheit werden wir Ihnen im folgenden nur knapp den Verlauf eines Beispiels schildern, um dann einige Anregungen zu möglichen Realisierungen von weiteren Stegreifspielen und -pantomimen zu geben.

Voraussetzungen und Vorbereitung

Je mehr die Klasse in darstellerisch-schauspielerischen Spielformen geübt ist, desto größer werden die Bereitschaft zum Mitmachen und die Lust an der Ausführung sein. Sie sollten aber keine Befürchtungen haben, auch ungeübten Schülerinnen und Schülern Stegreifspiele abzuverlangen, denn gerade ihr spontaner und allein deswegen schon nicht auf Perfektion gerichteter Charakter und das

Fehlen jeder längeren Bedenkzeit wirken sich positiv auf die Motivation aller Teilnehmer aus.

Sie können Stegreifspiele auf zwei grundsätzlich verschiedene Weisen durchführen:

1. Den Schülerinnen und Schülern ist der neue Text noch unbekannt, und das Spiel soll sie für die handelnden Personen oder Figuren im Vorfeld sensibilisieren. In diesem Falle sollten Sie die inhaltliche Vorbereitung zu Hause sorgfältig planen und sich zu dem Text, in dessen Bearbeitung Sie mit diesem Spiel einsteigen wollen, entsprechende Spielanlässe überlegen.

2. In der noch offeneren Variante haben die Schülerinnen und Schüler den Text bereits gelesen, und das Stegreifspiel soll das Einfühlungsvermögen in die Personen oder Figuren stärken und tieferes Verständnis für deren Handlungen ermöglichen. In diesem Fall sind weitere Vorbereitungen Ihrerseits nicht notwendig, denn alle können spontan selber Spielanlässe kreieren.

Durchführung

Im Englischunterricht einer neunten Klasse soll das Thema „Fabeln" behandelt werden, und der Lehrer entschließt sich, einer Anregung Herbert Gudjons folgend (Gudjons 1992, S. 213f.), die Schülerinnen und Schüler auf pantomimische Weise Tiere und deren Charakteristika darstellen zu lassen – den „propren Ganter" von James Thurber zum Beispiel, den „schlauen Fuchs", den „listigen Raben" oder das „naive Schaf". Eine Schülerin oder ein Schüler spielt auf freiwilliger Basis spontan das entsprechende Tier pantomimisch vor, die anderen versuchen, die entsprechende Figur zu erraten.

Diese Grundidee läßt sich vielfach variieren:

◆ Derjenige, der das Tier als erster geraten hat, darf die nächste Pantomime vorspielen.

◆ Sie können die Klasse in Gruppen aufteilen und dem Spiel Wettkampfcharakter verleihen. In jeder Gruppe spielt jeweils einer vor, die anderen müssen raten. Die Gruppe, die als erste alle Tiere erraten hat, ist der Gewinner.

◆ Zwei oder mehr Spieler sollen gemeinsam die physischen Eigenarten eines Tieres pantomimisch verkörpern oder sprachlich verdeutlichen. Auch die seinem Charakter zugeschriebenen Eigenschaften können so dargestellt werden.

◆ Wenn es sich um eine kurze, einfach strukturierte Geschichte wie bei den meisten Fabeln handelt, kann auch die gesamte Handlung pantomimisch vorgespielt werden.

◆ Um die im Englischunterricht wichtigen Sprechanlässe zu schaffen, kann diese spielerische Darstellung natürlich auch mit dem Gebrauch sprachlicher Mittel verbunden werden.

◆ Wenn die Klasse zu Hause mehrere Fabeln vorbereitet hat, können Sie einen kleinen Gruppenwettbewerb inszenieren: Jede Gruppe entscheidet sich für die Darstellung einer Fabel, eine Jury entscheidet über das beste Stegreifspiel.

◆ Die ganze Klasse kann in eine „Kettengeschichte" eingebunden werden, die mit der ursprünglichen Handlung der Fabel nicht unbedingt mehr zu tun haben muß: Ein Schüler beginnt nach einer Vorgabe zu spielen, z.b. der „propre Ganter", der sich vor einem Spiegel spreizt, der nächste führt die Handlung weiter, indem er in eine Pfütze fällt, der nächste rappelt sich jammernd auf, usw.

Didaktischer Kommentar

Was können Schülerinnen und Schüler beim Einsatz von Stegreifspielen lernen?
Im Vergleich zur aufwendigen Szenischen Interpretation ist das Stegreifspiel schnell und ohne große Vorbereitung inszenierbar. Die Schülerinnen und Schüler werden auf ebenso spielerische wie spontane Art mit einem Text und dessen handelnden Gestalten sowie der eigenen unmittelbaren Interpretation konfrontiert. Sie haben direkt die Möglichkeit, mit ihm handelnd umzugehen. Alle Stegreifspiele haben daher drei grundsätzliche Ziele:
1. Sensibilisierung für die im Text agierenden Personen oder Figuren,
2. produktiver und kreativer Einsatz des eigenen Vorwissens und der eigenen Vorurteile,
3. Spaß am darstellerischen Agieren, verbunden mit der Einsicht, daß das Lesen von Texten nicht die einzige Möglichkeit des Umgangs mit ihnen ist, sondern diese Texte auch eine handelnde und Handlungen ermöglichende Dimension haben.

Im muttersprachlichen Unterricht der unteren Klassen und im Fremdsprachenunterricht kommt hinzu, daß die Schülerinnen und Schüler ihrem Sprachvermögen entsprechend die Rolle ausgestalten können. Überforderungen durch hochsprachlich korrekte Vorgaben treten zumindest während des Spiels nicht auf.

Nachteile und Schwächen

Stegreifspiele und -pantomimen sind in vielen Fällen Einzelleistungen vor versammelter Klasse und verlangen daher von den Schülerinnen und Schülern ein nicht unbeträchtliches Maß an Spontaneität sowie die Bereitschaft, sich zu exponieren. Dies kann gerade bei Ungeübten zu Ängsten oder dem Gefühl der Überforderung führen. Sie können diese Ängste abmildern, indem Sie mit gutem Beispiel vorangehen (vgl. Kapitel 7) und bei ungeübten Klassen auf das Prinzip der Freiwilligkeit setzen. Zudem haben wir die Erfahrung gemacht, daß die zuschauenden Schülerinnen und Schüler schon nach kurzer Zeit durch die deutlich sichtbare Lust der Spielenden zum Spiel animiert werden.

108   10. Szenische Spiele

Dies hat natürlich den Nachteil, daß sich solche Spiele oft sehr viel länger aus-
dehnen als geplant. Dann gibt es nur die Alternative, die ursprüngliche Stundenplanung umzuwerfen oder das Stegreifspiel sehr rigide zu beenden. Bei uns bleibt
es meistens bei der ersten Möglichkeit.

Einsatzmöglichkeiten
In allen Schulstufen, -formen und Fächern, in denen Texte analysiert oder interpretiert werden, die im weitesten Sinne des Wortes eine „Handlung" haben, können Stegreifspiele und -pantomimen der hier vorgestellten Art den Einstieg bilden.
Selbstredend haben sie auch ihren angestammten Platz in der Interaktionserziehung und der Gruppendynamik (Gudjons 1992, Stanford 1993).

Szenische Interpretationen

Grundüberlegungen zur Didaktik
Das szenische Interpretieren als methodische „Großform" innerhalb und außerhalb von Schule und Unterricht hat Ingo Scheller, Hochschullehrer an der Universität Oldenburg, entwickelt. Wir wollen dieses anspruchsvolle Projekt, das als
grundsätzliche Alternative zu allen anderen Formen des Umgangs mit Texten gedacht ist, auf unsere Möglichkeiten als „normale" Lehrer und die schulischen
Rahmenbedingungen reduzieren und als reizvolle Möglichkeit des Unterrichtseinstieges nicht nur im Fach Deutsch hier präsentieren. Interessierten empfehlen
wir Schellers Veröffentlichungen (Scheller 1989).
Das oberste Ziel dieser Methode ist die Entwicklung von Empathie, d.h., die
Schülerinnen und Schüler sollen am eigenen Leibe sinnlich erfahren, wie eine literarische oder sonstige Figur aus einem Text „ist", welche Gefühle und Gedanken, Wünsche, Sehnsüchte und Ängste sie hat. Sie sehen an diesen Formulierungen die Nähe zu den Simulationsspielen, und man könnte insbesondere das
Standbildbauen durchaus als eine Möglichkeit des Szenischen Interpretierens begreifen.
Ebenso einfach wie das didaktische ist das methodische Hauptprinzip des Szenischen Interpretierens zu beschreiben: Da die Schülerinnen und Schüler Gelegenheit erhalten, die Situation, in der diese Figur sich befindet, am eigenen Leibe zu
erfahren, reicht ein Sich–Einfühlen über den Kopf nicht aus, sondern diese Situation soll mit (schau-)spielerischen Mitteln rekonstruiert werden. Die Schülerinnen und Schüler können durch das Nachspielen einzelner Szenen einen ganzheitlichen Eindruck davon bekommen, was die zu interpretierende Figur im
Augenblick erlebt.
Dieses kann in Klassen, denen das Prinzip der Szenischen Interpretation noch

Szenische Interpretationen 109

völlig fremd ist, durch eine entsprechende Einstimmungsphase erleichtert werden, wie das folgende, wenig aufwendige Beispiel zeigt: Eine Lehrerin, die mit ihrer zehnten Klasse Patrick Süskinds Roman „Das Parfüm" bespricht, hat einen Einstieg über die Nase gewählt. Sie hat zur ersten Stunde dieser Einheit möglichst viele Parfümproben mitgebracht (Reklamepackungen) und die Schülerinnen und Schüler und sich selbst mit verbundenen Augen sich gegenseitig beriechen lassen. Das Medium Parfüm sorgt für einen sinnlichen und schüleraktivierenden Einstieg in das Unterrichtsthema, die Schülerinnen und Schüler bekommen Lust, den Roman zu lesen, und das Verständnis für den Romanhelden, der die Welt ausschließlich mit der Nase wahrnimmt, wird gestärkt. Schließlich macht auch die Lehrerin, da sie sich selbst nicht ausnimmt, die gleichen Erfahrungen wie die Klasse und hat zumindest in dieser Einstiegsphase den gleichen Status wie sie.

Voraussetzungen und Vorbereitung
Das Prinzip der Szenischen Interpretation läßt sich am leichtesten und mit dem geringsten Aufwand umsetzen, wenn im deutschen oder fremdsprachlichen Literaturunterricht Dramen gelesen werden, denn diese Texte sind ja bekanntlich für die schauspielerische Realisierung auf der Bühne geschrieben worden. Das Szenische Interpretieren versteht sich aber nicht einfach als Verlagerung der schulischen Theater-AG in den Unterricht, seine Ansprüche an das Einfühlungsvermögen der Schülerinnen und Schüler sind weitergehend. Der Text ist deshalb immer nur die Folie oder der Untergrund, um Spielanlässe zu schaffen. Vieles von dem, was in einem dramatischen Text ausgeblendet wird, muß durch Arbeitsaufträge

erst geschaffen werden. Man versucht beispielsweise die Vorgeschichte dessen, was dramatisch gestaltet wird, zu rekonstruieren, oder erfindet wichtige Nebenfiguren, die auf der Bühne nicht auftauchen. Eine weitere Möglichkeit bietet die szenische Präsentation derjenigen Gedanken und Gefühle der handelnden Personen, die im Text nicht direkt ausgesprochen werden. Auch hier bemerken Sie sicherlich wieder die Nähe zum Standbildbauen, die „Hilfs-Ichs" könnten ebenso bei der Szenischen Interpretation sinnvoll eingesetzt werden.

Diese Methode beschränkt sich nicht auf Dramen allein, denn natürlich können alle Texte, in denen handelnde Personen vorkommen, auf die gerade beschriebene Art und Weise und mit den Methoden der Szenischen Interpretation bearbeitet werden. Aus Romanen lassen sich ebenso Situationen, die nachgestellt werden können, herauslösen wie aus Reportagen, Korrespondentenberichten, Reisetagebüchern, historischen Berichten oder Autobiographien, und auch hier können Szenische Interpretationen zu größerer Transparenz und zum besseren Nacherleben führen.

Wir meinen, daß dieses handlungsorientierte Vorgehen gerade in der Einstiegssituation besonders sinnvoll ist, also dann, wenn es gilt, einem neuen Text und den in ihm vorkommenden Personen gegenüber Neugier und Interesse zu wecken. Wenn ich als Schülerin oder Schüler schon die Anfangssituation eines neuen Romans zum Gähnen finde, werde ich mich im weiteren Verlauf des Unterrichts schwerlich zur aktiven und interessierten Mitarbeit bewegen lassen. Neugier und Interesse aber entstehen durch Nähe zu den (hier fiktiven) Personen, und diese Nähe kann das Szenische Interpretieren sicherlich eher herstellen als ein rein kognitives und verkopftes Vorgehen.

Leider ist der Vorbereitungsaufwand auf seiten der Lehrerin oder des Lehrers nicht unbeträchtlich. Der Text muß zu Hause für die Szenische Interpretation aufbereitet werden, d.h., Sie müssen die Situationen heraussuchen, die für einen Einstieg in die Handlung und das Innenleben der Personen besonders geeignet sind. Natürlich können Sie auch selber Handlungen und Situationen erfinden oder so verändern, daß das jeweilige Ziel, das man sich gesetzt hat, besser erreicht wird. Dann müssen Arbeitsblätter hergestellt werden (Beispiele finden Sie im nächsten Abschnitt), mit deren Hilfe die Schülerinnen und Schüler das geforderte Nacherleben oder Nachempfinden leichter szenisch umsetzen können. Hilfspersonen müssen gegebenenfalls kreiert, Vorgeschichten erfunden und Nebenhandlungen, die der Text ausläßt, gestaltet werden. Das alles macht eine Menge Arbeit, läßt sich aber später in einer anderen Klasse wiederverwenden.

Durchführung im Unterricht

Da diese Methode außerhalb des Wirkungsbereichs der Universität Oldenburg wohl recht unbekannt ist und im Augenblick sicher noch viele Fragen offen sind,

Szenische Interpretationen 111

wollen wir ausführlich anhand eines exemplarischen Einstiegs die Vorgehensweise erläutern.

Im Deutschunterricht einer zehnten Klasse soll (unter dem Oberthema „Natur und Menschengeist") Dürrenmatts Drama „Die Physiker" gelesen werden. Ich entschließe mich, den Einstieg in diese „Komödie", die im Irrenhaus spielt und die mehrfache überraschende Wendungen nimmt, mit Hilfe einer Szenischen Interpretation zu gestalten.

Da die Schülerinnen und Schüler sich den Text wie bei einer Theateraufführung Schritt für Schritt aneignen sollen, wird er vorher nicht gelesen. Ich möchte ihnen die Gelegenheit geben, sich dem szenischen Geschehen und den Figuren von den Lebenszusammenhängen und dem Alltag innerhalb und außerhalb des Irrenhauses her zu nähern. Weil sich ein erster deutlicher Sinnabschnitt nach dem Gespräch Newton – Inspektor befindet, soll die Handlung bis zu diesem Punkt szenisch dargestellt werden.

Das Unerhörte an diesem Drama ist der Schauplatz: ein Irrenhaus – hier hat eigentlich nach herkömmlichen Vorstellungen kein Theaterstück stattzufinden. Irrenhäuser, die heute selbstredend nicht mehr so heißen, kennen wir Normalbürger nicht von innen, und was dort passiert, wissen wir eigentlich auch nicht so genau. Daher habe ich beschlossen, diesen Schauplatz zum Zentrum des szenischen Spiels zu machen.

Ich kreiere fünf „Irre", die im Text nicht auftauchen. Sie sollen sich einfühlen in die Situation eines Geisteskranken in einer solchen Klinik und den Zuschauern anschließend diese Gefühle durch die Art ihrer Darstellung sinnlich vermitteln.

Zwei bekommen den Auftrag, „wie Geisteskranke" Tischtennis zu spielen, zwei weitere sollen ebenso essen, der fünfte bekommt eine provisorische Zwangsjacke an, mit der er sich bewegt. Die didaktische Absicht hinter diesen Hilfspersonen ist, der gesamten Klasse den Schauplatz sinnlich vor Augen zu führen. Die fünf sollen möglichst ausdrucksstark spielen, wie man sich als Irrer fühlt, welche emotionalen Auswirkungen auf das eigene Innere diese Statuszuweisung hat, und wie man sich z.B. durch das Tragen einer Zwangsjacke innerlich ändert. Sie sehen auf S. 113 das entsprechende Arbeitsblatt.

Die nächste Szene betrifft Inspektor Voß. Er erhält ein Arbeitsblatt mit folgenden Anweisungen:

> „Du bist Inspektor Voß von der Kripo der benachbarten Kleinstadt und auf dem Weg ins Irrenhaus, weil einer der dort befindlichen Patienten eine Krankenschwester erdrosselt hat. Du bist ca. 50 Jahre alt und siehst auch so aus, Du bist verheiratet und verbringst Deine Abende zu Hause in Pantoffeln vor dem Fernseher. Du rauchst Zigarren und trinkst gerne mal einen Schnaps. Du bist ein bißchen in Eile, weil noch andere Fälle auf Dich warten. Außerdem ärgerst Du Dich, weil der Fall anders ist als Deine sonstigen Kriminalfälle.
> Dem Irrenhaus und den Patienten begegnest Du mit dem Mißtrauen und der Unsicherheit des Normalen. Einerseits bist Du der Vertreter von Recht, Ordnung und Gesetz, andererseits ahnst Du, daß Dir das hier nicht viel weiterhilft. Berichte uns, welche Gedanken Dir auf der Fahrt in die Klinik durch den Kopf gehen."

Der Gerichtsmediziner, Oberschwester Martha Boll und Newton erhalten ähnliche Arbeitsblätter, auch sie sollen ihre Gedanken während der Fahrt bzw. des Wartens auf die Kripo laut äußern.
Die neun Schülerinnen und Schüler, die sich bereit erklärt haben, die Rollen zu übernehmen, erhalten am Tag zuvor die Arbeitsaufträge. Am Beginn der eigentlichen Stunde spielen dann zunächst die fünf Irren ihren Part vor, dann setzen sich

Szenische Interpretationen

Klasse 9c

Dürrenmatt: „Die Physiker"

Arbeitsblatt Nr. 3

17. 05. 1995

Du heißt Hermann Schulz und bist
45 Jahre alt. Vor 10 Jahren wurdest
Du in diese psychiatrische Anstalt
eingewiesen. Die Pfleger behandeln
Dich freundlich.
Du fühlst Dich eigentlich ganz
„normal", nur manchmal wird
Dir plötzlich schwarz vor Augen,
und wenn Du dann wieder klar
im Kopf wirst, sind Deine Arme
vor dem Bauch festgebunden, und
Dein Kopf schmerzt. Außerdem tun
Dir einige Stellen an den Beinen
und den Armen weh, und Du
hast dort blaue Flecken.
Versuche uns darzustellen, wie diese
Stellung innerhalb der Klinik und
das Tragen der „Zwangsjacke"
sich auf Dich, Deine Bewegungen,
Deine Körperhaltung und Deine
Stimmung auswirken.

114   10. Szenische Spiele

Voß, der Mediziner, Martha Boll und Newton vor die Klasse und äußern ihre Gedanken.

Didaktischer Kommentar

Was können Schülerinnen und Schüler beim Szenischen Interpretieren lernen?
Anfangs haben wir die Forderung H. Roths zitiert, „tote Sachverhalte in lebendige Handlungen (zurückzuverwandeln)", und wir sind der Meinung, daß kaum eine andere der hier präsentierten Einstiegsmethoden dieser Forderung so ideal nachkommt wie die Szenische Interpretation. Tote Gegenstände, und das sind Texte ja zunächst einmal ganz zweifellos, werden durch das Nachspielen lebendig. Die Personen, die eigentlich nur auf den Seiten des Buches handeln, werden plötzlich Wesen aus Fleisch und Blut, die man sehen und hören und deren Gefühle man nachempfinden kann. Die Fähigkeiten zur Emphase werden so am eigenen Leibe nacherlebt.

Der Umgang mit Texten wird für die Schülerinnen und Schüler interessant gemacht, und sie können an ihren eigenen Bedürfnissen und Erfahrungen anknüpfen. In den zur Zeit gültigen Rahmenrichtlinien der Klasse 7 – 10 für das Fach Deutsch in Niedersachsen heißt es beispielsweise: „Der Deutschunterricht regt die Wahrnehmungs- und Erlebnisfähigkeit an und fordert die Kreativität heraus. Literatur kann aufrüttelnde und ermutigende Wirkung haben, insofern sie ... die Kräfte der Phantasie herausfordert und nicht zuletzt Freude am eigenen sprachlichen Gestalten weckt." (Niedersächsischer Kultusminister, Hannover 1993, S. 6) Wir sind davon überzeugt, daß der traditionelle Lese- und Interpretationsunterricht diese Ziele nicht erreicht.

Zudem können die Schülerinnen und Schüler beim Szenischen Interpretieren Sprachgefühl und -sicherheit trainieren und die Bedeutung von Formulierungen sinnlich erspüren. Darum ist diese Methode auch im Fremdsprachenunterricht von einer gewissen Stufe der Sprachkompetenz an außerordentlich fruchtbar.

Das szenische Nachspielen stärkt darüber hinaus das Selbstbewußtsein und das Gefühl für die eigene Körpersprache und die sozialen Fähigkeiten.

Nachteile und Schwächen

Die Methode ist recht aufwendig und ausgefallen, daher sollten Sie sie sparsam einsetzen und nicht jede neue Lektüre mit einer Szenischen Interpretation beginnen. Nach unseren Erfahrungen baut sich bei zu häufiger Verwendung dieses Einstiegs, der von Schülerseite grundsätzlich positiv aufgenommen wird, in der Lerngruppe relativ schnell Unmut auf, der bis zur offenen Verweigerung führen kann. Typische Schüleräußerungen reichen von: „Na ja, das war ja ganz schön, aber auch ganz schön anstrengend, und jetzt wollen wir mal wieder einfach nur lesen!" bis hin zum gestöhnten: „Oh nein, nicht das schon wieder!"

Auch für diese Methode gilt wie für viele andere handlungsorientierte, daß die Verlangsamung des Lernprozesses und die Möglichkeiten des handelnden Umgangs den Lernprozeß intensivieren und den Zeitverlust unseres Erachtens mehr als ausgleichen.

Einsatzmöglichkeiten
Die Szenische Interpretation stellt verhältnismäßig hohe Anforderungen an die Schülerinnen und Schüler. Im Gegensatz zum Rollenspiel kommt es hier ja nicht darauf an, einen Alltagskonflikt spontan nachzuspielen, sondern die Vorgaben sind komplexer:
Die Schülerinnen und Schüler müssen aus der Kenntnis des Originaltextes und den Arbeitsaufträgen, die sie erhalten haben, die zu spielende Situation erst einmal nachvollziehen und hierfür entsprechende sprachliche Fähigkeiten entwickelt haben. Dazu ist eine gewisse innere Reife notwendig, um sich in die nicht einmal realen oder lebendigen Personen einzufühlen.
Daher ist der Einsatz dieser Methode frühestens in der Sekundarstufe denkbar, evtl. auch erst ab Klasse 7 oder 8.
Interpretation ist zunächst einmal Sache des Deutschunterrichts bzw. der Fremdsprachen in den höheren Klassen, aber wie wir zu Anfang schon angedeutet haben, ist die Methode nicht auf diese Fächer beschränkt. Biographien beispielsweise sind in allen Fächern einsetzbar – auch in Physik oder Mathematik. Reiseberichte, Reportagen etc. werden in Fächern wie Erd- und Sozialkunde oder Religion behandelt, historische Berichte und Dokumente im Geschichtsunterricht.

Ideenkiste
Deutsch, Fremdsprachen: Alle epischen und dramatischen Texte lassen sich szenisch interpretieren, aber auch Gestalten aus Reportagen, (Auto-) Biographien, Reiseberichten etc. können den Schülerinnen und Schülern mit Hilfe der Szenischen Interpretation nahegebracht werden (z.B. ein Deutscher im Ausland, der die Sprache nicht beherrscht und versucht, sich verständlich zu machen).

Geschichte: Historische Persönlichkeiten, von denen persönliche Zeugnisse oder entsprechende andere Quellen vorliegen.

Naturwissenschaftliche Fächer und Mathematik: Streitgespräche oder öffentliche Dispute zwischen bedeutenden Forschern oder Gelehrten, z.B. die Kontroverse zwischen Galilei und der Kirche oder die öffentlichen Demonstrationen physikalischer Gesetze von Otto v. Guericke.

Das Standardwerk zu den methodischen Prinzipien der „Szenischen Interpretation" mit einem ausführlichen Theorieteil und einer Reihe von detailliert beschriebenen Unterrichtseinheiten hat Ingo Scheller (Scheller 1989) geschrieben.

Texttheater

Grundüberlegungen zur Didaktik

Das Texttheater orientiert sich am Prinzip der Szenischen Interpretation, erfordert aber im Gegensatz zum Rollenspiel oder zum freien Theaterspiel weit weniger Aufwand in Vorbereitung und Durchführung. Durch das szenische Vorspielen herausgesuchter Zitate (Wortfetzen, halbe oder ganze Sätze) aus vorliegenden Texten oder Zeitungsausschnitten sollen diese lustvoll betont und/oder kritisch kommentiert werden, um so die eigene Einstellung zu den Textaussagen zu verdeutlichen.

Ausgangspunkt des Texttheaters ist ein im Regelfall von der Lehrerin oder dem Lehrer ausgewählter Text, der den Untergrund und das Material für die folgende Bearbeitung ergibt. Die Aufgabe der Schüler ist es jetzt, alle für sie wichtigen Formulierungen herauszusuchen und diese gemeinsam in einer Kleingruppe zu einem dramatischen Text umzuarbeiten. Auf dieser Grundlage sollen sie ihren Mitschülern den Text in Form eines kurzen Theaterstücks präsentieren.

Das Arbeitsprinzip des Texttheaters ist am ehesten vergleichbar mit dem der Collage. Ebenso wie in der Collage mit der Schere Sinnzusammenhänge aufgelöst und neue Kontexte geschaffen werden, geschieht dies beim Texttheater durch die Neuzusammenfügung einzelner Zitate, die Veränderung der Betonung, durch Wiederholungen etc. – der Phantasie sind keine Grenzen gesetzt, einige Anregungen finden sich im nächsten Abschnitt.

Voraussetzungen und Vorbereitung

Zu Beginn des Texttheaters verteilt die Lehrerin oder der Lehrer einen vorher ausgesuchten Text und erläutert die grundlegende Vorgehensweise. Der Arbeitsauftrag beinhaltet folgende drei Schritte: Lesen des Textes, Markieren aller wichtigen auffälligen Formulierungen oder ganzer Passagen, gemeinsamer Umbau der herausgesuchten Stellen zu der geplanten Aufführung. Die Zitate sollen so montiert werden, wie die Gruppe dies gemeinsam erarbeitet.

Die wichtigsten Spielregeln lauten:

◆ Der Wortlaut der Zitate darf nicht verändert, wohl jedoch durch die Art und Weise des Vortrags variiert und dadurch in der Aussage bekräftigt, verfremdet oder karikiert werden.

◆ Die Zitate können monoton oder gehetzt, im Singsang, mehrfach wiederholend, unterschiedlich betonend vorgetragen werden.

Texttheater 117

◆ Sie können im Befehlston, in Frageform, ironisch, sarkastisch oder naiv vorgetragen werden.
◆ Die gewünschte Bedeutung kann durch Körpersprache, Pantomime, durch Sprechpausen, rhythmisches Klopfen usw. verdeutlicht werden.
◆ Die Sprecher können bekannte Personen imitieren.
◆ Der Vortrag kann zu einer kleinen Revue ausgestaltet werden, ein Vorsprecher steht auf einem Tisch, ein Chor tanzt oder schreitet um den Tisch herum usw.
◆ Das Zitat kann variierend wiederholt werden.
◆ Polarisierung kann durch Gegenüberstellung einander widersprechender Zitate erreicht werden.

Im Gegensatz etwa zum Schreiben eigener, freier Texte oder zur Ausgestaltung eines Rollenspiels müssen die Schülerinnen und Schüler hier nicht selber Texte produzieren, Rollen ausgestalten oder Situationen erfinden, sondern können unmittelbar mit der Bearbeitung des vorliegenden Materials beginnen.
Eine grundsätzliche Überlegung muß die Lehrerin oder der Lehrer vorher anstellen: Sollen alle Schülerinnen und Schüler denselben Text bekommen, oder bekommt jede Gruppe einen anderen – beide Varianten sind möglich und sinnvoll, die Wahl hängt vom jeweiligen konkreten Einzelfall ab.
Die Lerngruppen sollten sich so aufteilen, daß die Untergruppen nicht zu klein und nicht zu groß werden. Nach unseren Erfahrungen sind sechs bis acht Schüler ideal. Das vielleicht größte Problem ist jetzt, eine entsprechende Anzahl von Räumen zu finden, denn wegen des Überraschungseffektes am Schluß ist es nicht sinnvoll, alle Gruppen in einem Raum arbeiten zu lassen. Die Gruppen erhalten den Text und die obigen Arbeitsanweisungen (mündlich oder schriftlich), und dann geht es an die Arbeit – je nach Länge und Schwierigkeitsgrad des Textes und der zur Verfügung stehenden Zeit. Nach unseren Erfahrungen gerade mit Neulingen bei dieser Methode weicht anfängliche Ratlosigkeit sehr schnell einer gespannten und teilweise auch recht lebhaften Arbeitsatmosphäre. Ein für uns keineswegs unwichtiger Nebeneffekt dieser Methode ist, daß Schülerinnen und Schüler handlungsorientiert und auf ein konkretes Ergebnis hin miteinander kooperativ arbeiten müssen. Sie können dabei Kreativität, schauspielerische Fähigkeiten, Ideenreichtum, aber auch Kooperationsfähigkeit, Kompromißbildung, Überwindung von Animositäten entwickeln und einüben.
Am Schluß werden die verschiedenen Aufführungen präsentiert und gebührend gewürdigt. Ein gewisses Problem besteht in der potentiellen Wettbewerbssituation um die beste Aufführung. Hier ist es Aufgabe der Lehrerin oder des Lehrers, so etwas möglichst gar nicht aufkommen zu lassen, sondern den unterschiedlichen Charakter der Aufführungen positiv zu kommentieren.

Nach Abschluß des Texttheaters kann dann das Thema auf vertieftem Niveau entweder mit dem bisherigen Text oder mit anderen Materialien weiterverfolgt werden.

Durchführung

Das Texttheater ist eine Methode, die bisher in Schulen nur sehr wenig bekannt ist und zudem auf den ersten Blick recht ungewöhnlich wirkt. Auch wir haben einige Zeit gebraucht, um uns das erste Mal an so etwas heranzuwagen. Wir möchten Ihnen daher hier ausführlich ein Beispiel darstellen:

Im Sozialkundeunterricht einer neunten Klasse soll mit einem Texttheater in das neue Thema „Ausländer in Deutschland" eingestiegen werden. Der Lehrer hat dazu den Text auf S. 119 ausgesucht.

Die dreiundzwanzigköpfige Klasse teilt sich in vier Gruppen. Die Gruppen bekommen eine Schulstunde Zeit, je einen leeren Raum und die im Abschnitt Voraussetzungen skizzierten Arbeitsaufträge, die vom Lehrer noch mündlich erläutert werden, da allen Schülerinnen und Schülern diese Methode noch fremd ist. Die ersten 10 Minuten verlaufen bei allen Gruppen schweigend, da der Text erst einmal gelesen werden muß, dann beginnt ein etwa ebenso langer Meinungsaustausch über die zentralen Textaussagen. Zunächst macht sich Ratlosigkeit breit, denn nun soll ja etwas Handlungsorientiertes geschehen, und am Ende soll ein Produkt stehen. Schließlich ergreift eine Schülerin oder ein Schüler die Initiative und schlägt eine mögliche Vorgehensweise vor. Die anderen folgen dem Ratschlag zuerst mehr aus Mangel an Alternativen denn aus Überzeugung. Aber schon nach einigen Minuten werden die Gespräche lebhafter und lauter, einzelne Lacher sind aus den Räumen zu hören. Die Sache fängt an, Spaß zu machen! Ein paar Minuten später reagieren die Schülerinnen und Schüler fast unwillig auf die Hilfsangebote des Lehrers, sie sind mitten in der „Ersten Hauptprobe" für die Inszenierung, und die einzige Kritik, die jetzt noch geäußert wird, bezieht sich auf die Zeitknappheit. Am Schluß der Stunde arbeiten alle Gruppen weiter die kurze Pause durch, um die Inszenierung noch zu verbessern.

Die Vorführungen am Beginn der nächsten Stunde dauern zusammen gut 20 Minuten und sind recht unterschiedlich geraten, wir möchten zwei kurz beschreiben:

Eine Gruppe igelt sich zuerst in der Mitte ein und schleicht sich dann – Zitate flüsternd – auf die Zuschauer zu. Dies wirkt recht bedrohlich, so daß manchen Zuschauern eine Gänsehaut über den Rücken läuft, zudem die Spieler direkten Blickkontakt mit einzelnen Zuschauern aufnehmen und sich ihr Tonfall ins Beschwörende verstärkt.

Eine andere Gruppe hat eine eher konventionelle Spielweise gewählt: Ein Vor-

Texttheater

119

Also ... kennst du Luigi? Nein? Du kennst Luigi nicht? Das ist doch mein Italiener an der Ecke Südallee/Gneisenaustraße, der macht die besten Gnocchi, die du dir vorstellen kannst, und auch toll eingerichtet, postmodern, alles Glas und weiß und so.
Ja, da will Hilde mal hingehen. Hat der auch einen anständigen Wein? Im Kübel gekühlt?
Hilde hat es gern gepflegt, und in deutsche Kneipen kann man ja nicht mehr gehen. Sie hatte lange Zeit einen Jugoslawen, aber einen guten, nicht so einen mit Cevapcici und schrägen bunten Teppichen an der Wand. Jovan war so ein ganz raffinierter mit Lammspezialitäten, aber leider ist er wieder nach Dubrovnik zurückgekehrt. Anita hat einen Siamesen, der wundervolle Dinge kocht, und Carola geht ja nur noch zu ihrem Japaner, wo man vorher die Erfrischungstücher fürs Gesicht kriegt.
Lothar hat einen kleinen Griechen, der hat zwar nur eine Imbißstube, aber so ein knuspriges Gyros, wie der es da absäbelt, das kriegst du auf der ganzen Welt nicht mehr. ‚Sergios‘, sagt er, ‚mach mir mal so'n Gyros, mit Krautsalat‘, und dann macht der das, und es ist wunder-bar. Doktor Pragel geht zu seinem Spanier am liebsten, den kennt er, dem klopft er auf die Schultern und sagt, ‚Na, Juan, was hast du denn heute wieder Gutes in deiner Küche?‘, und Juan sagt, ‚Kommen Sie mal mit, Doktor, ich zeige es Ihnen‘, und dann geht Doktor Pragel mit seinem Juan in die Küche und darf selbst probieren und aussuchen, ist das nicht toll?
Roswitha hat eine türkische Putzfrau, ihre Ayse, die macht das so prima, und Roswitha sagt: ‚Ayse, wunderbar, dich hört und sieht man gar nicht.‘
Ist es nicht zu schön? Wir haben alle unseren kleinen Ausländer, den wir duzen und der alles für uns tut und sich irrsinnig freut, wenn er uns nur sieht. Wir trinken den letzten Grappa mit ihm und dürfen noch im Lokal sitzen, wenn eigentlich schon längst geschlossen wäre, aber mit uns ist Fernando nicht so. Das Angenehmste beim Krankenhausaufenthalt neulich war meine kleine indische Krankenschwester, so leise, so sanft, du mußtest nur einmal klingeln, die kam sofort. Das erleb' mal mit einer deutschen Krankenschwester!
Jaja, die neue Sklavenmentalität. Per Gesetz hätten wir sie gern wieder weg, die vielen Ausländer, die uns die Arbeit wegnehmen. Und direkt neben ihnen wohnen möchten wir auch nicht unbedingt. Aber wer würde denn den Müll abholen, wenn nicht die Türken? Hätten wir UNSERE ausländischen Gastwirte nicht, wären wir längst an Rindsroulade, bürgerlich, erstickt. Aber wählen und mitreden sollen sie dann bei uns doch lieber nicht, obwohl es doch MEIN Juan, MEINE Ayse, mein Ich-weiß-nicht-Wer ist. Das Vereinnahmen geht halt rascher als das Anerkennen, und wenn sogar der Chef einer großen Illustrierten in einer Herrenmagazin-Serie über Stammlokale lang und breit von seinem „Guiseppe“ schwärmt, ohne überhaupt zu wissen, wie man Giuseppe richtig schreibt, dann kann das Zufall, kann aber auch Symptom sein.
‚Bitte, wie komm ich zum Bahnhof?‘ fragt der exotische Herr, und wir sagen freundlich und hilfreich, ihn am Arm fassend: ‚Du immer geradeaus gehen, dann gucken links und dann schon sehen.‘ – ‚Vielen Dank‘, sagt er und denkt vielleicht: ‚Diese Ausländer. Entsetzlich. Nicht mal ihre eigene Sprache können sie richtig sprechen.‘
Das geschieht uns recht

(Elke Heidenreich, „Also...“, Kolumne aus BRIGITTE 2/1992)

sprecher steht auf einem Tisch und zitiert wichtige Aussagen, die anderen illustrieren jeweils pantomimisch diese Sätze und fungieren außerdem als Chor, indem sie die für sie wichtigsten Äußerungen mit unterschiedlicher Betonung mehrfach wiederholen.

Nach gebührender Würdigung der schauspielerischen Leistungen fragt der Lehrer die anderen Gruppen, welche Rückschlüsse sie denn aus der jeweiligen Inszenierung auf die Textaussagen ziehen könnten – und es zeigt sich, daß die grundsätzlichen Intentionen der Autorin bei allen Schülerinnen und Schülern angekommen sind. Damit ist die Grundlage für die weitere Unterrichtsarbeit zu diesem Thema gelegt, und die Schülerinnen und Schüler sind, da das Texttheater sie betroffen gemacht hat, bei weitem motivierter, sich mit diesem Thema näher zu beschäftigen.

Didaktischer Kommentar

Was können Schülerinnen und Schüler beim Texttheater lernen?

Ein Vorzug dieser Methode ist, daß Schülerinnen und Schüler auch dann, wenn sie nur wenige Vorkenntnisse mitbringen, einen zugleich spielerischen und aktivfragenden Umgang mit Texten üben können.

Die Objektivität eines geschriebenen Satzes ist ja zunächst für die Schülerinnen und Schüler etwas Gegebenes und nicht Anzuzweifelndes. Die Methode des Texttheaters macht es möglich, diese Objektivität zu hinterfragen, die scheinbar so allgemeingültigen Aussagen allein durch unterschiedliche Betonung, durch Montage oder andere gestalterische Mittel in ein neues, ungewohntes Licht zu stellen und sie damit kritisierbar zu machen. Das Texttheater kann also durchaus die Kritikfähigkeit und damit die Mündigkeit unserer Schülerinnen und Schüler fördern.

Das Texttheater erfordert – wie jedes Theater – Zuschauer, denen die Ergebnisse der eigenen Arbeit präsentiert werden. Dieser scheinbar banale Aspekt ist im Sinne des Handlungsorientierten Unterrichts von großer Bedeutung, denn er schafft quasi automatisch eine produktive Arbeitsatmosphäre während der Vorbereitungsphase, er schafft Motivation, Konzentration auf den Arbeitsprozeß und Vorfreude.

Hinzu kommt, daß die verlangten Fähigkeiten im Vergleich zum „richtigen" Theaterspielen vergleichsweise gering und daher wenig angstbesetzt sind: Es muß nichts auswendig gelernt werden, sondern jeder kann seine Zitate vom Blatt vorlesen, die Präsentation kann weitestgehend rein verbal gestaltet sein, und die Kürze der Zeit läßt jeden Anspruch auf Perfektionismus erst gar nicht aufkommen.

Nachteile und Schwächen

Nachteilig ist sicher, daß bei ernsten oder schwierigen Themen eine gewisse spielerische Leichtfertigkeit im Umgang mit dem Textmaterial aufkommen kann. Daher sollte jede Lehrerin und jeder Lehrer vor Einsatz der Methode den ausgewählten Text daraufhin prüfen, welchen Schwierigkeitsgrad er für die entsprechende Altersstufe aufweist, zu welchen kontroversen Interpretationsmöglichkeiten er einlädt, welche Mißverständnisse möglich sind, welche Fragen oder Problemkomplexe er offenläßt und ob sachliche Fehler in ihm enthalten sind.

Da die Schülerinnen und Schüler während der eigentlichen Arbeitsphase ja mit dem Text allein gelassen werden, ist gerade dann, wenn arbeitsteilig verschiedene Texte inszeniert werden oder kontroverse Texte das Material bilden, eine Reflexions- und Distanzphase notwendig, um interpretative Fehler zu korrigieren. Selbstredend kann dazu Sekundärmaterial oder weiteres Primärmaterial herangezogen werden, so wie der Übergang von dieser reinen Reflexionsphase zu weiterführenden Themen fließend sein kann. Notfalls kann diese Distanzierung vom Ausgangstext auch spontan erfolgen, wenn der Lehrer die interpretativen Fähigkeiten der Schülerinnen und Schüler falsch eingeschätzt hat.

Einsatzmöglichkeiten

Einsatzmöglichkeiten gibt es grundsätzlich überall dort, wo die Schülerinnen und Schüler mit Texten arbeiten, also nicht nur im Deutschunterricht.
Wir haben das Texttheater in allen Jahrgangs- und Schulstufen der Sekundarstufe eingesetzt, also ab Klasse 5 aufwärts, wobei selbstredend der Schwierigkeitsgrad der Texte altersangemessen sein muß.

Ideenkiste

Texte, die kontroverse Positionen enthalten oder zum Nachdenken anregen, sind besonders gut geeignet. Vom Zeitungsartikel oder Kommentar zu einem aktuellen politischen Ereignis über Verfassungsgerichtsurteile, Essays, Biographien, Glossen und Satiren bis zur Erzählung reicht die Spannweite möglicher Texte. Auch im naturwissenschaftlichen Unterricht ist die Methode einsetzbar – beispielsweise zur Gentechnik oder zur Nutzung alternativer Energien.
Wir haben z.B. gerade ein sehr lustbetontes Texttheater inszeniert zum zur Zeit aktuellen Thema „Lady Di und Prinz Charles lassen sich scheiden" (Deutsch, Klasse 7, Thema: Presseberichterstattung). Textgrundlage waren Artikel aus der Regenbogenpresse.
Das Standardwerk zum Texttheater stammt von Augusto Boal (Boal 1979).

11 Lernspiele

Vorbemerkungen

Grundsätzliche Ansprüche an eine Didaktik des Spielens haben wir zu Beginn des 9. Kapitels formuliert, hier möchten wir diese Ansprüche für den Bereich „Lernspiele" konkretisieren.

Die Kapitelüberschrift „Lernspiele" könnte den Eindruck entstehen lassen, bei den Spielen der vorigen Kapitel werde nichts gelernt! Daß dem natürlich nicht so ist, wird in den jeweiligen Didaktischen Kommentaren deutlich.

Wir haben den Begriff „Lernspiele" gewählt, weil es einige wichtige Unterschiede zu den anderen hier vorgestellten Spielen gibt:

◆ Die Mehrzahl dieser Spiele findet zwar mit der gesamten Klasse statt, aber parallel in kleineren Spielgruppen.

◆ Schauspielerische oder szenische Elemente spielen gar keine oder nur eine untergeordnete Rolle.

◆ Dementsprechend haben interaktionelle und soziale Lernziele keinen so hohen Stellenwert.

◆ Die Spielprinzipien sind auf Wettkampf und Konkurrenz aufgebaut, man kann beim Spielen gewinnen oder auch verlieren. Man mag dies bedauern oder nicht, feststeht aber auf jeden Fall, daß die Leistungsorientierung hier ganz klar und auch für die Schülerinnen und Schüler ersichtlich im Dienst der Lerneffektivität steht.

◆ Viele dieser Spiele folgen einer ganzen Reihe von genauen Regeln, haben also einen geschlossenen Charakter. Die Anforderungen an die Spieler sind durchweg sehr viel kleinschrittiger als zum Beispiel bei Rollenspielen oder Szenischen Interpretationen, die der selbständigen, kreativen Ausgestaltung der Spielvorlagen breiten Raum lassen.

Wir möchten Sie in diesem Kapitel dazu ermuntern, eigene Lernspiele zu entwickeln, die als thematische Einstiege von der gesamten Klasse genutzt werden können. Natürlich können Sie auch fertige Lernspiele kaufen, aber es gibt drei gewichtige Gründe gegen dieses „ökonomischere" Prinzip.

Die zwei ersten sind schnell dargelegt: Lernspiele selber herzustellen macht großen Spaß, weil es eine sehr kreative Tätigkeit ist, die sich ausgesprochen wohltuend von der normalen Unterrichtsvorbereitung unterscheidet. Die selbstproduzierten Spiele passen sich zweitens viel genauer den eigenen Bedürfnissen, der Lerngruppe und dem gewählten Unterrichtsthema an.

Drittens ist das Angebot auf dem Sektor „Spiele und Spielen im Unterricht" in

Zur Didaktik **123**

den letzten Jahren zwar fast explosionsartig gestiegen, aber nach unserer Kenntnis gibt es kaum Spiele, die für den Einstieg der ganzen Klasse in ein neues Unterrichtsthema geeignet wären. Die Spiele und spielerischen Lernformen lassen sich grob in zwei Kategorien einteilen:

1. die Kommunikations- und Gesellschaftsspiele, die zur Gruppenbildung innerhalb der Klasse wichtig sind, aber keinen Bezug zum Inhalt der traditionellen Schulfächer haben;

2. die fachlichen Lernspiele, für die es im Regelfall ganz präzise Angaben in bezug auf Fach-, Alters- und Schulstufen gibt. Diese Spiele sind aber fast ausschließlich für Stillarbeit, Freiarbeit, Arbeits- und Übungsstunden und Wochenplanarbeit geeignet – also für Phasen oder ganze Stunden, in denen die Schülerinnen und Schüler allein oder in Gruppen schon bekannten Stoff einüben, wiederholen, vertiefen und die eigenen Fähigkeiten und Fertigkeiten vervollkommnen.

Sie finden daher in diesem Buch auch keine einzige Bemerkung zu Computern und neuen Medien, denn alle Computerspiele und -lernprogramme, die wir kennen, gehören zum Typus dieser fachlichen Lernspiele.

Grundüberlegungen zur Didaktik
Wenn der Einstieg in ein neues Thema mit Hilfe eines Lernspiels erfolgt, muß sich dieses Spiel auf eine ganz spezifische Weise auf das neue Unterrichtsthema beziehen. Wir möchten Ihnen zwei selbst erdachte Lernspiele präsentieren, die wir aus Brettspielen, die auf dem Spielemarkt erhältlich sind, entwickelt haben. Beide führen auf unterschiedliche Art und Weise in ein neues Unterrichtsthema ein und fordern die Schülerinnen und Schüler auf verschiedenen Ebenen, beiden sind gemeinsam die spielerische und damit regelgeleitete Form und die Konkurrenz oder besser der Wettbewerb innerhalb der Lerngruppe. Es handelt sich um das „British-Island-Game" und das „Vorstadtkrokodile-Activity".
Beide Spiele sind übrigens im Rahmen von Projektwochen von Schülerinnen und Schülern der Sekundarstufe I mit uns zusammen erdacht und hergestellt worden.

Voraussetzungen und Vorbereitung
Da alle Schülerinnen und Schüler Spaß am Spielen haben und die Spielregeln unserer Spiele sehr einfach sind, gibt es keine nennenswerten Voraussetzungen. Der zeitliche Aufwand bewegt sich im Rahmen von ein bis zwei Schulstunden.
Die Herstellung solch eines Spiels kostet natürlich viel Zeit und Energie. Wir kommen auf diesen Aspekt im Abschnitt „Nachteile und Schwächen" noch ausführlich zu sprechen.

Das „British-Island-Game"

Im Englischunterricht der Klasse sieben ist das Thema „Landeskunde" an der Reihe. Die Schülerinnen und Schüler haben aus den vergangenen zwei bis zweieinhalb Jahren Englischunterricht und aus den Medien eine ganze Reihe von Vorkenntnissen, und sie sind von der Sprachkompetenz her in der Lage, die Aufgaben zu verstehen und entsprechend zu beantworten. Der Einstieg über ein Spiel in englischer Sprache ist daher sehr sinnvoll, weil er das Sprachtraining mit der inhaltlichen Ebene verbindet.

Das „British-Island-Game" ist ein Wissensspiel, das sich anlehnt an Spiele wie „Trivial Pursuit" und sehr einfache Regeln hat. Es kann von bis zu acht Schülern gespielt werden, die einzeln gegeneinander antreten. Die Grundregel lautet: Je mehr Fragen man richtig beantworten kann, desto eher gelangt man ans Ziel.

Benötigt wird ein großes Spielbrett aus Holz oder Pappe mit einem passenden Motiv, wie in unserem Beispiel die Britischen Inseln, dazu Würfel und Spielfiguren sowie zahlreiche Fragen, die man sich vorher ausdenken und auf Spiel- oder Karteikarten schreiben muß. Auf die Rückseite kommt jeweils die richtige Antwort. Sie sollten diese daher eindeutig markieren (andere Farbe oder ein großes „A"), damit im Eifer des Spiels keine Verwechselungen vorkommen. Es wird reihum gewürfelt. Wer an der Reihe ist, bekommt vom nächsten Spieler eine Fragekarte vorgelesen. Beantwortet er sie nicht richtig, darf er nicht weiterrücken. In unserem landeskundlichen Beispiel haben wir einige Fragen mit Zahlen versehen, diese beziehen sich jeweils auf die entsprechenden Ziffern auf dem Spielbrett. Aufgelockert wird das Spiel durch einige „Ereignisfelder" (z.B. „drei Felder nach vorne" oder „einmal aussetzen"), für die man sich möglichst witzige Anlässe ausdenken sollte. Leider benötigt man mehrere Spiele, wenn man das Spiel als Einstieg in die Landeskunde mit der ganzen Klasse spielen will.

At Mme Tussaud's in London you try to talk to Michael Jackson. But he doesn't answer you because he is made of wax. 2 fields back.

22 The name of this town is part of the name of a famous Australian movie. The main character is famous for hunting crocodiles.

What is a "Bobby"?

Das „British-Island-Game" 125

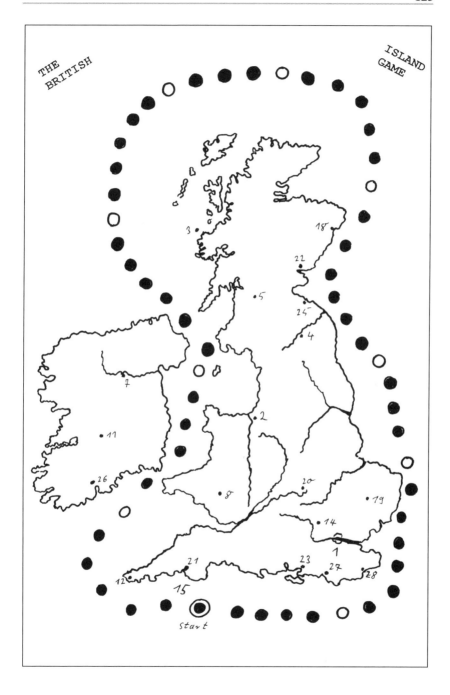

Das „Vorstadtkrokodile-Activity"

Das „Vorstadtkrokodile-Activity" hat die Spielidee und die Spielregeln von den im Handel erhältlichen „Activity"-Spielen übernommen und ist von uns für den Einsatz als Unterrichtseinstieg verändert worden.

Grundlage für das hier präsentierte Beispiel ist die möglichst gründliche Kenntnis der Handlung des Jugendbuchs „Vorstadtkrokodile" von Max von der Grün (Rowohlt TB 1978), das Buch muß also vorher von den Schülerinnen und Schülern gelesen werden. Wenn Sie von vorneherein ganz deutlich machen, daß die Einheit mit einem Spiel begonnen wird, das nur dann erfolgreich gespielt werden kann, wenn jeder die Handlung genau kennt, erhöht diese Ankündigung nach unseren Erfahrungen die Lesemotivation.

Gelesen wird diese Lektüre im Deutschunterricht der Klassen fünf oder sechs, und die Aufgaben sind auf diese Altersstufe abgestimmt.

Das Spiel wird mit Gruppen von sechs bis zwölf Schülerinnen und Schülern gespielt, die in zwei bis drei Parteien aufgeteilt werden. Das Grundprinzip ist, daß jeweils ein Mitglied seiner Gruppe etwas vormachen muß, was die anderen innerhalb einer Minute erraten sollen. Die Aufgaben wechseln jeweils zwischen Beschreiben, Zeichnen und Pantomime. An technischen Hilfsmitteln werden zwei bis drei Spielfiguren, eine Sanduhr (eine Stoppuhr tut es natürlich auch), Materialien zum Malen und ein Spielbrett benötigt. Man kann diese Hilfsmittel einfach einem gekauften Activity-Spiel entnehmen. Besonders attraktiv, aber sehr arbeitsaufwendig ist es, wenn Sie speziell auf dieses Buch zugeschnittene Utensilien verwenden, also etwa ein großes Holzbrett als Spielfeld, auf das einige Szenen des Romans gezeichnet sind, und verschiedenfarbige laubgesägte Krokodile als Spielfiguren – und das Ganze je nach Klassengröße zwei- bis dreimal.

Selbstverständlich können Sie auch in dieses Spiel Wissensfragen integrieren. Die Gruppe hat dann eine Minute Zeit und muß sich auf eine Antwort einigen, einen zweiten Versuch gibt es nicht.

DAS VORSTADTKROKODILE - ACTIVITY

128   11. Lernspiele

Alle Aufgaben des Spiels beziehen sich auf den Inhalt des Romans, z.B.:

> *Wissen:* Warum erklärt sich Hannes bereit, mit Kurt zu spielen? / Wessen Vater fährt einen
> Porsche und warum? / Was ist die peinlichste Situation für Kurt und die Krokodiler?
> *Beschreiben:* Die Mutprobe / Milchstraße / Papageiensiedlung / die Szene auf dem Mini-
> golfplatz
> *Zeichnen:* Den VW-Kastenwagen / Kurts Spezialfahrrad / die Sprengung des Ziegelei-
> schornsteins / Egons Moped
> *Pantomime:* Kurt robbt sich durch das Haus / Kurt fällt aus dem Rollstuhl / Die Krokodi-
> ler geben die Anzeige auf / Kurt schießt Egon ins Bein

Mit den beiden Beispielen wollen wir Ihnen Appetit machen auf die Kreation eigener Lernspiele. Die Spielprinzipien der Spiele sind ziemlich variabel, Spiele
dieser Art können in vielen Einstiegssituationen eingesetzt werden und an die
Stelle der im Unterricht üblichen Verfahren zur Überprüfung der Textkenntnisse
wie schriftliche Inhaltsangaben oder die Anfertigung von „Szenenspiegeln" treten. Der Einstieg über das Spiel hat die Schülerinnen und Schüler motiviert, sich
ausführlicher mit dem Thema zu befassen. Die Planung des weiteren Unterrichts
kann sowohl die erarbeiteten Kenntnisse als auch die entstandene Motivation zur
Vertiefung/Interpretation des Stoffes nutzen.

Es gibt außerdem eine Menge weiterer möglicher Spiele: Puzzles und Me-
moryspiele (lassen sich blanko kaufen und in fast jedem Fach nutzen), Anle-
gespiele wie Domino oder Trimino, Lernscheiben (z.B. zweisprachig beschrieben für das Vokabellernen in den Fremdsprachen), Kartenspiele wie Quartette
oder Quiz – der Phantasie ist freier Lauf gelassen. Viele auf andere Fächer über-
tragbare Anregungen finden sich bei Heitmann (Heitmann 1994) und bei Stich
(Stich 1988).

Didaktischer Kommentar

Was können die Schülerinnen und Schüler beim Einsatz derartiger Spiele lernen?

In all den Einstiegssituationen, in denen die Schülerinnen und Schüler zur Vorbereitung des neuen Themas einen längeren Text lesen sollen, können Lernspiele der gerade vorgestellten Arten die Überprüfung dieser Vorbereitungsarbeit auf
ebenso spielerische wie effektive Weise gewährleisten. Spätestens nachdem die
Schülerinnen und Schüler die Methode das erste Mal kennengelernt haben, wissen sie, daß ihr eigener Spielerfolg unmittelbar abhängt von der Sorgfalt, mit der
sie die Vorbereitung erledigt haben. Da nach unserer Erfahrung alle Schülerinnen
und Schüler Spaß an dieser Art Spiele haben und sie zudem gerne gewinnen
möchten, sind sie allein durch die Sache motiviert.

Beim „British-Island"-Typ geht es in erster Linie um die Aktualisierung vorhan-

Nachteile und Schwächen

dener Vorkenntnisse z.B. aus den Medien („Inselwissen"), aber auch um Kenntnisse, die aus dem eigenen Erfahrungshorizont stammen. Spiele vom „Activity"-Typus fördern darüber hinaus natürlich die psychomotorischen, gestisch-mimischen und körpersprachlichen Fähigkeiten und Fertigkeiten.

Zu einem Thema wie dem Roman „Vorstadtkrokodile" lassen sich auch verschiedene Spiele gruppenweise in der Klasse einsetzen, die unterschiedliche Schwierigkeitsgrade haben und verschieden komplexe Anforderungen an die Schülerinnen und Schüler stellen. Lernspiele können sehr gut zum differenzierten Arbeiten eingesetzt werden. In Niedersachsen beispielsweise werden alle Schülerinnen und Schüler der Jahrgänge 5 und 6 in (fast) allen Fächern gemeinsam unterrichtet, und wir haben in dieser Schulform mit dem Einsatz entsprechender Lernspiele sehr gute Erfahrungen gemacht.

Nachteile und Schwächen

Spielpuristen können uns sicherlich vorwerfen, daß wir das Spielen in der hier vorgestellten Form ziemlich hemmungslos im Sinne des Leistungsprinzips instrumentalisieren und damit die ursprünglich zweckfreie Aktivität der Spieler in ein didaktisches Korsett zwängen. Wir können dem nur zwei Argumente entgegensetzen:

◆ Pädagogisches Handeln in der Schule ist an keiner Stelle zweckfrei! Unterricht ist etwas ganz und gar Künstliches und Zweckgerichtetes. Wer an der grundsätzlichen Zweckfreiheit des Spielens festhält (vgl. Einleitung zu Kapitel 9), der sollte die Finger von Unterrichtsspielen lassen.

◆ Die Instrumentalisierung im Sinne der Lerneffektivität ist für alle Schülerinnen und Schüler deutlich sichtbar, es passiert nichts hinter ihrem Rücken.

Der zweite Einwand bezieht sich auf den Vorbereitungsaufwand. Ein solches Spiel, beispielsweise zu einem Roman, herzustellen, kostet enorm viel Zeit! Auch dazu drei Aspekte, die nicht unbedingt Gegenargumente darstellen, aber Sie vielleicht doch zur Herstellung solcher Spiele ermutigen könnten:

◆ Die Arbeit an solch einem Spiel hat uns bisher immer Spaß gemacht. Das gilt für den handwerklichen Bereich, also die Herstellung der Spielbretter und -figuren, ebenso wie für das Ausknobeln von Fragen, Aufgaben, Ereigniskarten etc. Es ist eine kreative Tätigkeit, die sich wohltuend von unserer sonstigen Vorbereitungsarbeit unterscheidet.

◆ Den größten Spaß macht das Herstellen der Lernspiele im Team mit anderen Kollegen. So entsteht nicht nur ein Spiel, sondern die Kooperationsbereitschaft wird zusätzlich gefördert.

◆ Drittens kann die Herstellung solcher Spiele selbst zum Unterrichtsthema gemacht werden. Klassen, die das jeweilige Thema schon im Unterricht behandelt haben und daher inhaltlich fit sind, können Lernspiele für jüngere Jahrgänge herstellen, und das kann zum Beispiel ein ausgesprochen sinnvoller Ausstieg aus einem Unterrichtsthema sein! Dazu bietet sich die Möglichkeit des fächerübergreifenden Arbeitens, zum Beispiel mit den Fächern Werken und Kunst, und des jahrgangübergreifenden Unterrichts, wenn die älteren Schülerinnen und Schüler mit den selbst hergestellten Spielen als Tutoren bei den jüngeren Jahrgängen agieren.

Als letztes bleibt schließlich der Hinweis darauf, daß ein einmal gefertigtes Spiel in anderen Klassen wieder verwendet werden kann.

Einsatzmöglichkeiten
Einsatzmöglichkeiten für Lernspiele der hier beschriebenen Art gibt es quer durch alle Alters- und Schulstufen und alle Fächer. Wir wollen das anhand einiger Anregungen verdeutlichen:
Im Fach Deutsch können von derjenigen Altersstufe an, in der längere Lektüretexte gelesen werden, beide Arten der Lernspiele als jeweiliger Einstieg genutzt werden, und gleiches gilt für den Fremdsprachenunterricht in höheren Jahrgängen. Ob Sie reine Wissensspiele vom Typ A oder kreativere Varianten des Typs B bevorzugen, hängt nicht nur vom persönlichen Geschmack, sondern auch von der Altersstufe ab, denn das pantomimische Nachspielen von Romanszenen erfordert ein gewisses Geschick und eine innere Reife, die in den unteren Klassen noch nicht vorhanden sind. Hier sind reine Wissensspiele vom „British-Island"-Typ eher angebracht.
Auch in den erdkundlichen, den heimat- und landeskundlichen, den geschichtlichen und den sozialen Themenbereichen, in den Naturwissenschaften und im bilingualen Unterricht sind die Herstellung und der Einsatz von Lernspielen, die nach den oben beschriebenen Spielregeln und Prinzipien gestaltet werden, möglich.

Ideenkiste
Fremdsprachen: Analog zum „British-Island-Game" im landeskundlichen Unterricht lassen sich viele Lernspiele herstellen.

Erdkunde, Sach- und Heimatkunde: Im Erdkundeunterricht können Sie Lernspiele wie das „British-Island-Game" z.B zu den fünf Kontinenten oder einzelnen Ländern entwickeln, in der Grundschule auch zu den Bundesländern oder einzelnen (Heimat-) Regionen. Vgl. das „Niedersachsen-Spiel" von Karin Leifermann (Leifermann 1993).

Ideenkiste

Biologie: Im Biologieunterricht ist ein Lernspiel zu Haustieren wie Hunden oder Katzen möglich.

Deutsch, Fremdsprachen: Spiele vom Typus des „Vorstadtkrokodile-Activity" sind im Deutschunterricht zu allen Lektüren und Ganzschriften herstellbar, gleiches gilt für den Fremdsprachenunterricht in den höheren Klassen.

Schöne Beispiele für spielerische Unterrichtseinstiege finden Sie bei Ulrich Baer (Baer 1994).

Eine Sammlung von sozialen, fachbezogenen und fachübergreifenden Spielideen hat der Friedrich Verlag in seinem Jahresheft 1995 (Baer 1995) veröffentlicht.

12 Offene Spielformen

Vorbemerkungen

Von den drei offenen Spielalternativen, die Sie in der Didaktischen Landkarte finden, sind das Freie Standbildbauen und das Offene Rollenspiel schon im neunten Kapitel vorgestellt worden, da sich in bezug auf diese Spiele weder die grundsätzlichen didaktischen Prinzipien noch das spielerische „Fundament" von den gelenkten Formen unterscheiden.

„Offen" bedeutet die Reduktion der Lehrerdominanz, wie dies in jedem „Offenen Unterricht" der Fall ist. Hierzu gehört der zumindest zeitweilige Abschied von der „Vermittlungsdidaktik" ebenso wie der Verzicht auf vorher von der Lehrerin oder dem Lehrer festgelegte Lernwege und -ziele (vgl. etwa Bönsch 1991). Dies wollen wir am Beispiel des „Freifluges" zeigen, der zwar eine ziemlich genau geregelte und von der Lehrerin oder dem Lehrer arrangierte Einstiegsmethode ist, aber offen in bezug auf die Unterrichtsergebnisse und die Handlungsmöglichkeiten der Schülerinnen und Schüler bleibt.

Freiflug

Grundüberlegungen zur Didaktik

Der Freiflug ist eine experimentelle Einstiegsmethode, deren Hauptanliegen es ist, in spielerischer Form die je eigene Kreativität auszuprobieren und dieses anderen vorzuspielen. Er vermeidet dabei die didaktisch unbefriedigende „Leere-Blatt-Situation", die die Schülerinnen und Schüler oft überfordert. Darin liegt die eigentliche Stärke dieser offen-spielerischen Einstiegsvariante. Den Schülerinnen und Schülern wird nicht zugemutet, auf Anhieb kreativ zu sein, sondern der stufenförmige Aufbau, den wir gleich genau beschreiben werden, läßt Zeit zur langsamen und schrittweisen Entwicklung, Entfaltung und Umsetzung von Ideen.

Häufig sind Lehrerinnen und Lehrer in Unterrichtssituationen, in denen die Schülerinnen und Schüler aktiv und kreativ sein sollen oder müssen, auf Appelle an den guten Willen angewiesen, die dann leicht einen verzweifelt-resignierten Unterton bekommen, da kaum jemand auf Kommando schöpferische Begabungen entwickeln kann.

Beim Einsatz der Methode des Freiflugs ist allenfalls leichtes Erstaunen auf Schülerseite zu beobachten („Nanu, was soll denn das werden?"), aber bis jetzt hat noch keine Schülerin und kein Schüler uns gegenüber wegen Überforderung geklagt.

Freiflug

133

Voraussetzungen und Vorbereitung

Vorbereitende Maßnahmen sind nicht zu treffen, Sie sollten lediglich buntes DIN-A3-Papier besorgen und die Schülerinnen und Schüler bitten, Malstifte mitzubringen, falls das nicht ohnehin in der jeweiligen Jahrgangsstufe üblich ist. Als Zeitrahmen ist eine Doppelstunde oder weniger ausreichend, Sie können aber problemlos Pausen zwischen den einzelnen Phasen einschieben.

Durchführung

Zu Beginn der Stunde wird das Papier verteilt, und jede Schülerin und jeder Schüler nimmt einen Stift zur Hand. Die Lehrerin oder der Lehrer wartet einige Zeit, bis alle ruhig und konzentriert sind, dann werden die Schülerinnen und Schüler gebeten, die Augen zu schließen. Nach einer kurzen Pause sollen alle schnell und ohne weiter zu überlegen mit geschlossenen Augen das aufs Papier zeichnen, was ihnen gerade einfällt.

Dann erhalten die Schülerinnen und Schüler etwa 10 – 15 Minuten lang die Gelegenheit, aus dem „Gekrakel" ein Bild zu malen.

Im Anschluß daran sollen sie das Bild betiteln und vier weitere Begriffe (Nomen, Adjektive oder Verben), die zu dem Bild passen, auf einer Bildseite notieren. Am Ende dieser Phase können dann alle ihr „Kunstwerk" vorstellen. Wenn die Zeit knapp wird, kann dieses wegfallen – es erhöht aber die Motivation und macht den Schülerinnen und Schülern viel Spaß.

Zu Beginn der nächsten Phase werden (nach beliebigen Regeln) Gruppen von drei bis fünf Schülerinnen und Schülern gebildet. Diese erhalten den Auftrag, aus sämtlichen Begriffen, die sich auf ihren Bildern befinden, eine Geschichte oder ein Gedicht zu schreiben. (Bei vierköpfigen Gruppen wären das dann z.B. 20 Wortvorgaben.)

Nachdem die Gruppen ihre Geschichten vollendet haben, erfolgt schließlich die letzte Arbeitsanweisung: Die Gruppen sollen ihre Geschichte bzw. ihr Gedicht mit szenischen Mitteln einstudieren und eine entsprechende Präsentation ihres Kurzschauspiels vor dem Rest der Lerngruppe vorbereiten.

Diese Präsentation ist natürlich der Höhepunkt der Methode und macht in der Regel sowohl den Akteuren wie den Zuschauern Spaß. Je nach Zielsetzung kann man den Freiflug an dieser Stelle abbrechen (z.B. wenn es „nur" um das Kennenlernen ging), aber auch eine Diskussion über die Präsentation bzw. die ihr zugrundeliegenden Texte anzetteln, eine Jury bilden und dem Ganzen einen Wettbewerbscharakter verleihen. Grundsätzlich gibt es auch die Möglichkeit, mit dem schriftlichen Material weiterzuarbeiten.

Da Ihnen diese Methode vielleicht zu abenteuerlich oder zu vage erscheint, wollen wir das Ganze mit dem Beispiel eines „Freiflug-Einstieges" illustrieren:
Im Deutschunterricht einer zehnten Klasse ist eine längere Einheit über Lyrik

vorgesehen, hierbei sollen neben den inhaltlichen Gattungskriterien auch die formalen Mittel der Lyrik wie Reim und Metrum sowie die stilistischen Mittel und rhetorischen Figuren in ihrer Bedeutung für die inhaltlichen Aussagen eines Gedichtes untersucht werden – und das ist ein durchaus anspruchsvolles Programm. Der Lehrer entschließt sich, den „Freiflug" in der oben beschriebenen Art einzusetzen, dies allerdings mit der Vorgabe an die Gruppen, ein Gedicht zu verfassen. Die Klasse hat 20 Schülerinnen und Schüler, es können also genau 5 Gruppen gebildet werden. Als Zeitrahmen erweist sich die Doppelstunde am Montagmorgen als genau ausreichend. Wir stellen Ihnen das Gedicht einer Gruppe und die Zeichnung einer Schülerin aus dieser Gruppe (s. S. 135) exemplarisch für alle vor.

Die jeweiligen Titel und weiteren vier Begriffe lauteten:

„Zukunft"	„Roboter"	„Schnecke"	„das Leben"
Sven	Technik	Leben	Haß
Umwelt	Auto	Monster	nachdenken
Zerstörung	Schiffe	Welt	Zweck
rot	mechanisch	schwimmen	Vorbilder

Daraus wurde dann folgendes Gedicht:

> „Sven denkt über die Zukunft nach.
> Bald wird die Umwelt rot und sehr
> mechanisch sein.
> Voller Haß regieren Roboter die Welt
> und haben Monster als Vorbild.
>
> Sie beobachten die ängstlichen Schnecken
> und fangen sie ein, wollen sie töten
> zu ihren Zwecken.
>
> Technik ist schön,
> bringt Schiffe zum Schwimmen
> und Autos zum Fahren.
>
> Doch zerstört sie das Leben,
> nur das kann sie geben."

Nachdem sich alle Schülerinnen und Schüler gegenseitig ihre Gedichte vorgespielt und dabei erstaunlichen Ideenreichtum entwickelt haben, war zunächst einmal ein „positiver reziproker Affekt" (vgl. Grell 1982, S. 105) ausgelöst, die Klasse steht dem traditionell eher mit Abneigung begegneten Unterrichtsthema

„Lyrik" nicht mehr ablehnend gegenüber, und damit ist schon eine wichtige Funktion eines jeden Einstiegs erfüllt. Die fünf Gedichte werden eingesammelt, abgetippt und in der nächsten Stunde verteilt. In den folgenden drei Unterrichtsstunden wird ausschließlich mit diesen Schülergedichten weitergearbeitet, und die Klasse macht einige erstaunliche Entdeckungen über den Zusammenhang von Form und Inhalt. Die vier Verfasser des obigen Gedichts hatten bisher noch nie etwas von einem Sonett gehört und jetzt beinahe selber eines gedichtet. Sie erfahren auf diese Weise in für sie eindringlich-überraschender Weise, daß der Wechsel der Strophenform vom Quartett zum Terzett, der Wechsel von einem in ein anderes Metrum, die inhaltliche Aussage eines Gedichtes strukturiert und beeinflußt.

Didaktischer Kommentar
Was können Schülerinnen und Schüler mit dem Freiflug lernen?
Der Freiflug kann zunächst einmal dazu genutzt werden, Schülerinnen und Schüler handlungsorientiert miteinander ins Gespräch zu bringen und sie zur Herstellung eines gemeinsamen Produkts und damit zur Kooperation zu veranlassen. Dies ist z.B. zu Beginn eines Schuljahres sinnvoll und hat gegenüber den reinen Kennenlern-Spielen den nicht unbeträchtlichen Vorteil, von Anfang an handlungs- und produktorientiert zu sein.
Der Einsatz dieser Methode hat nach unseren Erfahrungen häufig die für Schülerinnen und Schüler verblüffende Erkenntnis zur Folge, was man so alles aus dem

136　　12. Offene Spielformen

anfänglichen „Gekrakel" entstehen lassen kann! Mit anderen Worten: Die je eigene Kreativität wird auf spielerische Weise geweckt und gefördert. Die Schülerinnen und Schüler erhalten die im Schulalltag außerhalb der musischen Fächer recht seltene Gelegenheit, die in ihnen verborgenen Fähigkeiten im Bereich der Phantasie, der zeichnerischen, der gestalterischen und der schauspielerischen Begabungen auszuleben.

In den sprachlichen Fächern kommt die Entwicklung und Förderung des eigenen Schreibens hinzu. Die Schülerinnen und Schüler können an dieser ja durchaus verzwickten Aufgabe sprachliche Sensibilität entwickeln und Ausdruckssicherheit üben.

Nachteile und Schwächen

Mit dem Freiflug präsentieren wir Ihnen innerhalb dieses Buches die offenste Einstiegsvariante, und kritische Geister können zu Recht fragen, ob es sich überhaupt noch um einen thematischen Einstieg handelt. Bei dieser Methode sollten die inhaltlichen Vorgaben möglichst weit gefaßt sein, um die ohnehin anspruchsvolle Aufgabenstellung nicht zu komplizieren. Wir haben dies einige Male probiert und den Schülerinnen und Schülern den Auftrag gegeben, fünf Begriffe aus dem avisierten Themengebiet zu wählen, also z.B. zu einem Thema wie „Fremd in unserem Land", aber das wirkte aufgesetzt und künstlich und hat die Klasse ziemlich gehemmt und verunsichert, was dann an den teilweise „mit der Brechstange" geschriebenen Geschichten auch deutlich wurde. Wir raten daher von dieser Möglichkeit ab.

Nur dann, wenn das Thema ein lustvolles Phantasieren erlaubt, ist die Anbindung an eine inhaltliche Aufgabe sinnvoll. Es bleibt also, wenn Sie den Freiflug nicht einfach als lustbetonte Erholungsphase oder Kooperationsübung einsetzen wollen, ein verhältnismäßig schmales inhaltlich-fachliches Spektrum.

Einsatzmöglichkeiten

Einsetzbar ist die Methode hauptsächlich im Deutschunterricht, bei entsprechender Sprachkompetenz ebenso in den Fremdsprachen, und zwar am sinnvollsten dann, wenn das Thema nicht vom Inhalt, sondern der Form (Gattung) bestimmt wird, wie das im obigen Beispiel der Fall war.

In Fächern wie Religion, Sozialkunde oder Werte und Normen gibt es diese formale Themenbestimmung nicht oder nur in Ausnahmefällen, der Einsatz des Freiflugs ist dort eher unter dem interaktionellen Aspekt denkbar.

Eingesetzt haben wir den Freiflug bis jetzt in den Klassen fünf bis dreizehn, in der Grundschule dürften die Schülerinnen und Schüler noch nicht die geeigneten Kompetenzen mitbringen.

Freiflug

Ideenkiste
In eine Einheit zum Thema „Schule früher – Schule heute – Schule morgen" (Sozialkunde Kl. 10) können Sie sehr schön mit einem Freiflug zur Aufgabe „Ein Tag in meiner Traumschule" einsteigen. Wir zeigen Ihnen eines der hergestellten Bilder (s. S. 137) und die dazu passende Geschichte, die die vierköpfige Gruppe geschrieben und vorgespielt hat:

„Search for Information
Unsere ausgeglichene Naturschule besuchen wir nur in der Summertime, wo Relax + Schule großgeschrieben werden. Eine gesunde Arbeitsatmosphäre und ein kleiner Rausch fördern die Schönheit und Gesundheit. Entspannung und hektikloser Spaß mit Witz, manchmal auch kein Schlaf, aber viel Sonne und Freude an der Kreativität sind Hauptakzente unserer Ausbildung. Manchmal werden wir zu kreativitätsfördernden Pädagogen."

13 Erkundungen in der Schule und vor Ort

Vorbemerkungen

Vor mir liegt ein Heft der Zeitschrift „Pädagogik" (Sept. 1995), und ich lese in einem Artikel über die „Schule als Arbeitsplatz" die folgenden Sätze: „Die Schule kann sich nicht mehr darauf verlassen, daß die Kinder primäre Lebenserfahrungen mitbringen ... Die Kinder bringen heute nicht mehr die praktische Erfahrung der kleinen, aber vertraut gewordenen Welt mit, sondern die große Welt in der Konserve." (S. 7) Dieser Verlust an originärer Erfahrung hat sich sogar bis in manche Rahmenrichtlinienkommissionen für die gymnasiale Oberstufe herumgesprochen, die RR Gemeinschaftskunde für die Sekundarstufe II in Niedersachsen fordern beispielsweise: „Auf die Öffnung des Unterrichts und die Einbeziehung außerschulischer Lernorte ist verstärkt zu achten."

Die Erkundung ist ein methodischer Versuch, diesen Forderungen nachzukommen und die Trennung von Schule und Lebensraum aufzuheben. Die gemeinsame Basis aller in diesem Kapitel vorgestellten Methoden ist das Verlassen des Unterrichtsraumes und der Versuch der sinnlich-anschaulichen Begegnung mit anderen Menschen und Institutionen oder mit der Natur. Sie finden dieses Kapitel auf der Didaktischen Landkarte ganz links unten, da wir der Meinung sind, daß Erkundungen in der Schule und vor Ort den Handlungsbezug des Lernens herstellen, die traditionelle Verkopfung des von der Umwelt abgeschotteten Unterrichts aufheben und die Schülerinnen und Schüler zu Lernprozessen, die selbst geplant und durchgeführt werden, befähigen. Zudem bringen sie Abwechslung in den grauen Schulalltag.

Daß Erkundungen dennoch im schulischen Alltag (auch unserem eigenen) eine wenig eingesetzte Methode sind, hat folgende Gründe:

◆ Sie erfordern eine klare didaktische und inhaltliche Zielformulierung, die auch die Frage der Auswertung einschließt.

◆ Sie kosten verhältnismäßig viel Vorbereitungsaufwand und sind kaum spontan organisierbar.

◆ Sie lassen sich nur schwer in unseren normalen „Fetzenstundenplan" (P. Petersen) integrieren, d.h. in den üblichen 45-Minuten-Rhythmus.

◆ Sie erfordern auf Schülerseite häufig Methodenkompetenz, da die Situation, daß eine Lehrerin oder ein Lehrer mit der gesamten Klasse eine Erkundung vornimmt und als methodenkompetenter Ansprechpartner zur Verfügung steht, eher die Ausnahme darstellt. Im Regelfall sind die Schülerinnen und Schüler in kleinen Gruppen unterwegs und daher auf sich allein gestellt.

Erkundungsgänge und Rallyes

Grundüberlegungen zur Didaktik

Schülerinnen und Schüler mit speziellen Arbeitsanweisungen zu beauftragen und sie dann innerhalb oder außerhalb der Schule auf Informationssuche zu schicken ist die einfachste und am wenigsten aufwendige Form der Erkundung. Die Übergänge zu dem moderneren Begriff „Rallye" sind fließend, und wir haben trotz längeren Suchens in der Literatur keine exakte Abgrenzung dieser Begriffe voneinander gefunden. In der pädagogischen Praxis hat sich die Rallye in den letzten Jahren als vielleicht noch nicht gängige, aber auch nicht mehr so exotische Methode eingebürgert und unterscheidet sich vor allem quantitativ von dem Erkundungsgang: Bei einer Rallye müssen zu einem bestimmten Oberthema eine ganze Reihe von Aufgaben, die unterschiedliches Anforderungsprofil haben, bearbeitet und gelöst werden. Der Erkundungsgang kann auch mit einer einzigen Aufgabe durchgeführt werden. Ein zweites wichtiges Merkmal ist die Wettkampfsituation, die normalerweise zur Rallye gehört (der Begriff stammt nicht zufällig aus dem Sport), während Erkundungsgänge im Regelfall keine Sieger und Verlierer kennen. Die Rallye hat also einen gewissen Spielcharakter und hätte auch im Kapitel Lernspiele vorgestellt werden können, aber das Verlassen des traditionellen Lernraums scheint uns der wichtigere Aspekt zu sein.

Voraussetzungen und Vorbereitung

Wenn Erkundungen und Rallyes innerhalb des Schulgeländes stattfinden und die Aufgaben keine ausführliche Befragung von Drittpersonen erfordern, gibt es keinerlei Voraussetzungen auf Schülerseite. Falls aber während einer Rallye Personen außerhalb der Schule befragt werden müssen, sollte sich die Lehrerin oder der Lehrer vorher genau überlegen, welches Maß an Takt die Schülerinnen und Schüler aufbringen, in welcher (Streß-) Situation die Befragten gerade sind oder sein könnten, wie lange die Beantwortung dauert und wie problematisch die Fragen sein könnten. Als traditionelle Herbsturlauber auf den ostfriesischen Nordseeinseln haben wir in den letzten Jahren verstärkt die Erfahrung gemacht, daß die vielen Schulklassen aus anderen Bundesländern, die zeitgleich mit uns auf der Insel sind, wohl so ziemlich alle mindestens eine Inselrallye über sich ergehen lassen müssen. Wir haben ja Verständnis für die geplagten Kollegen, die auf diese Weise mal einen Nachmittag Ruhe haben, aber die Inselbewohner und auch uns hat das ewige Gefrage nach immer den gleichen Sachen („Wie hoch ist der Leuchtturm?") doch manchmal ganz schön gestört. Je jünger die Schülerinnen und Schüler sind, desto weniger können sie diese von ihnen verursachte Störung selber einschätzen. Notfalls sollten Sie mit den potentiellen „Frageopfern" vorher kurz sprechen und ihr Einverständnis einholen.

Die inhaltliche Vorbereitung liegt in der Regel ganz bei der Lehrerin oder dem

Erkundungsgänge und Rallyes

141

Lehrer, es sei denn, eine Rallye wird von einer Schülergruppe vorbereitet, die dann selbstverständlich nicht selber teilnehmen darf, sondern als Jury tätig werden kann. Man muß also zu dem Sachgebiet, mit dem man in das neue Unterrichtsthema einsteigen will, einen Fragen- und Aufgabenkatalog entwickeln und sollte auch selber die richtigen Lösungen recherchieren.

Durchführung

Nach der entsprechenden häuslichen Vorbereitung braucht die Lehrerin oder der Lehrer zu Beginn des Unterrichts nur noch das Thema des Erkundungsganges oder der Rallye zu nennen, die Gruppen zu bilden und die Arbeitsaufträge zu verteilen. In der Regel ist dies ein Beobachtungs- oder Aufgabenbogen, auf dem die entsprechenden Antworten oder Lösungen notiert werden. Wenn die Gruppen das Schulgelände verlassen, sollten Sie die entsprechenden Sicherheitsvorschriften (Belehrung über Verkehrs- und sonstige Gefährdungen) einhalten, und dann geht's mit einer genauen Zeitvorgabe los!

Wir haben ein Beispiel aus dem erdkundlichen Bereich ausgewählt. Im Fach „Welt- und Umweltkunde" der fünften Klasse trägt die erste thematische Einheit den Titel „Erkundung der Schule und des Nahraums", und es bietet sich an, dieses Thema mit einer Rallye zu beginnen. Wir zeigen Ihnen der Einfachheit halber auf S. 142 unsere Ausarbeitung des Schülerbogens.

Wenn die Gruppen wieder zurück sind, werden die Bögen eingesammelt, sie bilden die Grundlage für die weitere Bearbeitung des Themas. Falls es sich - wie in unserem Beispiel – um eine Rallye handelte, wird die Siegergruppe ermittelt und entsprechend geehrt.

Didaktischer Kommentar

Was können Schülerinnen und Schüler während eines Erkundungsganges oder einer Rallye lernen?

In den meisten Schülerköpfen herrscht die Vorstellung, daß Lernen eine eher langweilige Tätigkeit ist, die sich grundsätzlich im Klassenzimmer abspielt. Alle in diesem Kapitel vorgestellten Erkundungen zeigen den Schülerinnen und Schülern, daß dies nicht immer so ist, daß sich neue Kenntnisse auch außerhalb des Unterrichtsraumes gewinnen lassen können.

Da gerade bei einer Rallye die Aufgaben sehr unterschiedlich sein können und ganz verschiedene Fähigkeiten und Fertigkeiten zu ihrer Bewältigung erfordern, lassen sich an dieser Stelle schlecht Lernziele generalisieren. Die Palette reicht von Befragungstechniken über physikalische Kenntnisse bis zu sportlichen Fähigkeiten. Gemeinsam sind allen der Handlungsbezug, die sinnliche Anschaulichkeit und die Produktorientierung.

SCHULRALLYE

Hinweis: Denkt daran, daß im Schulgebäude Unterricht ist! Seid also nicht zu laut!

1. Bringt 6 Gegenstände von der Rallye mit: einer soll weich, einer hart, einer eckig, einer schwer und einer leicht sein.

2. Sucht das Sekretariat. Fragt die Sekretärin:
a) Wie heißt der Schulleiter?
b) Wieviele Klassen hat die Schule?
c) Wieviele Lehrerinnen und Lehrer gibt es hier?

3. Was steht im Flur vor der Aula?

4. Sucht den Computerraum:
a) Wieviele Computer stehen im Computerraum?
b) Welche anderen Räume liegen auf demselben Flur?

5. Wann hat die SV Sprechzeiten? (Dazu müßt Ihr den SV - Raum suchen.)

6. Wieviele Treppenstufen mußt Ihr steigen, um vom Foyer zum Kunstraum zu kommen?

7. Welche Nummer hat der Kartenraum? Wie kommt man in den Kartenraum hinein?

8. Wo wohnt der Hausmeister? Wie heißt er?

9. Welche Sportarten kann man auf dem Schulhof ausüben?

10. Wieviele Papierkörbe gibt es auf dem Schulhof?

11. Bringt Blätter von drei Euch bekannten, verschiedenen Bäumen mit.

12. Bringt zwei verschiedene, stark duftende Kräuter mit!
Wonach riechen sie? Wie heißen sie?

13. Wo kann man draußen auf dem Schulgelände Schiffchen schwimmen lassen?

14. Holt Euch jetzt einen Schulstempel 21 von der Sekretärin!

Viel Spaß beim Lösen der Aufgaben!

Liane Paradies

Erkundungsgänge und Rallyes 143

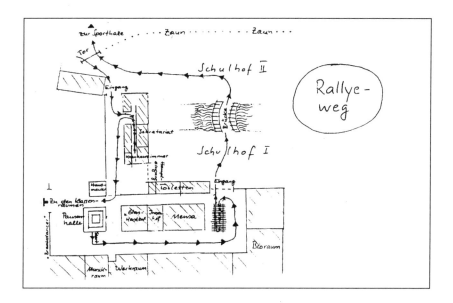

Nachteile und Schwächen

Neben den schon oben angesprochenen „Peinlichkeiten" Dritten gegenüber sind zwei weitere Nachteile zu nennen: die mangelnden Kontrollmöglichkeiten und die verhältnismäßig eingeschränkten inhaltlichen Einsatzmöglichkeiten.

Die Schülerinnen und Schüler während einer Erkundung oder einer Rallye zu beaufsichtigen ist fast unmöglich und auch nicht sinnvoll, denn Eigenständigkeit während der Recherche ist ein wichtiger Bestandteil der Methode. Daher haben die Gruppen natürlich die Möglichkeit, sich zu drücken und beispielsweise Ergebnisse von anderen abzuschreiben, die dann als die eigenen ausgegeben werden. Andererseits muß man den Schülerinnen und Schülern Vertrauen entgegenbringen können, und dies wird in der Regel auch belohnt.

Erkundungen können nur dort sinnvoll durchgeführt werden, wo im Bereich der Schule und der schulischen Umgebung Informationen in altersangemessener Form beschaffbar sind. Ebenfalls angemessen muß der Aufwand sein, den die Schülerinnen und Schüler für die Informationsbeschaffung investieren müssen. Es ist also sinnlos, zu leichte Aufgaben zu stellen, die ohne jeden Aufwand sofort gelöst werden können, oder zu komplexe Thematiken auszuwählen, die alle überfordern. Hinzu kommt eine weitere Einschränkung, zumindest in bezug auf die Rallye: Die Themengebiete und die entsprechenden Fragen müssen eindeutig richtige Antworten erlauben, und das ist nur in reinen Wissensgebieten der Fall. Meinungen, Ansichten, Urteile und Vorurteile dagegen taugen als „Erkundungsobjekt" innerhalb einer Rallye nichts.

Einsatzmöglichkeiten
Schulinterne Erkundungsgänge und Rallyes sind selbstverständlich schon in der Grundschule möglich und sinnvoll, um die Schülerinnen und Schüler frühzeitig an eigene Aktivitäten bei der Informationsbeschaffung zu gewöhnen. Je älter die Schülerinnen und Schüler sind, desto komplexer und (räumlich) ausgedehnter kann die Erkundung oder die Rallye sein, allerdings nimmt nach unseren Erfahrungen auch die Begeisterung für diese Methode ab, und die oben angesprochene Gefahr des Sich-Drückens wird dann größer, wenn die Schülerinnen und Schüler nicht von der Thematik gefesselt sind.

Erkundungen und Rallyes eignen sich besonders gut für die Fächer Sachkunde (in der Grundschule), Erd-, Sozialkunde und Geschichte sowie die naturwissenschaftlichen Fächer.

Ideenkiste
Deutsch: In den unteren Sekundarklassen können Sie in der Stadt- oder Gemeindebücherei eine Rallye mit Aufgaben, die in die Benutzung solch einer Einrichtung einführen, initiieren. Ein Beispiel finden Sie bei Klippert (Klippert 1994, S. 138). Falls eine wissenschaftliche Bibliothek in erreichbarer Nähe ist, kann dort eine entsprechende Rallye mit Oberstufenkursen durchgeführt werden.

Naturwissenschaften, Kunst, Geschichte, Erdkunde: Jedes Museum ermöglicht Rallyes zu den jeweiligen Ausstellungsthemen.

Gemeinschaftskunde: Wenn man entsprechende Kontakte geknüpft hat, sind auch Firmen durchaus willens, Schülerinnen und Schülern eine Firmenerkundungsrallye zu gestatten, zum Beispiel zu betriebssoziologischen oder -organisatorischen Aspekten.

Interessante Ideen zur Verbindung von Gruppenunterricht und Rallye entwickelt Sigrid Rotering-Steinberg (Rotering-Steinberg 1992).

Experiment

Grundüberlegungen zur Didaktik
Das Wort Experiment kommt aus dem Lateinischen und bedeutet ursprünglich „Versuch, Erprobung".

Wohl jeder von uns hat schon eine Reihe von naturwissenschaftlichen Experimenten beobachtet oder selber durchgeführt, sei es als Schüler oder als Lehrer in einem der Experimentalfächer.

Experiment

Wir möchten uns aber als Fachfremde nicht erdreisten, berufserfahrenen Lehrern naturwissenschaftlicher Fächer hier Ratschläge für ihren experimentellen Unterricht zu erteilen, und das ist auch nicht der Sinn dieses Abschnitts. Wir wollen das Experiment als eine mögliche Ausgestaltung der methodischen Form Erkundung vorstellen, und schon von dieser Vorbedingung her fallen alle fachlich aufwendigen, teuren oder gefährlichen Experimente weg.

Dennoch gibt es einige strukturelle Gemeinsamkeiten, die allen Experimenten zu eigen sind, gleichgültig ob hochspezialisierte Wissenschaftler ein millionenschweres Forschungsprogramm experimentell bearbeiten oder ob Friedrich an der Regenpfütze die Schwimmfähigkeit verschiedener Gegenstände überprüft:

♦ Das Experiment ist *die* induktive Methode schlechthin – eine Frage stellt sich plötzlich, etwas, das man nicht erklären kann, taucht auf – und man greift nicht zum Lehrbuch, um sich die wohlfeile Erläuterung fertig vorsetzen zu lassen, sondern man will es selber ausprobieren, will durch die eigene Tätigkeit am konkreten Einzelfall zu globaleren Erkenntnissen gelangen.

♦ Das Experiment ist handlungsorientiert – Vermutungen werden formuliert, ein Versuchsaufbau, der diese Hypothesen bestätigen (oder widerlegen) kann, wird erdacht und erbaut, und schließlich wird das Experiment durchgeführt.

♦ Das Experiment ist methodisch kontrollierte Tätigkeit. Jeder andere, der das gleiche Experiment unter den gleichen Bedingungen durchführt, muß zu identischen Ergebnissen gelangen.

♦ Es ist last not least streng regelgeleitet: Die Ergebnisse müssen genau mit den vorher formulierten Hypothesen verglichen werden, um sie ganz oder teilweise (oder gar nicht) zu verifizieren. Störende Faktoren, die das Ergebnis verfälschen können oder verfälscht haben, müssen beseitigt und das Experiment muß wiederholt werden.

Gegenstand des Experiments sind nicht Menschen oder andere Lebewesen, sondern Dinge im weitesten Sinne. Es spielt in unserem Zusammenhang keine Rolle, ob diese Dinge von Menschen geschaffen oder natürlich sind. Was also kann Aufgabe und Sinn von Schülerexperimenten im Rahmen von mehr oder weniger selbständig durchgeführten Erkundungen sein? Das wohl berühmteste Beispiel für ein spontanes Schülerexperiment ist Friedrich Copeis „Milchbüchsenversuch": Ein Schüler hat auf eine Wanderung eine Milchbüchse mitgenommen und bohrt, um an die Milch zu kommen, ein kleines Loch hinein – aber es kommt keine Milch. Die Mitschüler stellen Hypothesen auf, überprüfen diese sinnlich-anschaulich und gelangen weitgehend selbständig zu der richtigen physikalischen Lösung (Copei 1955) – dies ist der didaktisch fruchtbarste Moment jeden Experiments.

Voraussetzungen und Vorbereitung
Experimente ergeben sich meist nicht wie im obigen Beispiel spontan auf Wanderungen oder ähnlichen Veranstaltungen, sondern müssen von der Lehrerin oder dem Lehrer entsprechend vorbereitet werden. Da Experimente dann am wirkungsvollsten sind, wenn sie ein Überraschungsmoment in sich bergen (vgl. Kapitel 1), setzt die Inszenierung einer geplanten Experimentalsituation ein gewisses Maß an Geheimhaltung voraus – allenfalls einzelne Schülerinnen und Schüler können eingeweiht werden, wenn dieses zur Durchführung des Experiments notwendig ist.

Durchführung
Der niedersächsische Lehrplan für das Fach Erdkunde bzw. Welt- und Umweltkunde sieht für die fünfte oder sechste Klasse eine Einführung in die Arbeit mit Kompaß und Karte vor. In dem hier ausgewählten Beispiel hat sich die Lehrerin den alljährlichen Schulausflug zunutze gemacht, um in diese Unterrichtseinheit einzusteigen. Als „normales" Stundenthema formuliert könnte die Eingangsfrage lauten: „Was ist und wie funktioniert ein Kompaß?" Der Schulausflug hat Sternmarschcharakter, d.h., jede Klasse wird an einer anderen Stelle ausgesetzt, und alle sollen sich nach etwa zweieinhalbstündiger Wanderung durch den Wald an einer verabredeten Stelle treffen. Jede Klasse erhält einen kopierten Kartenausschnitt. Die Lehrerin nimmt zusätzlich eine Karte mit, auf der die Himmelsrichtungen angegeben sind, außerdem eine Rolle dünnes Nähgarn, mehrere lange, dünne Nadeln und einen starken Magneten.
Obwohl der Weg auf der Karte vorgegeben ist, verirrt sich die Klasse planmäßig

Experiment   **147**

mit unauffälliger Nachhilfe der Lehrerin. Nach gut einer Stunde sind alle ratlos, wie es weitergehen soll. Die Lehrerin holt die Karte mit den Himmelsrichtungsangaben heraus und zeigt sie der Klasse, aber auch das hilft nicht weiter, da keiner weiß, in welcher Richtung Norden liegt, und es ihnen daher nicht klar ist, wie sie die Karte halten müssen. Was nun? Ein Schüler äußert in einem Stoßseufzer: „Jetzt müßte man einen Kompaß haben!" (Glücklicherweise hat keiner einen mitgebracht, sonst würde es jetzt schwierig!)
Nach einem kurzen Gespräch darüber, was ein Kompaß ist und warum die Nadel immer nach Norden zeigt, stellt die Lehrerin die Frage, ob sie sich nicht einen Kompaß selber basteln könnten, sie habe zufälligerweise Nadel und Faden dabei. Das nütze aber nichts, sagt eine Schülerin, denn die Nadel müsse ja magnetisch sein. Fast gleichzeitig fällt drei anderen Mitgliedern der Klasse ein, daß man Eisen mit einem Magneten magnetisieren kann. Die Lehrerin zeigt daraufhin den mitgebrachten Magneten. Die Schülerinnen und Schüler entwickeln Hypothesen und Strategien, schließlich wird die Nadel magnetisiert und an einem ganz langen Faden aufgehängt. Sie dreht sich erkennbar in eine Richtung.
Ein Schüler schlägt ein Kontrollexperiment vor, zehn Meter weiter wird eine zweite Nadel magnetisiert und aufgehängt. Sie zeigt in etwa in die gleiche Richtung. Nun kommt jemand auf die Idee, die Karte auf den Boden zu legen und nach Norden auszurichten. Jetzt können sowohl der ungefähre Standpunkt als auch die ungefähre Richtung, in die man sich wenden muß, festgestellt werden. Damit ist das Experiment abgeschlossen. Dieses Erlebnis wird den Schülerinnen und Schülern auch noch einige Tage später in Erinnerung sein, es bildet die Grundlage für die weitere unterrichtliche Beschäftigung mit Kompaß und Karte.

Didaktischer Kommentar
Was können Schülerinnen und Schüler beim Experimentieren lernen?
Selbst wenn im Kompaß-Beispiel die Klasse wohl auch ohne Orientierungshilfe den richtigen Weg gefunden hätte, wurde den Schülerinnen und Schülern die Bedeutung dieses Experiments für ihre augenblickliche Situation deutlich. Experimente vermitteln wichtige Primärerfahrungen.
Für die Durchführung eines Experiments ist eine ausgewogene Mischung aus kognitiven und manuellen Fähigkeiten nötig, also „Lernen mit Kopf, Herz und Hand" (Pestalozzi) in seiner ursprünglichsten Form. Insbesondere dem „haptischen" Lerntypus (vgl. Vester 1975) kommt das Experimentieren sehr entgegen. Das Experiment als hypothesen- und regelgeleitete Tätigkeit erlaubt die unmittelbare Erfolgskontrolle des eigenen Denkens und Tuns. Entspricht der Versuchsverlauf den Erwartungen? Paßt der Versuchsverlauf zu den Hypothesen? Erhalten wir bei der Versuchswiederholung das gleiche Ergebnis? Diese Fragen lassen sich im Regelfall direkt nach Ende des Experiments bearbeiten.

Nachteile und Schwächen

Die unmittelbare Erfolgskontrolle kann natürlich auch in Gestalt des Mißerfolgs auftreten – und dann ist Geduld und langer Atem notwendig, um die Fehlerquellen aufzuspüren und auszumerzen. Besonders unbefriedigend ist es, wenn das Experiment aus Gründen scheitert, die nicht im Verantwortungsbereich der Schülerinnen und Schüler liegen und die sie nicht ändern können, weil ihnen z.B. notwendige Kenntnisse noch fehlen oder das vorhandene Material Fehlerquellen produziert. Eine sorgfältige Vorbereitung der Experimentalsituation ist daher unbedingt notwendig, sonst wird aus dem „fruchtbaren Moment im Bildungsprozeß" leicht der „frustrierende Moment".

Einsatzmöglichkeiten

Die klassischen Experimentalfächer sind die Naturwissenschaften, und das mit vollem Recht, denn mit dem Experiment will man hinter die Eigenschaften der Dinge kommen. Auch das Kompaß-Beispiel oder das zitierte Milchdosenbeispiel hatten als Hintergrund physikalische Gesetze.

Die Methode ist aber auch überall dort einsetzbar, wo naturwissenschaftliche Tatbestände in die Themenbereiche anderer Fächer hineinwirken.

In bezug auf das Alter und die Schulform sehen wir keinerlei Beschränkungen, denn Neugierde darauf, wie etwas funktioniert, zeichnet den Menschen schon in frühester Kindheit aus. Eine altersangemessene Aufgabe sowie die Gewißheit vorausgesetzt, daß kein Unglück passieren kann, ist die Methode des Experimentierens von der Grundschule bis zur Sekundarstufe II einsetzbar.

Ideenkiste

Naturwissenschaften, Erdkunde: Eine Fülle von ebenso einfachen wie verblüffenden Experimenten finden Sie bei John Farndon (Farndon 1992) und bei David Macaulay (Macaulay 1989).

Interview

Grundüberlegungen zur Didaktik

Das didaktische Prinzip jedes Interviews ist denkbar einfach und reduziert sich auf zwei Möglichkeiten, die sich innerhalb eines Interviews nicht unbedingt ausschließen müssen:

1. Man möchte von dem Interviewten Informationen erhalten, die dem Interviewer oder dem Zuhörer neu sind (informatives Interview).
2. Der Interviewte soll zu einer Meinungsäußerung oder einer Stellungnahme bewegt werden (konfrontatives Interview).

Mit der Definition des Begriffes Interview brauchen wir uns nicht lange aufzuhalten, denn wir alle werden täglich in den Medien mit Interviews jeder Art geradezu „bombardiert". Kein anderes sozialwissenschaftliches Erhebungsinstrument erfreut sich auch nur annähernd gleicher Beliebtheit, denn das Interview liefert problemlos und ohne allzu großen Aufwand qualifizierte und authentische Daten, die zudem dann, wenn das Interview aufgezeichnet wurde, von jedermann jederzeit überprüft werden können.

Daher hat das Interview als Möglichkeit, etwas über andere zu erfahren, auch im Kanon der schulischen Methoden inzwischen seinen festen Platz erobert.

Voraussetzungen und Vorbereitung

Sie sollten vor der Durchführung von Interviews mit der Klasse eine Reihe von Fragen geklärt und gewisse methodische Fertigkeiten besprochen haben:

◆ Was sollen die äußeren Rahmenbedingungen sein? Wer soll wann und wo von wem interviewt werden?

◆ Sollen die Interviews eher geschlossen oder offen sein? Will man also mit einem vorher festgelegten Fragenkatalog auf die Leute zugehen, mit einem „Multiple-choice-Verfahren", oder sollen die Interviewten breiteren Raum für spontane Äußerungen oder längere Erzählungen erhalten? Alle Varianten und zwischen ihnen liegenden Formen sind denkbar, die Wahl hängt von dem gewählten Thema und der Zielgruppe ab, die interviewt werden soll. Eine sehr leserliche und anschauliche Einführung in die verschiedenen Arten von Interviews und Interviewtechniken gibt Philipp Mayring (Mayring 1990). Bei Unsicherheiten helfen Probedurchläufe in der eigenen Klasse und Selbstversuche.

◆ Sollen die Interviews eher informativ oder konfrontativ sein? Für den ersten Fall ist es wichtig, grundlegende Fragen zu erarbeiten, die tatsächlich in das Zentrum der Thematik führen, im zweiten Fall ist eher das Verhältnis von Interviewer zu Interviewten von Bedeutung.

◆ Sollen Einzelpersonen oder Gruppen interviewt werden? Die zweite Variante kann den Vorteil haben, daß Interviewte in einer Gruppendiskussion Dinge sagen, die sie vielleicht im Einzelgespräch so nicht äußern würden.

◆ Wie sollen die gewonnenen Ergebnisse gesichert werden? Reicht ein Ergebnisprotokoll oder soll eine Tonbandaufnahme hergestellt und vielleicht sogar transkribiert werden?

◆ Was soll mit den Ergebnissen geschehen?

Das klingt auf den ersten Blick nach sehr viel Vorbereitungsaufwand, nach unseren eigenen Erfahrungen aber ist die Sache nur halb so schlimm: Je mehr Erfahrung Schüler und Lehrer mit der Methode des Interviews haben, desto leichter und selbstverständlicher klären sich die obigen Fragen. Im übrigen gilt auch hier der handlungsorientierte Grundsatz „learning by doing". Aber auch Anfänger sind keineswegs überfordert, wie wir am folgenden Beispiel zeigen wollen.

Durchführung

Im Sozialkundeunterricht der Jahrgangsstufe neun steht „Die Bundeswehr" auf dem Lehrplan, und der Lehrer beschließt auf Bitten einiger Schüler, in das neue Thema über eine aktuelle und in der Bundesrepublik kontrovers diskutierte Frage einzusteigen, nämlich den Einsatz von Bundeswehrverbänden im ehemaligen Jugoslawien. Das Lehrbuch gibt natürlich zu so einem aktuellen Thema nichts her, also beschließen Lehrer und Klasse gemeinsam, als Einstieg in das Problem selbst Erkundungen in Form von Interviews vorzunehmen. Über die Ziele sind sich alle rasch einig:

Zum einen wollen sie Pro- und Contra-Argumente und die allgemeine Stimmungslage kennenlernen (informativer Aspekt), zum anderen formulieren einige Schülerinnen und Schüler den Wunsch, bei den Interviewten nachzuhaken und persönliche Stellungnahmen zu erfragen (konfrontativer Aspekt). Die Zielgruppe sollen Schüler aus der schuleigenen Oberstufe sein, also Leute, die bald selber „zum Bund" müssen, außerdem wollen sie Menschen in der Fußgängerzone der Stadt befragen.

In der nachfolgenden Diskussion wird besprochen, wie die verschiedenen Aspekte unter einen Hut gebracht werden können. Die Klasse einigt sich schnell auf einen Kompromiß: Die ersten Fragen sollen einen ziemlich geschlossenen Charakter haben, dann wollen sie die Interviewten mit einigen Fragen, die einen persönlichen Bezug zu der Thematik herstellen, zu individuellen Statements bewegen. Beide Fragearten werden im Unterrichtsgespräch mündlich skizziert, und der Lehrer bietet sich an, daraus zu Hause den folgenden Interviewleitfaden zu verfassen:

Interview **151**

Leitfaden zum Interview über Bundeswehreinsätze in Bosnien:
1. Wie beurteilen Sie die Vorgänge in Bosnien-Herzegowina?
2. Welche Maßnahmen sollte die westliche Welt ergreifen?
3. Sollte die Bundeswehr grundsätzlich an einem Einsatz in Bosnien-Herzegowina beteiligt sein?
4. Sollte dieser Einsatz auf etwa medizinische Bereiche beschränkt werden oder auch direkte militärische Aktionen einschließen?

Offene Fragen:
Je nachdem, wie die ersten Fragen beantwortet wurden, müßtet Ihr jetzt weiterfragen.

Bei Befürwortern von Bundeswehreinsätzen:
◆ Das Grundgesetz verbietet Bundeswehreinsätze im Ausland. Wie stehen Sie dazu?
◆ Die Deutschen haben auf dem Balkan im zweiten Weltkrieg Schlimmes angerichtet. Beeinflußt Sie das?
◆ Ihr Sohn (oder Sie selbst) muß bei einem entsprechenden Entschluß des Bundestages nach Bosnien. Welche Konsequenzen hat das für Ihre Meinung?
◆ Einer Ihrer Freunde ist bei dem Bundeswehreinsatz in Somalia schwer verwundet worden. Was bedeutet das für Sie?

Bei Gegnern von Bundeswehreinsätzen:
◆ Die Serben und die anderen Kriegsparteien begehen laufend schwere Menschenrechtsverletzungen. Kümmert Sie das nicht?
◆ Jeden Tag sterben Kinder an den Kriegsfolgen oder verhungern. Hat das keine Konsequenzen für Sie?
◆ Sie haben gute Freunde in Sarajewo. Ändert das etwas?

Die Klasse beschließt, die Interviews in Vierergruppen durchzuführen, sie auf Tonband aufzunehmen und anschließend die wichtigen Stellen abzuschreiben. Am nächsten Tag steht eine Doppelstunde zur Verfügung. Die Gruppen erhalten den Leitfaden, alle sind mit einem Kassettenrecorder ausgerüstet und ziehen los. Am Ende der Doppelstunde hat jede Gruppe im Durchschnitt sechs kurze Interviews durchgeführt. In der nächsten Stunde werden die wichtigen Passagen der Interviews in den Gruppen transkribiert, zum Schluß wird alles vom Lehrer verkleinert und für alle kopiert.

Es zeigt sich übrigens erwartungsgemäß, daß die Qualität der Interviews recht unterschiedlich ist. Manche Gruppen stellen wirklich nur sehr hölzern ihre Fragen und haken auf ihrer Liste ab, andere dagegen geben sich Mühe nachzubohren, indem sie die Befragten etwa mit einem fiktiven Dilemma konfrontieren oder Widersprüche in den Antworten aufgreifen.

Diese von der Klasse selbst erarbeitete Textsammlung bildet für die nächsten Stunden die Grundlage für die Diskussion der Thematik „Bundeswehreinsätze auf dem Balkan". Diese Gespräche verlaufen ausgesprochen lebhaft und engagiert, was noch dadurch verstärkt wird, daß sich alle häufig an konkrete Interviewsituationen erinnern und die Textaussagen so immer wieder lebendig werden. Auch die unterschiedliche Qualität der Texte wird in der Klasse diskutiert, denn die Methode soll in absehbarer Zeit erneut eingesetzt werden.

Didaktischer Kommentar
Was können Schülerinnen und Schüler beim Einsatz des Interviews lernen?
Das Interviewen bezieht sich ausschließlich auf die sprachliche Ebene, daher scheint diese Einstiegsmethode auf den ersten Blick auf der Didaktischen Landkarte falsch eingeordnet zu sein. Die Sprache ist hier aber nur Medium für Schüleraktivitäten und Handlungslernen. Das Interview ermöglicht den Schülerinnen und Schülern, primäre Erfahrungen zu machen und selber aktiv den eigenen Erkenntnisprozeß zu steuern. Dies ist unseres Erachtens der wichtigste Aspekt.

Weiter lernen die Schülerinnen und Schüler die Bedeutung des eigenen Vorwissens für die Aneignung neuer Kenntnisse schätzen. Ein Interview kann nur führen, wer von der Thematik, zu der das Interview stattfinden soll, ein gewisses Vorverständnis und eine eigene Meinung hat.

Die Schülerinnen und Schüler lernen, Fragestrategien zu entwickeln und am lebenden Objekt zu erproben. Sie erhalten während der Interviews und auch während der Auswertung unmittelbare Rückmeldungen über die Qualität des eigenen Vorgehens. Gerade die offeneren Interviewformen bilden ein ausgezeichnetes Training zur Gesprächsführung und zum verbalen Umgang mit anderen Menschen.

Schließlich können die Schülerinnen und Schüler lernen, wie mündlich erhobene Daten schriftlich aufbereitet, gesichert und im größeren Kreis diskutiert werden. Sie erkennen auf diese Weise, daß die durchgeführten Interviews so etwas wie eine objektive Qualität haben können, erfahren aber auch, daß durch gezielte Auswahl von Zitaten, durch Auslassungen und durch entsprechende Fragen Aussagen manipuliert und sogar in das Gegenteil des eigentlich Gemeinten umgedreht werden können.

Als letzter Aspekt ist das Training der textanalytischen Fähigkeiten zu nennen: Schon bei der Diskussion der Frage, welche Äußerungen der Interviewten denn nun wichtig und aufschreibenswert sind, und später dann bei der Erörterung des transkribierten Textes oder des Gedächtnisprotokolls werden die klassischen Fähigkeiten der Textinterpretation geübt.

Nachteile und Schwächen
Bei ungeübten Schülerinnen und Schülern der unteren Jahrgänge kann es verhältnismäßig leicht vorkommen, daß die geführten Interviews wenig informativen Wert haben, das Verhältnis von Aufwand und Ergebnis also nicht stimmt. Sie

sollten sich angesichts eines solchen Mißerfolgs bei „interviewungeübten" Klassen aber nicht entmutigen lassen, sondern das nächste Mal in der Vorbereitungsphase Fragestrategien trainieren oder mehr Probedurchgänge durchführen. Informieren Sie vorher die Schulleitung, wenn die Schülerinnen und Schüler das Schulgelände verlassen und schulfremde Personen ansprechen. Da die Öffnung des Unterrichts durch (u.a.) Exkursion sich aber inzwischen als Forderung durch fast alle neueren Rahmenrichtlinien zieht, gibt es im Regelfall keine Probleme.

Einsatzmöglichkeiten
Wir haben die Methode des Interviewens von der Klasse 5 an bis in die Oberstufe eingesetzt. Wir können uns aber gut vorstellen, daß Schülerinnen und Schüler auch in in den oberen Grundschulklassen in der Lage sind, die Mitschüler, die Lehrer oder andere Personen ihrer vertrauten Umgebung gezielt zu befragen. Die Qualifikationen der Befrager steigen mit zunehmendem Alter, aber Neugierde auf das, was andere Menschen denken und meinen, gibt es in jeder Altersstufe. Deshalb sehen wir für den Einsatz des Interviews als Unterrichtseinstiegsmethode kaum Beschränkungen in bezug auf Alter, Schulform oder -stufe.

Da es zwei verschiedene Aspekte des Interviews gibt (informativ oder konfrontativ), ist der Einsatz dieser Methode nicht auf die Themengebiete beschränkt, in denen es um Meinungen, Vorurteile, Haltungen geht. Wir möchten aber an dieser Stelle eines ernsthaft zu bedenken geben: Ein ausschließlich informatives Interview kann schnell langweilig werden, spannend wird es immer erst, wenn die Frage nach dem „Warum?", nach der eigenen Einstellung gestellt wird. Wenn Sie also beispielsweise im Mathematikunterricht die Schülerinnen und Schüler losschicken, um Passanten nach ihren Kenntnissen im Bereich der Differentialrechnung zu befragen, gibt es kein sinnvolles didaktisches Ziel. Die meisten werden keine Ahnung mehr von dieser Materie haben und dies auch unumwunden zugeben – aber das haben die Schülerinnen und Schüler vorher schon gewußt, und das hat auch keine Konsequenzen für den Unterricht in der Differentialrechnung. Daraus folgt: Die Interviewmethode sollte in den Fächern und Themengebieten eingesetzt werden, in denen nicht nur die Frage danach, was die Leute wissen, interessant ist, sondern ebenso die Frage nach ihrer Einstellung. Es wäre zum Beispiel sinnvoll, im Physikunterricht eine Umfrage nach den Kenntnissen und der Einstellung der Leute zu alternativen Energien zu starten und diese Ergebnisse anschließend in der Klasse zu diskutieren.

Expertenbefragung

Grundüberlegungen zur Didaktik
Eine eigenständige Sonderform des Interviews mit anderer didaktischer Zielset-

zung ist die Expertenbefragung. Die Interviewpartner werden nicht willkürlich oder nach dem Zufallsprinzip ausgewählt, und der Ablauf solch einer Befragung ist weniger spontan und muß sorgfältiger vorbereitet werden, da die Befragung, die im Regelfall vor der gesamten Klasse stattfindet, einen gewissen öffentlichen Charakter hat. Wenn die Expertenbefragung als Einstieg in eine neue Unterrichtseinheit genutzt werden soll, muß das Thema so beschaffen sein, daß die Schülerinnen und Schüler mit Vorkenntnissen und natürlicher Neugierde auf genauere Informationen warten – dazu mehr im Abschnitt zum didaktischen Kommentar. Es kann eine sehr spannende Sache sein, etwas über den in der Stadtverwaltung schwelenden Konflikt um den dringend notwendigen Bau der neuen Schulturnhalle zu erfahren, wenn einer der Verantwortlichen für dieses Vorhaben leibhaftig vor einem sitzt und man ihn ausfragen kann. Hierin liegt der Vorteil einer Befragung gegenüber allen vordergründig effektiveren Textanalysen. Der natürlichen Neugierde wird ein handgreifliches Ziel gegeben, das im wahrsten Sinne „Hand und Fuß" hat und damit den Schülerinnen und Schülern ein handelnder Umgang mit ihren eigenen Interessen ermöglicht.

Voraussetzungen und Vorbereitung
Zunächst einmal müssen die formalen Rahmenbedingungen hergestellt werden: Die Kontakte mit dem oder den Experten müssen geknüpft, Termine abgesprochen und inhaltliche Vorstellungen abgeglichen werden. Dies kann selbstredend auch von Schülerseite erfolgen und bildet dann im Kanon der „Erkundungen" eine eigenständige Variante. Für den Verlauf der Expertenbefragung ist es nicht so entscheidend, ob diese Vorarbeiten von Lehrer- oder von Schülerseite geleistet worden sind. Weiterhin muß geklärt werden, ob das Gespräch in der Schule oder vor Ort stattfindet, die Schulleitung sollte aus rechtlichen Gründen informiert werden und das Problem eventuell entstehender Kosten (Fahrtkosten, Spesen) vorher geklärt sein.

Das Gespräch muß auf jeden Fall inhaltlich vorbereitet werden, denn die Methode der Expertenbefragung enthält einige Risiken, auf die wir im Abschnitt über Schwächen und Nachteile noch eingehen. Diese Risiken lassen sich durch ein Vorgespräch minimieren. Weiterhin muß klar sein, ob ein kleines Team den Experten befragt oder ob dies die ganze Lerngruppe tun soll. Beides hat Vor- und Nachteile, die aber so von dem gewählten Thema sowie der Person des Experten und der jeweiligen Klasse abhängen, daß kaum allgemeingültige Ratschläge möglich sind. Als grobe Faustregel können wir allenfalls formulieren: Je sensibler das Thema, je verletzlicher der Experte, je ungestümer die Klasse, desto eher sollten Sie die Form der Podiumsdiskussion, in der der Experte nur von einer kleinen Gruppe befragt wird, wählen. Wenn beispielsweise ein jüdischer Mitbürger, der den Naziterror überlebt hat, als Zeitzeuge befragt wird, muß Fingerspitzengefühl und Takt eine Selbstverständlichkeit sein, und wer sich als Lehrerin oder Lehrer seiner Klasse nicht ganz sicher ist, sollte entsprechende Vorkehrungen treffen.

Auf der anderen Seite aber ist ein gewisses Maß an Mut notwendig, und Sie sollten nicht bei der kleinsten Mißstimmung zwischen Klasse und Experten eingreifen, und dies schon gar nicht, wenn es um sachliche Diskrepanzen geht. Die didaktische Funktion der Expertenbefragung ist dann nicht erreicht, wenn sich nicht im Verlauf dieses Gesprächs die anfängliche Distanz zwischen Fragern und Befragten verringert, sich also keine Beziehung und damit letztendlich kein Interesse zwischen den Gesprächspartnern aufbaut. Sie sollten daher die Schülerinnen und Schüler dazu ermuntern, persönliche Stellungnahmen des Experten einzufordern und auch selber welche abzugeben.

Schließlich bleibt noch die Frage der Ergebnissicherung und der möglichen Weiterarbeit. Soll das gesamte Gespräch auf Tonband oder Videofilm aufgenommen und hinterher (vielleicht arbeitsteilig in kleinen Gruppen) transkribiert werden? Soll ein Verlaufsprotokoll erstellt werden und von wem? Oder reicht ein Ergebnisprotokoll aus? Mit welchen Methoden und welcher Zielsetzung will die Klasse mit den gewonnenen Ergebnissen weiterarbeiten?

Durchführung

Ein Thema einer Unterrichtseinheit oder eines Vorhabens im Fach Welt- und Umweltkunde der sechsten Klasse heißt „Kinder einer Welt". Die einzelnen Arbeitsschwerpunkte dieser Einheit beschäftigen sich unter anderem mit dem Kennenlernen einzelner Länder, dem Brauchtum und den Lebensumständen. Für Schülerinnen und Schüler dieser Altersstufe ist es besonders interessant, Menschen aus fremden Ländern kennenzulernen. Deshalb lade ich als Einstieg in dieses Thema einen Libanesen als Experten ein, den ich in der Universität kennengelernt habe. Die Klasse ist sehr gespannt, da allein schon das fremdländische, dunkelhäutige Aussehen zu Spekulationen Anlaß gibt. (Ich habe vorher nichts über die Herkunft unseres Experten verraten.) Diese individuelle natürliche Neugier ist eine wichtige Voraussetzung für die Befragung eines Experten.

Wir haben gemeinsam diese Befragung geplant und damit zunächst eine Sitzkreisrunde in der Klasse vorgesehen. In dieser Phase können die Schülerinnen und Schüler ganz brennende Fragen schon sofort stellen. Dafür hat sich jede Schülerin und jeder Schüler nach Absprache mit den anderen schon bei der Vorbereitung auf diesen Tag drei Fragen notiert. Einige wichtige Fragen sind z.B. „Wie alt sind Sie? Wie sind Sie aufgewachsen? Sind Sie verheiratet? Ist Ihre Kindheit mit der unsrigen in Deutschland vergleichbar? Haben Sie Kinder? Haben Sie Geschwister? Warum leben Sie in Deutschland?"

Da die Expertenbefragung den Einstieg zu diesem Thema bildet, haben wir weder die geographische Lage noch die politischen Zustände im Libanon besprochen. In dieser ersten Befragungsrunde im Kreis wird sehr schnell deutlich, daß unser Experte zwar alle Fragen beantwortet, den Schülerinnen und Schülern aber noch Informationen fehlen, um seine Antworten richtig verstehen und zuordnen zu können. Diese noch offenen Fragen schreibe ich auf eine vorbereitete Zeitungsrolle, die für alle sichtbar aufgehängt wird. Wir bilden Vierergruppen, die nacheinander mit Atlas, Stift, Papier und der Zeitungsrolle in den Nebenraum zur Expertenbefragung gehen. Nach etwa fünf bis zehn Minuten wechseln die Gruppen, so daß nach einer Unterrichtsstunde alle sieben Tischgruppen unseren Gast interviewt haben. Während jeweils eine Gruppe im Nebenraum arbeitet, bespreche und protokolliere ich mit der restlichen Klasse die Befragung im Sitzkreis. Schon die Mitglieder der ersten Gruppe kommen ganz aufgeregt wieder in den Klassenraum zurück, sie haben die arabische Schrift kennengelernt. Es wird mit Zeichen geschrieben und auch noch von rechts nach links. Das ist eine ganz spannende Sache, über die sie unbedingt noch mehr erfahren wollen.

Nach Ende der Befragung treffen wir uns alle mit unserem Gast im Klassenraum wieder. Wir überlegen und besprechen noch einmal, ob alle Fragen auf der Zeitungsrolle ausreichend beantwortet sind. Die Schülerinnen und Schüler tragen ihre Ergebnisse vor, und unser Experte bestätigt oder verändert ihre Aussagen. Alle sind sich am Ende der dritten Stunde einig, daß es viel Spaß gemacht hat, einen Landeskundigen zu befragen, der nicht nur perfekt deutsch, sondern auch arabisch spricht. Das sollten wir häufiger machen.

Der zeitliche Rahmen von drei Unterrichtsstunden ist sicherlich etwas weit gesteckt für einen Unterrichtseinstieg. Der Spaß, das Interesse und die Motivation der Schülerinnen und Schüler haben aber noch bis zur nächsten Unterrichtseinheit zum Thema „Ägypten" angehalten, in der die Klasse während der Beschäftigung mit Hieroglyphen selbständig Vergleiche zur arabischen Schrift anstellt.

Didaktischer Kommentar

Was können Schülerinnen und Schüler bei der Expertenbefragung lernen?
Auch wenn am Ende einer Expertenbefragung in der Regel außer einem Protokoll keine faßbaren Handlungsergebnisse stehen, haben die Schülerinnen und Schüler hier doch wesentlich anderes erfahren als beispielsweise beim Lesen eines Textes zum gleichen Thema. Die Expertenbefragung ermöglicht in geradezu idealer Weise die Realisierung des Prinzips der originalen Begegnung und der primären Erfahrungen! Das konservierte Wissen des Buches wird wieder lebendig, und geschichtliche Ereignisse, politische Entscheidungen, künstlerische oder wissenschaftliche Leistungen können in den unmittelbaren Erfahrungsraum der Schülerinnen und Schüler gelangen, wenn sie von einer konkreten Person vorgetragen werden.

Die im vorigen Abschnitt zur Methode des Interviews aufgelisteten Lernziele zur Bedeutung des eigenen Vorwissens, zum Training der Fragestrategie und zur Verwertung der erhobenen Daten gelten selbstredend auch für die Expertenbefragung.

Nachteile und Schwächen

Es gibt, wie vorhin schon angedeutet, eine Reihe von Risikofaktoren, die zwar sämtlich minimierbar sind, aber das Gelingen einer Expertenbefragung verhindern können:

◆ Der oder die eingeladenen Experten sind aufgrund eigener rhetorischer Mängel nicht in der Lage, den Funken überspringen zu lassen. Ihre Antworten mögen zwar inhaltlich gut und interessant sein, bleiben aber wegen der mangelnden Vortragsqualitäten blutleer und langweilig.

◆ Der Experte geht zu sehr auf inhaltlich unwichtige Dinge ein, oder er verliert sich in Details, die für die Fragenden völlig funktionslos bleiben. Dies passsiert leicht, wenn die Fragen sehr persönliche und bewegende Erinnerungen hervorrufen.

◆ Der Experte ist nicht in der Lage, altersangemessen zu berichten. Er kann oder will nicht sehen, was die Kinder oder Jugendlichen, die da vor ihm sitzen, wirklich interessiert. Ein wahrhaft abschreckendes Beispiel habe ich kürzlich erlebt. Ein Experte war in eine Sozialkundestunde einer elften Klasse eingeladen worden, um – wie im Vorgespräch vereinbart – das bundesdeutsche Sozialversicherungssystem zu erläutern. Er verbrachte den Großteil der für ihn reservierten Schulstunde damit, der Klasse penibel die Modalitäten zu erläutern, nach denen sich die Sozialversicherungsnummer des einzelnen Versicherungsnehmers zusammensetzt.

◆ Die Fragen, die gestellt werden, sind trotz sichtbaren Schülerengagements sachlich nicht angemessen, sie gehen zu sehr in Details oder verlieren sich in abstrusen Konstruktionen und Fiktionen.

◆ Die Schülerinnen und Schüler lassen das angemessene Taktgefühl vermissen und provozieren oder beleidigen den Experten auf persönlicher Ebene. In diesem Fall – wie auch in der vorigen Situation – sollten Sie selber eine deutliche Position beziehen und die Gesprächsleitung übernehmen.

Einsatzmöglichkeiten

Es gibt wohl kaum eine Situation, in der es nicht möglich oder sinnvoll wäre, der Sachkompetenz der Lehrerin oder des Lehrers einen Experten von außerhalb zur Seite zu stellen. Dieses sollte möglichst häufig – wenn auch ganz sicher nicht in jeder Schulstunde – genutzt werden.

Es gibt Themen (wie etwa die oben angesprochene Kommunalpolitik oder unsere eigene geschichtliche Vergangenheit), die sich mehr für die Expertenbefragung anbieten als andere, für die der Vorbereitungsaufwand zu groß ist oder die nicht im Bereich meiner objektiven Möglichkeiten liegen. Natürlich würde ich gerne im Deutschunterricht Günther Grass über seinen neuen Roman befragen, in Biologie die diesjährige Nobelpreisträgerin, in Musik die „Restbeatles" oder im Sportunterricht Lothar Matthäus. Aber schon der Aufwand, der betrieben werden muß, um einen Vertreter der kommunalen Verwaltungsspitze in den Unterricht zu holen, kann beträchtlich sein.

Auf der anderen Seite gibt es im Umfeld jeder Schule eine Fülle von Experten zu allen möglichen Sachgebieten – etwa in der Elternschaft, die im Regelfall gerne bereit sind, sich einer Befragung zu stellen. Auch Schülerinnen und Schüler lassen sich zu ihren speziellen Hobbys gerne befragen.

Ideenkiste
Gemeinschaftskunde: Im berufsorientierenden Unterricht können Berufsberater des Arbeitsamtes ebenso befragt werden wie z.B. Personalchefs oder andere Experten aus der Wirtschaft. Eine solche Befragung ist auch ohne großen Aufwand als gesonderte Vormittagsveranstaltung für alle Abschlußklassen mit parallelen Angeboten organisierbar.

Deutsch, Kunst, Musik: Befragungen von Mitgliedern kommunaler Kunst- oder Musikvereine, von Literaturzirkeln, Musikschulen, Theaterensembles oder Laienspielgruppen zu kommunalen Kulturaspekten oder -projekten sind problemlos durchzuführen.

Religion, Werte und Normen: Zu Themen wie „Aids", „Sekten", „Drogen" oder „Gleichstellung der Frau" gibt es in vielen Kommunen hauptamtliche Experten, die ihr Wissen gerne den Schulen zur Verfügung stellen.

Reportage

Grundüberlegungen zur Didaktik
Quer zur sonstigen Systematik dieses Kapitels ist die Reportage angeordnet, denn sie kann Elemente des Interviews, der Expertenbefragung, des Experiments oder des Erkundungsganges enthalten. Dies liegt daran, daß die Reportage keine Datenerhebungsmethode ist, sondern durch eine bestimmte Art der Verarbeitung und der Darstellung von Informationen gekennzeichnet ist. Die Reportage ist daher nicht nur eine Unterrichtseinstiegsmethode, sondern kann beispielsweise sehr gut zum Zweck der Ergebnissicherung und Vertiefung eingesetzt werden. Will man mit der Methode der Reportage in ein neues Unterrichtsthema einstei-

gen, ist ihre vergleichsweise Offenheit gegenüber anderen Datenerhebungsmöglichkeiten ganz sicher ein großer Vorteil, denn sie läßt den Schülerinnen und Schülern relativ breiten Raum für eigene Ideen und Aktivitäten.

Unabhängig davon, auf welche Art und Weise die Reporter ihre Information bekommen haben, ist der zweite Schritt bei dieser Methode wesentlich enger gefaßt und kann als gemeinsames Merkmal aller Reportagen gelten: Die Schülerinnen und Schüler müssen einen persönlich gefärbten Bericht verfassen, in dem sie nicht nur die erhaltenen oder erarbeiteten Informationen weitergeben oder präsentieren, sondern auch ihre persönlichen Erlebnisse und ihr persönliches Engagement thematisieren. Dies unterscheidet die Reportage von einem Sachtext oder einer Nachricht.

Mit dieser Definition ist auch die didaktische Zielrichtung angedeutet: Die Schülerinnen und Schüler sollen durch die Herstellung von Reportagen lernen, daß die persönliche Aufbereitung von Informationen kein nebensächliches Beiwerk ist, sondern das Interesse der anderen und auch das eigene wesentlich mitbestimmt.

Voraussetzungen und Vorbereitung

Da die Reportage keine eigenständige Methode zur Informationsbeschaffung ist, sind über die in den vorigen Abschnitten beschriebenen Vorbereitungen hinaus keine weiteren Aktivitäten erforderlich.

Es ist allerdings hilfreich für die Schülerinnen und Schüler, wenn sie in früheren Unterrichtsphasen schon mit der Textform Reportage konfrontiert worden sind und eine grundsätzliche Vorstellung von dieser speziellen Art der Berichterstattung haben. Da aber im Deutschunterricht vom Beginn der Sekundarstufe I an auch die journalistischen Textformen Bestandteil des Unterrichts sind, kann man sicher spätestens ab Klasse sieben Vorkenntnisse erwarten, und dies um so mehr, als ja auch in den Medien Reportagen üblich sind.

Durchführung

Wir möchten Ihnen anhand eines Beispiels die Vorteile des Reportage-Einstieges erläutern und haben ein Sachgebiet ausgewählt, das in vielen Bundesländern längst zum Standardrepertoire vieler Klassenlehrer in den Abschlußklassen zählt, den „berufsorientierenden Unterricht" nämlich (wie er bei uns in Niedersachsen offiziell heißt). Im Rahmen dieser Berufsorientierung findet ein mehrwöchiges Betriebspraktikum statt, in dessen Verlauf die Schülerinnen und Schüler außerhalb der Schule in Betrieben, Behörden und Dienstleistungsorganisationen Erfahrungen sammeln, Berufsbilder erkunden und Präferenzen für eigene Berufswahlentscheidungen ausbilden sollen. Über das Praktikum ist ein schriftlicher Bericht anzufertigen.

Mit anderen Worten, in dieser Konstellation ergeben sich geradezu idealtypisch

160   13. Erkundungen in der Schule und vor Ort

alle Bedingungen für den Einsatz der Reportage als Unterrichtseinstieg für die Nachbereitungsphase:
Die Schülerinnen und Schüler erkunden und recherchieren allein oder in Kleingruppen selbständig und vor Ort die sie interessierenden Phänomene.
Sie können verschiedene Methoden der Informationsbeschaffung anwenden und nicht nur das Medium Sprache nutzen, sondern auch Photographie und Video, Zeichnungen und Diagramme einsetzen.
Sie werden dann ebenfalls allein oder in Kleingruppen das gewonnene Material im Sinne einer Reportage auswerten und aufbereiten.
Nachdem das Praktikum beendet und eine angemessene Zeit zur Herstellung dieser Berichte verstrichen ist, werden die Reportagen eingesammelt und ganz oder teilweise für die Klasse vervielfältigt. Dieses Material bildet die Grundlage für den Einstieg in den unterrichtlichen Teil des Praktikums.
Wir möchten Ihnen anhand eines besonders gelungenen Beispiels zeigen, welches Maß an Anschaulichkeit so ein persönlich gefärbter Erlebnisbericht haben kann. Es handelt sich um einen kurzen Auszug aus dem Bericht einer Praktikantin, die in einem Großraumbüro ihr Praktikum ableistete:

„Eine für mein Praktikum charakteristische Erfahrung sammelte ich schon, als ich Montag morgens empfangen wurde:
Der *** ist ein mehrstöckiges Gebäude, in dem ich mich zunächst alleine nicht zurechtgefunden hätte. Ich meldete mich daher an der Information bei einer älteren Dame, die mit säuerlichem Blick auf mich herabguckte. Es stellte sich zunächst heraus, daß die Person, von der ich betreut werden sollte, in Urlaub war.
Empfangsdame kühl zu mir: ‚Warten Sie hier mal.' Ich setzte mich in einen großen Ledersessel und wurde erst einmal ignoriert. Nach einer Viertelstunde schließlich wurde ich von einer Auszubildenden mit hoch genommen und zum Ressortleiter, Herrn Krause, begleitet. Er war gerade im Begriff wegzugehen (hatte es offenbar eilig).
Nachdem ich mich kurz vorgestellt hatte: ‚Praktikantin ? ! ?' Schocksekunde. ‚Äah, oh, jaaa . . .' Er hat sich schnell wieder im Griff, geht zu seiner Sekretärin und tuschelt etwas mit ihr, kommt zu mir zurück (hatte plötzlich einen Gesichtsausdruck aufgesetzt, als hätte er sich schon wochenlang auf mich vorbereitet): ‚Wir haben für Sie die Abteilung Promotionen vorgesehen'. Ich gehe hinter ihm her durch das Großraumbüro . . . ‚Herr Timmermann, wir haben eine Praktikantin für Sie!' Herr Timmermann blickt überrascht auf. Herr Krause wirft ihm einen zwingenden Blick von schräg oben zu und sagt beharrlicher als vorher: ‚Sie bleibt für zwei Wochen hier. Führen Sie sie bitte in den Arbeitsprozeß ein'. Verschwindet dann schnell und hinterläßt mich dem sprachlosen Herrn Timmermann.

Später am Tag, als ich mich etwas eingelebt habe, führe ich ein kurzes ‚Interview' mit Herrn Timmermann und erfahre, daß der Betrieb wegen seiner Größe ziemlich anonym ist. Als neue Praktikantin wird man kaum wahrgenommen. Der Abteilungsleiter war nicht vorbereitet auf mich. Der Chef hat die unbequeme Praktikantin dann an einen Unterstellten abgeschoben, der sich nicht ‚wehren' kann, sondern gehorchen muß und mir gegenüber offen zugibt, daß er ziemlich ‚sauer' ist. Ich fühlte mich anfangs wie ein unliebsames Möbelstück, das von einer Ecke in die andere geschoben wird."

Je freiere Hand ich den Schülerinnen und Schülern lasse, desto vielfältiger, bunter und interessanter sind die Ergebnisse (vgl. Greving 1993). Die hier abgedruckte Reportage wurde zusammen mit drei anderen vervielfältigt, während der folgenden drei Doppelstunden bildeten sie die Materialgrundlage für die unterrichtliche Diskussion darüber, was das Praktikum den einzelnen gebracht hatte.

Didaktischer Kommentar

Was können Schülerinnen und Schüler bei der Herstellung und der Präsentation einer Reportage lernen?
Wichtigstes Lernziel ist die Einsicht in die Bedeutung einer ansprechenden Datenaufbereitung. Die Fakten, die dem obigen Schülerbeispiel zugrunde liegen, sind ja keineswegs sonderlich aufregend, sondern erst die Form des persönlichen Berichts, der Einsatz der wörtlichen Rede und die geschickt beschriebene Situationskomik machen die Reportage lesenswert und die Erlebnisse nachvollziehbar.
Ein weiteres, eher instrumentelles Lernziel ist die Einübung in das Schreiben von ansprechenden Sachtexten, deren Funktion neben der Information eben auch die Unterhaltung ist.

Nachteile und Schwächen
Enttäuschungen haben wir bisher nur dann erlebt, wenn die Schülerinnen und Schüler überfordert waren. Dies wird deutlich durch eine erhebliche Diskrepanz zwischen Erwartung und Aufwand einerseits und dem tatsächlichen Ergebnis andererseits. Man läßt der Klasse zwei oder sogar drei Schulstunden Zeit zur Recherche und zum Schreiben, und heraus kommen fünfzeilige und nichtssagende Statements, die man fast ebensogut mit dem Blitzlicht in ein paar Minuten hätte erfragen können. Sie sollten daher diese anspruchsvolle Methode nicht zu früh einsetzen, nach unseren Erfahrungen nicht vor der Mitte der Sekundarstufe I.

Einsatzmöglichkeiten
Etwa von der Klasse acht an sehen wir Einsatzmöglichkeiten für diese Methode überall dort, wo Erkundungen in oder außerhalb der Schule durchgeführt werden, also keineswegs nur im Deutschunterricht.

14 Themenzentrierte Selbstdarstellung

Vorbemerkungen

Der Begriff Selbstdarstellung klingt vielen Lesern sicherlich verdächtig nach Eigenlob, und das stinkt ja bekanntlich.

Wir sind allerdings der Meinung, daß der schulische Lernprozeß sehr direkt und unmittelbar verknüpft ist mit der jeweiligen Schülerpersönlichkeit und damit dem eigenen Selbst. Viele Untersuchungen zum Lernen der Schülerinnen und Schüler in der Schule haben gezeigt, daß für das Lernen die Erfahrung des eigenen Ichs innerhalb einer Gruppe von erheblicher Bedeutung ist, und das auch bei rein kognitiven Lerninhalten (Gudjons 1986). Daher hat alles, was in der Schule an Lernprozessen stattfindet, eine selbstdarstellerische Seite, also jedes Melden, jede sonstige mündliche oder schriftliche Aktivität, jede Rückgabe einer Klassenarbeit, und erst recht jede schauspielerische Darbietung wie etwa im Rollenspiel oder im Texttheater.

Dennoch haben wir die Überschrift „Themenzentrierte Selbstdarstellung" aus zwei Gründen gewählt:

1. Der Anteil dessen, was aus dem eigenen Ich kommen muß, ist bei den hier vorgestellten Einstiegsmethoden deutlich größer als in den anderen Kapiteln des Buches. Allen vorgestellten Varianten gemeinsam ist eine Phase, in der jede einzelne Schülerin und jeder einzelne Schüler unmittelbar gefordert ist und seine eigene, persönliche Meinung zu dem jeweiligen Thema deutlich aussprechen muß. Eine Reihe von empirischen Untersuchungen hat gezeigt, daß gerade die stillen Schülerinnen und Schüler überhaupt nur dann zur mündlichen Mitarbeit bereit sind, wenn sie von Anfang an Gelegenheit haben oder auch gezwungen werden, selber etwas zu sagen. Wer die ersten 10 Minuten schweigt, sagt auch den Rest der Stunde oder Einheit nichts. Themenzentrierte Selbstdarstellungen stellen gute Methoden dar, um am Anfang alle zum Reden zu bringen.

2. Die Selbstdarstellung soll themenzentriert sein, und dies halten wir für den wichtigsten Unterschied zu allen gruppendynamischen und kommunikativen Übungen, die wir damit aber keineswegs abqualifizieren wollen. Im Gegenteil, es gibt, etwa für den Klassenlehrer einer schwierigen Klasse, wunderbare Kooperationsspiele, die das soziale Klima und damit auch die Lernvoraussetzungen deutlich verbessern können. Wir verweisen stellvertretend für viele auf das ausgezeichnete Buch von Stanford (Stanford 1993). Eine Fülle von Anregungen finden Sie in der „Remscheider-" und der „Mainzer Spielkartei" (Baer o.J., Fitz o.J.).

Themenzentriert bedeutet, daß es vor Beginn des eigentlichen Unterrichts keine vom Inhalt unabhängige Aufwärmphase gibt, sondern daß von Anfang an thematisch orientiert gearbeitet wird.

Sprechmühle

Grundüberlegungen zur Didaktik

Die Sprechmühle als themenzentrierte Selbstdarstellung verfolgt zwei Ziele mit jeweils unterschiedlicher Gewichtung: Einerseits können sich die Schülerinnen und Schüler einer Lerngruppe auf relativ ungezwungene Weise kennenlernen, und das ist immer dann wichtig, wenn sich eine Klasse oder ein Kurs neu bildet, andererseits werden bei dieser Einstiegsmethode erste inhaltliche und sachliche Ergebnisse produziert, auf denen der weitere Unterricht aufbauen kann.

Entwickelt wurde die Methode in den USA von Psychologen, uns ist sie zuerst innerhalb der Universität Oldenburg als „milling" begegnet. Unsere deutsche Übersetzung „Sprechmühle" soll einerseits das Mahlen verdeutlichen, also das kreisförmige Sich-durcheinander-bewegen während der Musikphase (dazu gleich), andererseits klarstellen, daß es hier ausschließlich um Sprache und sprachliche Darstellungen geht.

Voraussetzungen und Vorbereitung

Die Lehrerin oder der Lehrer hat sich zu Hause drei bis fünf wichtige Fragen zum Thema überlegt und eine Kassette mit passender Musik mitgebracht. Am Stundenbeginn wird in der Mitte des Klassenraums ein möglichst großer freier Platz geschaffen. Die Lehrerin oder der Lehrer erklärt den Ablauf: Alle Schülerinnen und Schüler sollen, während die Musik spielt, auf dem Platz umherschlendern wie auf einem Marktplatz. Sobald die Musik aussetzt, wendet sich jeder dem Partner zu, der gerade neben ihm steht. Dann wird bestimmt, wer Partner A und wer Partner B ist (dazu weiter unten). Danach stellt der Spielleiter die Aufgabe vor, und der Partner A hat ein bis zwei Minuten Zeit, seinem Gegenüber seine Lösung zu präsentieren. Danach wechseln nach einem Signal des Spielleiters die Positionen, und Partner B ist derjenige, der redet. Der jeweils Zuhörende übt aktives Zuhören, er unterbricht den Redenden nicht und stellt keine problematisierenden und keine Verständnisfragen. Nach etwa ein bis zwei Minuten setzt die Musik wieder ein, das Umherschlendern beginnt wieder, wird nach einiger Zeit unterbrochen, und der oben beschriebene Ablauf fängt erneut mit der nächsten Aufgabe an. Nach drei bis fünf Durchgängen ist die Sprechmühle beendet.

Nach unseren bisherigen Erfahrungen mit der Sprechmühle ist die Festlegung, wer Partner A und Partner B ist, keineswegs ein nebensächlicher Bestandteil der Methode, sondern bei der Vorbereitung sollten möglichst witzige und originelle

Prozeduren gefunden werden, um die jeweiligen Zuordnungen vorzunehmen. Dies ist wichtig, um einerseits den Schülerinnen und Schülern Spaß an der Sache zu vermitteln und ihnen andererseits Hemmungen zu nehmen. Je aufgelockerter und phantasievoller diese Phase ist, desto eher sind sie bereit, in der folgenden inhaltlichen Phase engagiert mitzumachen. Selbstredend darf diese Phase aber nicht zum Selbstzweck werden oder übermäßig viel Zeit in Anspruch nehmen. Sie sollten bei der Durchführung darauf achten, daß alle mit wechselnden Partnern ins Gespräch kommen.

Durchführung

Im Deutschunterricht einer siebten Klasse wird das Thema „gute Menschen / böse Menschen" neu begonnen. Zu Anfang der ersten Stunde findet eine etwa zwanzigminütige Sprechmühle statt:

Zu Beginn erkläre ich den Ablauf und lasse die Musik einige Minuten spielen, um der Klasse ein bißchen Eingewöhnungszeit zu geben. Dann unterbreche ich die Musik und stelle die erste Aufgabe, um Partner A zu bestimmen:

„Partner A ist derjenige, der am längsten auf einer Zehenspitze stehen kann, ohne mit den Armen zu balancieren."

Nach der Klärung lautet die erste Frage:

„Was würdest du tun, wenn du böse sein müßtest?"

Eine Minute später wechseln auf mein Zeichen die Rollen, nach einer weiteren Minute setzt die Musik wieder ein, und die Partner lösen sich voneinander. Drei weitere Durchgänge mit folgenden Aufgaben zur Partnerwahl werden durchgeführt:

Derjenige, der die größeren Füße hat, ist Partner A (bei Gleichheit entscheidet die Länge des großen Zehs).

Partner A ist am letzten Samstag später ins Bett gekommen.

Partner A ist derjenige, der weiß, wer die jüngste Lehrerin oder der jüngste Lehrer an unserer Schule ist.

Die inhaltlichen Fragen lauten:

„Wie würdest du deine Freundin oder deinen Freund bestrafen, wenn sie oder er dich bestohlen hätte?

Deine Freundin oder dein Freund hat dich angelogen, dir bewußt etwas Falsches gesagt. Was würdest du tun?

Du bist glücklich. Wie drückt sich das aus? Wie verhältst du dich?"

Die Sprechmühle läuft nach dem vorgestellten Schema ab, es gibt weder Risiken noch sonstige Unwägbarkeiten. Wir haben noch nie erlebt, daß eine Lerngruppe sich geweigert hätte mitzumachen, was ja auch angesichts der geringen Zumutbarkeitsrate nicht zu erwarten ist.

Die vielen in der Sprechmühle geäußerten Meinungen müssen jetzt in verdichteter Form der gesamten Klasse zugänglich gemacht werden. Wir schlagen zwei Alternativen vor:

1. Jede Schülerin und jeder Schüler notiert auf einer Karteikarte in Stichworten die wichtigsten Äußerungen der Gesprächspartner.
2. Wenn die letzte Aufgabe einen resümierenden Charakter hat, empfiehlt es sich, die Zweiergruppe, die sich beim letzten Durchgang gefunden hat, gemeinsam auf einer Karteikarte das Ergebnis der abschließenden Gesprächsrunde notieren zu lassen.

Die Karten werden gemeinsam strukturiert, an die Wand gehängt und bilden die Grundlage für die weitere Arbeit.

Rückmeldungen von Schülerinnen und Schülern: In einem Gemeinschaftskundekurs der gymnasialen Oberstufe wurde das Thema „Europäische Union" mit einer Sprechmühle begonnen, in der sie sich gegenseitig ihre bereits vorhandenen Vorkenntnisse zur Europäischen Union und ihre Erwartungen und Vorurteile nennen sollten. Durch Zufall ergab es sich, daß einige der Teilnehmer dieses Kurses kurze Zeit später von einer Gruppe Pädagogikstudenten der Universität Oldenburg im Rahmen eines Seminars zum Thema „Schülerurteile über Lehrer" interviewt wurden. In diesem Zusammenhang ergaben sich spontan folgende Schüleraussagen zu dieser speziellen Sprechmühle:

(Auszug aus einem offenen Gruppeninterview mit fünf Schülerinnen und Schülern eines gymnasialen Oberstufenkurses)
Olli: „.... Bei ihm im Grundkurs machen wir jetzt auch immer so Freiarbeitssachen mit Rumlaufen - so ganz hochmoderne Sachen."
Lars: „Ah, das war cool. Erst mit Musik, so'n Tüdelkram, und dann mußten wir so rumlaufen, also natürlich vollkommen locker und entspannt."
Sonja: „Als ob wir auf'm Marktplatz entlangschlendern und Schaufenster angucken."
Olli: „Ja, genau. Der Fehler war bloß, daß er uns vorher gesagt hat, daß wir uns dann 'nen Partner suchen mußten, und dann hat jeder immer schon geguckt, mit wem er zusammenkommt, und dann so ganz eng beieinander – ja, ich weiß auch nicht, ziemlich blöd – und dann sollten wir uns gegenseitig erzählen, was wir so über Europa wissen."
Sonja: „Ja, dann hat er die Musik plötzlich ausgemacht und dann mußte jeder ..."
Monika: „Eine Minute pro und contra machen."
Olli: „Ja, und dann ging das Ganze wieder von vorn los."
Frage: „Aber fandet ihr das Art besser? Fandet ihr das besser als Abfragen oder so etwas?"
Olli: „Ja, natürlich. Es war halt ganz locker ..."
Sonja: „So viel hat's nicht gebracht. Weiß nicht, also wenn du da mit jemandem stehst, der auch nicht so gut ist und nicht richtig die Ahnung hat und du 'ne Aufgabe bekommst, und keiner hat, bevor wir das gemacht haben, genau gewußt, worum es überhaupt geht ... Und dann haben wir da irgendwie gestanden und uns ein paar Sekunden was erzählt ... und haben uns dann überlegt: Ja, was machst du eigentlich heute Abend?"

166   14. Themenzentrierte Selbstdarstellung

> *Frage:* „Das heißt, es war schon eine Überforderung?"
> *Tim:* „Doch, ja. Ich wußte zu den meisten Fragen auch nicht so viel zu sagen."
> *Lars:* „Es war in dem Sinne keine Überforderung, es war nur – Unwissen eigentlich."

Didaktischer Kommentar
Was können Schülerinnen und Schüler beim Einsatz der Sprechmühle lernen?
Diese kurzen Schüleraussagen umreißen recht gut die Vor- und Nachteile dieser
Einstiegsmethode. Viele Klassen und Kurse entwickeln nach zögerlichem Be-
ginn bald Gefallen an der Methode. Trotz des deutlich erfahrbaren Inszenierungs-
charakters der Sprechmühle ist die Bereitschaft und die Bemühung, etwas zum
Thema beizutragen, beachtlich hoch. Das Bedürfnis, eine einmal angefangene
Geschichte auch zu Ende zu bringen, wurde uns immer wieder deutlich. Die
Sprechmühle verstärkt so die erzählerischen Fähigkeiten der Schülerinnen und
Schüler.
Neben den bereits oben skizzierten Möglichkeiten der Ergebnissicherung hat
sich in dieser Situation auch die Methode des Blitzlichts (vgl. Kapitel 17) als
sinnvoll erwiesen. Hierfür erhalten die Schülerinnen und Schüler vor Beginn der
Sprechmühle den Arbeitsauftrag, sich besonders wichtige oder beeindruckende
Aussagen der jeweiligen Partner zu merken. Nach Ende der Sprechmühle wird
dann ein Sitzkreis gebildet, und jeder sagt in einem Satz das, was ihm am wichtigsten erschien. Diese Aussagen können dann den sachlichen Hintergrund für die
nachfolgende Diskussion ergeben.
Das kann natürlich auch schriftlich geschehen, und Sie können zu Hause mit diesen schriftlich fixierten Ergebnissen ein Arbeitsblatt für die nächste Stunde erstellen. Dieses empfiehlt sich besonders dann, wenn man die Schülerinnen und
Schüler auffordert, zu jeder der Fragen eine Aussage zu notieren, man gewinnt
dann häufig einen nicht unbeträchtlichen „Steinbruch" als Diskussionsgrundlage für die folgende Stunde!

Nachteile und Schwächen
In der Aussage Sonjas wird die Beschränkung dieser Methode deutlich: Die
Sprechmühle eignet sich als Einstieg in neue Thematiken nur dort, wo die Schülerinnen und Schüler bereits Vorkenntnisse mitbringen, denn selbstredend kann
man sich nicht mit einem Partner über ein Gebiet unterhalten, von dem beide keine oder nur spärliche Ahnung haben. Alle in der Schule zu bearbeitenden Sachgebiete, zu denen die Schülerinnen und Schüler eine Voreinstellung, ein Vorurteil
oder eine Meinung haben, sind sprechmühlentauglich, alle Stoffgebiete, in denen
es zunächst um den Erwerb reinen Faktenwissens geht, sind für diese Einstiegsmethode wenig oder gar nicht geeignet.

Einsatzmöglichkeiten

Da diese Methode insbesondere dann, wenn man sie strikt nach der oben beschriebenen Form durchführt, einen recht rigiden Charakter hat und von den Schülerinnen und Schülern ein gewisses Maß an Disziplin erfordert, ist sie in der Grundschule wohl noch nicht einsetzbar, sicherlich aber von Klasse fünf an in allen Schulformen. Varianten und Abweichungen von dem starren Schema „Partner A spricht, Partner B hört nur zu" sind jederzeit möglich und sicherlich auch situativ notwendig. Auf der anderen Seite ist der Zwang, der von dieser Methode ausgeht, fruchtbar, denn in der jeweiligen Zweiergesprächssituation kann sich eben keiner der Schülerinnen und Schüler verstecken, sondern ist tatsächlich zu eigenen Beiträgen genötigt. Daher sollten die Sprechzeiten für Partner A und Partner B altersangemessen sein.

Da in der Sprechmühle keinerlei sachliche Grundlagen für den Erwerb faktischen Wissens gelegt oder methodisch vorbereitet werden, ist diese Methode denkbar ungeeignet in all den Fächern und Themengebieten, die fundiertes Wissen voraussetzen, das die Schülerinnen und Schüler zu Beginn der Einheit noch nicht haben. Sie würde dort auch ihr Ziel verfehlen. Mit anderen Worten: Erst dann, wenn sich die rein kognitive Wissensebene mit der emotionalen, affektiven und pragmatischen Sozialisations- und Erfahrungsebene mischt, verlieren die Schülerinnen und Schüler die Scheu, mit der eigenen Meinung und dem eigenen Wissen herauszurücken. Eine Sprechmühle unter versierten Fachleuten zu einem rein fachlichen Gebiet, etwa der Lösung komplexer Gleichungssysteme im Fach Mathematik, wäre zwar grundsätzlich denkbar, würde aber die angestrebte Ganzheitlichkeit, die Verbindung der kognitiven mit der emotionalen und pragmatischen Dimension bestenfalls karikieren.

Nach unseren Erfahrungen haben Kinder und Jugendliche heutzutage zu vielen Themen teilweise sehr detaillierte Vorkenntnisse (z.B. aus den Medien), die sie an dieser Stelle sinnvoll einbringen können – und diese beschränken sich nicht nur auf Themen etwa des sozialkundlichen Bereiches, sondern umfassen auch physikalische, biologische oder sonstige technische Probleme der heutigen Zeit.

Partnerinterview

Grundüberlegungen zur Didaktik

Allgemeine Bemerkungen zur Methode des Interviews finden Sie in der Vorbemerkung zum Kapitel 12. Das Partnerinterview gehört nicht zur Kategorie der Erkundungen, der Unterrichtsraum wird also nicht verlassen, sondern wir möchten Ihnen in diesem Kapitel, das sich ja mit den Themenzentrierten Selbstdarstellungen befaßt, eine spezielle und klasseninterne Form dieses Befragungsrituals vorstellen, die sich besonders gut als Einstiegsmethode eignet.

168   14. Themenzentrierte Selbstdarstellung

Ähnlich wie die Sprechmühle macht sich das Partnerinterview den Zwang zunutze, in der Unmittelbarkeit einer Zweiersituation etwas zu einem Thema sagen
zu müssen, von dem man Vorkenntnisse hat und dem man mit gewissen Voreinstellungen begegnet. Ohnehin sind die Übergänge zur Sprechmühle fließend, da
auch im Partnerinterview jeder der beiden Beteiligten sowohl Interviewer als
auch Interviewter ist. Mischformen sind bei entsprechender Vorplanung jederzeit
möglich.

Voraussetzungen und Vorbereitung
Die Voraussetzungen auf Schüler- und Lehrerseite sind gering, man braucht die
Methode nicht umständlich zu erklären, da alle Schülerinnen und Schüler wissen,
was ein Interview ist und sonstige größere Aktivitäten oder Fertigkeiten nicht gefordert sind.
Da im Partnerinterview im Gegensatz zur Sprechmühle mit stabilen Zweiergruppen gearbeitet wird und kein dauernder Wechsel des Partners stattfindet, können
die inhaltliche Vorbereitung und Durchführung anspruchsvoller sein als bei der
Sprechmühle, die Partner haben mehr Zeit zur Vertiefung. Inhaltliche Grundlage
des Partnerinterviews können also auch Texte sein, die als Hausaufgabe vorbereitet sind oder zunächst gemeinsam oder in Einzelarbeit gelesen werden. Natürlich können auch wie bei der Sprechmühle einige spontan zu beantwortende Fragen das Gerüst des Interviews bilden, das hängt von den Lernzielen ab, die man
verfolgt. Ähnliches gilt für Bilder, Collagen, Filme und Musikstücke, alles kann
Impuls oder Grundlage für die Interviews sein.
Wir möchten Ihnen raten, ein bißchen Phantasie bei der Bildung der Zweiergruppen zu entwickeln. Natürlich könnte man diese Gruppen auch durch einfache und
schnelle Verfahren wie das Nachbar- oder Zufallsprinzip konstituieren, aber aus-
gefallenere und aufwendigere Varianten sind nach unseren Beobachtungen kein
überflüssiger Schnickschnack, sondern sorgen für eine bessere Arbeitsatmosphäre. Als Anregungen wollen wir Ihnen nur zwei Möglichkeiten nennen:
    1. Das „Sprichwortpuzzle": Bekannte Sprichwörter werden auf Karteikarten
geschrieben und in zwei Teile zerschnitten. Jede Schülerin oder jeder Schüler
erhält ein Teil und muß dann den Sprichwortpartner suchen.
    2. Noch witziger ist das „Akustische Memory": Man besorgt sich aus einem
Photogeschäft alte Filmdosen und füllt je zwei mit gleichen und gleich vielen
Gegenständen (Erbsen, Schrauben, Reis ...), so daß beim Schütteln immer zwei
den identischen Klang haben. Jeder schüttelt sich dann so lange durch die Klasse, bis er seinen Partner gefunden hat.

Man kann sowohl das Sprichwortpuzzle wie auch das Schüttelmemory immer
wieder verwenden, der einmalige Aufwand lohnt also.

Partnerinterview **169**

Durchführung

Die Lehrerin oder der Lehrer verteilt oder zeigt zu Anfang der Stunde das Material und läßt die Zweiergruppen bilden. Sie oder er erläutert, daß in jeder Gruppe die Rollen nach der Hälfte der Zeit wechseln, jeder also einmal Interviewer ist und einmal interviewt wird. Dann wird ein Zeitlimit gesetzt, das vom Material, den Fragen und dem Thema abhängt, und die Fragen werden, falls dies so vorbereitet ist, gestellt. Anschließend findet die eigentliche Interviewphase statt.

Um eine zuverlässige Ergebnissicherung zu haben, empfiehlt es sich, den jeweiligen Interviewer unmittelbar nach Interviewende ein kurzes Gedächtnisprotokoll anfertigen zu lassen. Dies kann durchaus mit dem Interviewten zusammen geschehen, das hat den Vorteil, daß falsche Wiedergaben oder Mißverständnisse erst gar nicht entstehen. Mit diesem Schritt ist der Einstieg durch das Partnerinterview beendet.

Die weitere Unterrichtsgestaltung kann auf sehr verschiedene Weise erfolgen. Wichtig und positiv ist, daß in Gestalt der Protokolle eine schriftliche Grundlage existiert, auf der der weitere Unterricht aufbauen kann.

Wir möchten Ihnen zur Illustration eine originelle Variante kurz schildern, das „Vier-Fragen-Interview": Im Geschichtsunterricht einer zehnten Klasse haben die Schülerinnen und Schüler den Wunsch geäußert, über die zur Zeit der Entstehung dieses Buchs gerade sehr aktuelle Problematik der französischen Atombombentests auf dem Mururoa-Atoll zu diskutieren. Der Einstieg soll mit Hilfe des Vier-Fragen-Interviews gestaltet werden. Hierzu bringt der Lehrer einen Zeitungstext mit, in diesem Fall ein Interview mit einem französischen Politologen, der die Versuche begrüßt und dies ausführlich begründet. Der Text wird zunächst einmal in Stillarbeit gelesen, anschließend werden Verständnisfragen geklärt. Dann stellt der Lehrer der Klasse folgende Aufgabe: „Stellt Euch vor, Ihr sollt zu diesem Text interviewt werden. Überlegt Euch vier Fragen, auf die Ihr gerne antworten wollt." Nach weiteren 10 Minuten haben alle ihre Fragen notiert, jetzt werden mit Hilfe des Sprichwortpuzzles Zweiergruppen gebildet und anschließend die Interviewfragen ausgetauscht. Die ursprüngliche Sitzordnung bleibt zunächst erhalten, die Partner haben noch keinen unmittelbaren Kontakt miteinander. Beide haben jetzt ein paar Minuten Zeit, die Fragen des anderen zu verfeinern und zu differenzieren, ohne sie aber grundsätzlich zu ändern. Dann erst werden die Interviews durchgeführt und die Protokolle angefertigt. Der Lehrer nimmt die Gedächtnisprotokolle mit nach Hause und fertigt daraus ein Arbeitsblatt für die nächste Woche, auf dem er als Diskussionsgrundlage Pro- und Contra-Argumente gegenüberstellt.

Didaktischer Kommentar

Was können Schülerinnen und Schüler beim Partnerinterview lernen?

170   14. Themenzentrierte Selbstdarstellung

Die angestrebten Lernziele können je nach Gestaltung des Partnerinterviews recht verschieden sein. Wenn man diese Methode ähnlich wie eine Sprechmühle gestaltet, also spontane Antworten auf Fragen erwartet, wird man sich auf Themengebiete beziehen müssen, zu denen die Schülerinnen und Schüler eine Meinung haben. Primäres Lernziel einer so gestalteten Interviewphase ist also die Bewußtmachung der je eigenen Vorurteile und Voreinstellungen.

Weiterhin trainiert das Partnerinterview sowohl die narrativen wie die emphatischen Fähigkeiten. Die Schülerinnen und Schüler müssen sowohl den eigenen Standpunkt vertreten als auch den ihres jeweiligen Partners erkennen und zumindest teilweise akzeptieren lernen. Da beide sowohl die eine als auch die andere Funktion übernehmen, ist es unter diesem Aspekt relativ gleichgültig, wie rigide Sie vorher die Trennung in Interviewer und Interviewter festgelegt haben.

Selbst ein sachlicher Text oder vergleichbares Material, das keine nennenswerten emotionalen oder pragmatischen Dimensionen aufweist, kann inhaltliche Grundlage eines Partnerinterviews werden, beispielsweise ein juristischer Text. Die Schülerinnen und Schüler können dann im Interview Sachkenntnis und methodische Fähigkeiten der Materialerschließung beweisen und einüben.

Hinzu kommen bei der Vier-Fragen-Form zwei weitere Lernziele:

Die selbstverantwortete Erschließung des Textes durch die Formulierung eigener Fragen, auf die man dann ja während des Interviews auch möglichst sinnvolle Antworten geben muß, um sich nicht zu blamieren.

Der ebenso verantwortungsvolle Umgang mit den Fragen des Partners, der neben der Kenntnis der sachlichen Ebene das Einfühlungsvermögen in seine Person verlangt.

Nachteile und Schwächen

Das oben beschriebene Beispiel hat eine Doppelstunde Zeit in Anspruch genommen. Es stellt sich die Frage, ob man mit einem normalen gelenkten Unterrichtsgespräch unter Zuhilfenahme des Textes nicht die gleichen Ergebnisse wesentlich schneller hätte erzielen können. Dieses ist sicher auf der reinen Effektivitätsoder Outputebene richtig: Die vier oder fünf leistungsstärksten Schülerinnen und Schüler hätten etwa das, was der Lehrer zu Hause auf das Arbeitsblatt schreibt, in vielleicht einer Schulstunde formulieren können, und ein entsprechender Tafelanschrieb hätte für die Ergebnissicherung gesorgt. Aber was ist mit den 15 oder 20 anderen, die dem Unterrichtsgespräch mehr oder weniger beteiligt und aufmerksam gefolgt sind? Und was ist mit den oben genannten sozialen Lernzielen wie der Entwicklung von Empathie? Inwiefern sind die methodischen Fähigkeiten und Fertigkeiten der Schülerinnen und Schüler gestärkt worden? Wir sind der Meinung, daß jeder schulische Begriff von Effektivität dann zu kurz greift, wenn er ausschließlich die Outputrate an kognitivem Wissen im Auge hat.

Ein anderer kritischer Aspekt bezieht sich auf das disziplinarische Verhalten der Schülerinnen und Schüler: Wie bei einer ganzen Reihe von anderen hier vorgestellten alternativen Einstiegsmethoden birgt auch das Partnerinterview das Risiko in sich, daß uninteressierte Schülerinnen oder Schüler die willkommene Pause vom Frontalunterricht für Nebentätigkeiten oder auch nur zur Entspannung nutzen. Der Glaube, man könne mit einer neuen Methode auch die am wenigsten interessierten Schülerinnen und Schüler bis unter die Haarspitzen motivieren, ist naiv. Wir sehen keinen „Königsweg", um alle zur Arbeit anzuhalten. Ein Vorteil des Partnerinterviews sowie der meisten in den übrigen Kapiteln dargestellten Methoden ist allerdings die Handlungs- und Produktorientierung. Da alle am Schluß der Sequenz etwas präsentieren müssen, ist ein gewisser Zwang von der Sache her gegeben.

Einsatzmöglichkeiten

Durch die Medialisierung unserer heutigen Lebenswelt ist das Interview ebenso allgegenwärtig wie normal geworden. Wir meinen daher, daß man diese Methode schon in den höheren Grundschulklassen einsetzen kann, ganz sicher aber mit Beginn der Sekundarstufe I in allen Schulformen. Nach oben sind altersmäßig keine Grenzen gesetzt. Das Thema und der Komplexitätsgrad der verwendeten Materialien müssen natürlich altersangemessen sein.

Wie wir im Abschnitt über Lernziele schon ausgeführt haben, kann das Partnerinterview sehr verschiedenen Zielen dienen, daher ist sein Einsatz über die gesamte Breite unseres Fächerkanons möglich, von den (fremd-)sprachlichen über die musisch-künstlerischen und die gesellschaftswissenschaftlichen bis zu den naturwissenschaftlichen Aufgabenfeldern.

Meinungskarussell

Grundüberlegungen zur Didaktik

Die Grundidee zu dem Meinungskarussell haben wir unter dem Namen „Berufskarussell" in einer Broschüre zum berufsorientierenden Unterricht gefunden, der in Niedersachsen zum Pflichtbereich der Klassenlehrer gehört (Hagedorn o.J.). Prinzip dieser Einstiegsmethode ist die Mischung von Eigen- und Fremdbeobachtung innerhalb einer Schülergruppe, Ziel die Ermittlung der jeweiligen Berufswünsche. Entwickelt wurde sie von einer Gruppe von Berufsberatern gemeinsam mit Lehrern. Wir haben das Berufskarussell im Unterricht erprobt und hielten das didaktische Prinzip und seine Umsetzung für so gut, daß wir die Methode zum Meinungskarussell erweitert haben, um sie so als Einstiegsmethode für einen breiteren Themenbereich nutzen zu können.

Im Gegensatz zu den didaktisch nahestehenden Methoden Sprechmühle und

Partnerinterview verlangt das Meinungskarussell keine spontanen mündlichen Äußerungen der Schülerinnen und Schüler, sondern die Auseinandersetzung mit der eigenen und der Meinung der anderen findet in schriftlicher Form statt. Dies hat Auswirkungen auf die didaktische Funktion und die Anforderungen an die Lerngruppe. Gerade bei ruhigeren, schüchternen Klassen, in denen die spontane mündliche Äußerungsbereitschaft nicht so sehr ausgeprägt ist, ist das Meinungskarussell gut einsetzbar.

Es geht beim Einsatz dieser Methode darum, Meinungen zu thematisieren, die im Alltagsleben zu Erfahrungen und Vorurteilen verdichtet worden sind.

Voraussetzungen und Vorbereitung
Außer der Auswahl geeigneter Materialien sind keine nennenswerten Vorbereitungen oder Voraussetzungen erforderlich.

Durchführung
In einer neunten Klasse soll im Fach Sozialkunde das Thema „unterschiedliches Verhalten von Frauen/Mädchen und Männern/Jungen" behandelt werden. Der Einstieg soll über das Meinungskarussell erfolgen, dazu hat die Lehrerin zu Hause ein Arbeitsblatt vorbereitet, das ziemlich provozierenden Charakter hat. Dieses Arbeitsblatt (s. S. 173) wird zunächst einmal verteilt und gelesen, dann werden Gruppen von vier bis sechs Schülerinnen und Schülern gebildet, die Lehrerin achtet darauf, daß in allen Gruppen Jungen und Mädchen sind.

Jede Schülerin und jeder Schüler erhält ein viergeteiltes Blatt mit folgenden Sektoren:

◆ Aussagen zu Männern, in denen ich mich wiederfinde.
◆ Aussagen zu Frauen, in denen ich mich wiederfinde.
◆ Aussagen zu Männern, die ich strikt ablehne.
◆ Aussagen zu Frauen, die ich strikt ablehne.

Dazu ergeht folgende Arbeitsanweisung: „Schreibe bitte in jedes Feld drei bis fünf Aussagen, die Dir besonders wichtig sind. Du kannst Dich dabei direkt auf das Arbeitsblatt beziehen, aber auch andere Aspekte oder Dinge nennen."

Dann gibt jeder im Uhrzeigersinn seinen Bogen an den Gruppennachbarn weiter. Dieser soll zu einigen der Aussagen einen kurzen Kommentar schreiben. Dann wird das Blatt weitergegeben und erneut kommentiert. Dies wird so lange wiederholt, bis jeder seinen eigenen Bogen wieder vor sich hat. Der letzte Schritt besteht darin, daß jeder die Kommentare der anderen selber aus seiner persönlichen Sicht schriftlich kommentiert.

Damit ist der Einstieg in das neue Thema abgeschlossen. Man kann die anonym gehaltenen Bogen an die Wand heften und ein Auswertungsgespräch führen, man

Meinungskarussell 173

Klasse 9c 17.2.95

Thema: Unterschiedliches Verhalten von Frauen und Männern

Wo waren die Frauen, als die großen Bücher geschrieben, die wissenschaftlichen Durchbrüche vollbracht, Berge bestiegen und neue Kontinente entdeckt wurden? Wahrscheinlich waren sie im Schlafzimmer und überlegten, welche Schuhe sie anziehen sollten.
Frauen wissen nie, wann die Zeit zum Arbeiten gekommen ist. Sie haben keine Selbstkontrolle, sie haben keine Disziplin.
Warum hat nicht eine Frau Amerika entdeckt? Weil sie nicht wußte, was sie auf der Reise anziehen sollte.
Frauen haben bei allen Glanzpunkten der Weltgeschichte gefehlt, weil sie unfähig sind, über ihre unmittelbaren Wünsche hinaus irgend etwas wahrzunehmen.

Der durchschnittliche deutsche Dumpfschädel hat die letzten 20 Jahre überwiegend vor den Bildschirmen seines Fernsehers, seines Computers und seines Game Boys verbracht. Geschriebenes nimmt er überhaupt nur noch wahr, wenn es sich dabei um Computer Manuals oder das Fernsehprogramm handelt.
Diese Feiglinge können sich einfach nicht zu ihrem Gefühl bekennen.
Männer schaffen es im Lauf einer Beziehung unter Stottern und Stammeln gerade mal, mündliche Liebesbekenntnisse zu stottern. Sie vertrauen auf die Flüchtigkeit des gesprochenen Wortes. Für Männer haben Liebesbriefe Vertragscharakter. Der Mann greift lieber zum Hörer, wenn seine Hormone verrückt spielen - oder er schickt ein Fax.

kann sie auch unkommentiert aufhängen und im späteren Verlauf der Einheit darauf zurückkommen, evtl. sogar das Ganze noch einmal wiederholen und etwaige Veränderungen der inneren Einstellung diskutieren, die Gruppen können auch eine gemeinsame Collage anfertigen.

Didaktischer Kommentar

Was können Schülerinnen und Schüler beim Einsatz des Meinungskarussells lernen?

Die Schülerinnen und Schüler geben zu einem für sie wichtigen Thema ihre eigene Ansicht zu Papier und erfahren dann, was andere über die eigene Meinung denken. Keiner ist negativ herausgehoben, da jeder jeden beurteilt und die Rollen somit wechseln. Animositäten, die vielleicht in einer sehr persönlichen Zweiersituation aufkommen könnten, treten in der Gruppe nicht so leicht hervor.

Die Schülerinnen und Schüler können lernen,

- ◆ sich schriftlich zu persönlichen Themen auszudrücken und eigene Standpunkte zu formulieren,
- ◆ und dabei erkennen, daß die Partner in der Lerngruppe die eigene Meinung vielleicht ganz anders sehen.

Hierbei erfahren sie in sprachlich vermittelter und anschaulicher Weise,

- ◆ daß man bereit sein muß, die eigene Meinung auch gegen Widerstand zu verteidigen, sich also nicht gleich der ersten Kritik beugen und sein „Mäntelchen in den Wind hängen" sollte,
- ◆ andererseits aber auch bessere Argumente der anderen akzeptieren muß, also nicht starrsinnig gegen alle anderen Meinungen auf der eigenen beharren darf.

Diese Dynamik aus Eigenperspektive und Fremdsicht ist nach unserer Meinung der wichtigste und positive Aspekt des Meinungskarussells. Die Schülerinnen und Schüler

- ◆ erfahren sich und die eigene Person im Spiegel der anderen,
- ◆ und sie lernen gleichzeitig, daß Kritikfähigkeit auch den Willen einschließt, den anderen nicht unnötig zu verletzen.

Gerade bei Schülerinnen und Schülern, die noch ungeübt im Kritisieren und im Kritisiertwerden sind, bietet die schriftliche Form der Auseinandersetzung einen hilfreichen Schutz im Vergleich zur Unmittelbarkeit der normalen mündlichen Auseinandersetzung.

Auf der Ebene der instrumentellen Lernziele erhöht das Meinungskarussell die Fähigkeit, seinen eigenen Standpunkt schriftlich knapp und präzise zu artikulieren, und leistet somit wichtige Zuträgerdienste für jede schriftliche Erörterung.

Nachteile und Schwächen

Die oben angesprochene Dynamik aus Eigenperspektive und Fremdsicht birgt natürlich immer die Gefahr in sich, den anderen zu verletzen oder selbst verletzt zu werden. Sich mit den eigenen Meinungen und Vorurteilen zu beschäftigen, fördert die Herausbildung der eigenen Identität, was für heutige Jugendliche in einer Gesellschaft der zunehmenden Individualisierung besonders wichtig ist (vgl. etwa Schulze 1992). Die Bereitschaft, sich zu äußern, und das auch noch in schriftlicher und damit objektivierter Form, erfordert durchaus ein gewisses Maß an Mut seitens der Schülerinnen und Schüler, daher kann es passieren, daß die Unsicheren in der Gruppe nicht die eigene Meinung aufschreiben, sondern das, was die anderen Gruppenmitglieder honorieren werden.

Einsatzmöglichkeiten

Es gibt klare Beschränkungen in bezug auf Alter und Fächer. Wir meinen, daß erst ab der Mitte der Sekundarstufe I die Schülerinnen und Schüler die Fähigkeit zu Kritik und Selbstkritik soweit entwickelt haben, daß das Meinungskarussell eingesetzt werden kann. Beschränkungen auf eine bestimmte Schulform sehen wir dagegen nicht.

Die Methode kommt nur in den Fächern bzw. Themengebieten in Betracht, in denen es um Meinungen, Alltagserfahrungen und Vorurteile geht. Dies sind traditionell Fächer wie Sozialkunde, Religion, Werte und Normen, Ethik, evtl. auch noch Geschichte, Erdkunde und die Fremdsprachen. Sehr gut geeignet ist das Meinungskarussell im Deutschunterricht, da neben die inhaltlichen Lernziele das Training der instrumentellen Fertigkeiten in bezug auf Text- und sonstige Erörterungen tritt. Die Methode taugt nicht zur Überprüfung reinen Faktenwissens oder des Lernstandes, es ist also zum Beispiel nicht sinnvoll, mit dem Meinungskarussell die Kenntnisse einer Klasse in Bereichen wie Grammatik, Vokabeln oder mathematischen Fähigkeiten zu Beginn einer entsprechenden Einheit überprüfen zu wollen.

Ideenkiste (zu Sprechmühle / Partnerinterview / Meinungskarussell)
Deutsch: Aufgaben, die in die Handlung eines Romans, Dramas oder anderer literarischer Texte einführen und eine Stellungnahme der Befragten erfordern, also z.b. die Kommentierung der Exposition aus eigener Sicht, können mit Hilfe dieser Methoden in Angriff genommen werden.

Gemeinschaftskunde, Religion, Werte und Normen: Aufgaben, die sich mit den Grundlagen der persönlichen Ethik beschäftigen, sind für diese Art des Einstiegs besonders gut geeignet, z.B. zu Themen wie: Was ist ein moralisch guter

176   14. Themenzentrierte Selbstdarstellung

Mensch? Nach welchen Grundsätzen sollte Erziehung heute erfolgen? Müssen
Politiker (Popstars, Schauspieler, Sportler) moralische Vorbilder sein? Sind Vorurteile gegen Ausländer berechtigt? Wird im Fernsehen zuviel Gewalt gezeigt?

Naturwissenschaften: „Brauchbar" sind auf naturwissenschaftlichen Entwicklungen basierende Themen, die in der Öffentlichkeit kontrovers diskutiert werden, wie: Ist es sinnvoll, auf alternative Energien zu setzen? Wie wichtig ist eine
gesunde Ernährung? Sollte man angesichts heutiger Massentierhaltung überhaupt noch Fleisch essen? Tragen einzelne Wissenschaftler tatsächlich noch eine
persönliche Verantwortung für die Ergebnisse ihrer Forschung? Ist die Raum-
fahrt sinnvoll?

Eine gelungene Mischung aus Sprechmühle und Meinungskarussell stellt Heinz
Klippert (Klippert 1994, S. 44f.) unter dem Titel „Karussellgespräche" vor.

Collage

Grundüberlegungen zur Didaktik

Das Prinzip des Collagierens ist den meisten Schülerinnen und Schülern aus dem
Kunstunterricht bekannt, und nach unseren Erfahrungen in der Lehrerfortbildung
können auch fast alle Kollegen den Arbeitsauftrag, eine Collage anzufertigen,
ohne größere Erläuterungen umsetzen – wir können uns also kurz fassen: Bei dem
Themeneinstieg über eine Collage sollen die Schülerinnen und Schüler aus selbst
mitgebrachtem oder vorgesetztem Material mit Hilfe von Schere, Klebstoff und
Filzstiften ein Bild anfertigen, das ihre eigene Einstellung oder ihr Vorwissen
oder ihre Erwartungen bezüglich des neuen Themas visualisiert.

Das didaktische Grundprinzip der Collage ist eng verwandt mit dem des Clusterbildens, und die Methode des Collagierens hätte daher mit einigem Recht auch im
Kapitel „Sortieren und Strukturieren" vorgestellt werden können. Es gibt allerdings einen entscheidenden Unterschied bezüglich der Offenheit des Vorgehens,
denn das Rohmaterial für die Collagen ist nicht vorstrukturiert und auch gar nicht
mal unbedingt themenbezogen. Die Grundaufgabe besteht auch nicht darin,
Struktur in eine ungeordnete Masse zu bringen, sondern diejenigen Details willkürlich auszuwählen, die der jeweils Einzelne subjektiv als besonders signifikant
empfindet.

Voraussetzungen und Vorbereitung

Die Schülerinnen und Schüler benötigen Arbeitsmaterial wie Klebstoff, Scheren
und Buntstifte sowie einen großen Papierbogen. Die einzig wichtige organisatorische Vorarbeit besteht in der Beschaffung der Materialgrundlage, aus der die

Collage   **177**

Collagen entstehen sollen. Dies können – je nach Thema – die Schülerinnen und
Schüler auch in Eigenregie übernehmen.

Durchführung
Im Geschichtsunterricht der Klasse sieben ist das antike Griechenland obligato-
risches Unterrichtsthema. Der Einstieg soll mit einer Collage gestaltet werden.
Zur Vorbereitung besorgen die Schülerinnen und Schüler aus den ortsansässigen
Reisebüros Prospektmaterial, und auch der Lehrer bringt von zu Hause all das an
Broschüren und Zeitschriftenartikeln mit, was das häusliche Urlaubsarchiv hergibt.
Die Schülerinnen und Schüler sollen in Partnerarbeit (es wäre ebensogut Einzel-
oder Tischgruppenarbeit möglich) das reichlich vorhandene und auf einem
großen Mitteltisch ausgebreitete Material sichten und eine Collage herstellen, die
ein Werbeplakat für eine Urlaubsreise nach Griechenland sein soll.
Am Ende der Doppelstunde sind 13 sehr unterschiedliche Collagen angefertigt
und im Klassenraum aufgehängt worden, aus denen recht verschiedene Interes-
sens- und Vorwissenskonstellationen hervorgehen. Deutlich wird, daß alle Schülerinnen und Schüler sich gedanklich mit dem Land, seinem Klima und auch seinen Urlaubs- und Freizeitangeboten, aber auch mit seiner Geschichte
auseinandergesetzt haben. Neben „Sommer, Sonne, Surfen" treten die griechi-
schen Götter- und Heldengestalten, das antike Olympia, die Akropolis und weitere Motive. Der Klasse hat die freie, kreative Arbeit des Collagierens Spaß gemacht, ihr Interesse am Thema „Griechenland" ist geweckt, wie aus der
Besprechung der Collagen zu Beginn der nächsten Stunde deutlich wird.

Didaktischer Kommentar
Was können die Schülerinnen und Schüler beim Herstellen einer Collage lernen?
Das Collagieren ist zunächst einmal für die meisten eine lustbetonte und kreative Tätigkeit, die neben den allgemein didaktischen auch spezifische kunst-
pädagogische Seiten hat, zu denen wir uns als Fachfremde nicht äußern wollen
und können.
Die Tätigkeit des Auswählens aus einem großen Materialpool bedeutet eine Verlangsamung und Intensivierung des Einstiegs. Die Schülerinnen und Schüler
können sich ihr Vorwissen nach und nach in Erinnerung rufen und damit ihre eigenen Interessen an dem Thema aufbauen und ebenso zwanglos wie gestalterisch
artikulieren.
Besonders reizvoll bei dem oben dargestellten Beispiel war die Spannung zwischen dem modernen Reiseziel Griechenland und der antiken Sagen- und Histo-
rienwelt, deren weit zurückliegende Ereignisse sich an eben den Orten, die man
als Urlauber besucht, abgespielt hatten. Auffällig war, daß die Klasse während

178   14. Themenzentrierte Selbstdarstellung

der gesamten Griechenland-Phase immer wieder Bilder und Photos zu den Orten sehen wollte.

Nachteile und Schwächen
Das größte Problem sehen wir in der Materialbeschaffung. Was in dem Griechenland-Beispiel dank der inflationären Prospektflut der Reiseveranstalter überhaupt keine Schwierigkeit darstellt, kann bei vielen anderen Themen ein erheblicher Hinderungsgrund sein oder zu einer geballten Ladung an Mehrarbeit führen. Hinzu kommt, daß das Material bei der Bearbeitung zerschnitten wird und nicht wieder verwendet werden kann.

Einsatzmöglichkeiten
Collagen über Themen anfertigen zu lassen, von denen die Schülerinnen und Schüler keinerlei Vorkenntnisse und -erwartungen haben, ist didaktisch sinnlos. Eine weitere Einschränkung in bezug auf Fächer und Einsatzmöglichkeiten sehen wir, eine befriedigende Materiallage vorausgesetzt, nicht. Mit Collagen kann man in naturwissenschaftliche Themen ebenso einsteigen wie in sprachliche, gesellschaftliche oder erdkundliche, sie können in fast allen Fächern zu fast allen Themen als Einstieg benutzt werden. Die Beschränkung ergibt sich hier kaum aus sachlogischen Überlegungen, sondern eher aus der Problematik der Materialbeschaffung!

Bunter Bilderbogen

Grundüberlegungen zur Didaktik
Im Gegensatz zu den mit Sprache arbeitenden Einstiegsvarianten stellt der Bunte Bilderbogen eine Einstiegsmethode dar, die orientiert ist an der Verbindung von kognitiv gespeichertem Wissen und ganzheitlichen Erinnerungsspuren, die jeder aus seiner spezifisch strukturierten und gebrochenen Biographie mit sich trägt. Geburtshelfer dieser Verbindung sollen Bilder sein – daher zuerst zu ihnen: Bilder im Gedächtnis bestehen aus Erinnerungsspuren vergangener Lebenserfahrungen als Kind, Jugendlicher, Erwachsener und in unserem Fall als Lehrerinnen oder Lehrer. Diese Erinnerungsspuren sind aber keine photographischgenauen Abbildungen der tatsächlichen, objektiven Ereignisse, sondern subjektiv-ganzheitliche Verarbeitungen der gemachten Erfahrungen, der persönlichen Empfindlichkeiten, Animositäten und Sympathien. Sie können befürchtete zukünftige Tendenzen ebenso ausdrücken wie positive Utopien. Im Ansehen und Auswählen von Bildern können sich diese ganzheitlichen Erinnerungen verdichten und damit zumindest teilweise bewußt und sprachlich vermittelbar werden.

Bunter Bilderbogen

Wir haben einen kurzen Selbsttest durchgeführt: Jeder hat aus einer Reihe beliebiger Zeitschriften das Bild ausgesucht, das ihm das besonders Typische der heutigen Generation zu verkörpern schien. Auch wenn es natürlich den typischen Jugendlichen ebensowenig gibt wie „Otto Normalverbraucher", so ist doch jeder von uns in der Lage, relativ spontan aus einer Reihe vorgegebener Bilder dasjenige auszusuchen, das ihm besonders signifikant erscheint. Wir haben zwei sehr verschiedene Bilder ausgewählt. In dem nachfolgenden Gespräch über die Auswahlkriterien zeigte sich, daß unsere grundsätzliche Einstellung zur heutigen Jugend ebenso unterschiedlich ist wie das, was jeder von uns als besonders positiv, ärgerlich oder störend an ihr empfindet. Das heißt: Bilder im Kopf haben den berüchtigten „Pygmalion-Effekt". Bezogen auf unsere berufliche Situation: Die Lehrerin oder der Lehrer nimmt primär jene Verhaltensweisen ihrer oder seiner Schülerinnen und Schüler wahr, die den eigenen Vorurteilen entsprechen, und vernachlässigt die Wahrnehmung abweichender Verhaltensweisen.

Die didaktische Funktion des Bunten Bilderbogens besteht also in der Möglichkeit, eigene Vorurteile oder Voreinstellungen aufzubrechen und einer rationalen Betrachtung zugänglich zu machen.

Voraussetzungen und Vorbereitung

Der Einsatz des Bunten Bilderbogens erfordert eine – allerdings einmalige - größere Vorbereitungsarbeit: Es müssen aus Illustrierten, Jugendzeitschriften, Modemagazinen und anderen Zeitschriften etwa 150 – 200 Bilder ausgeschnitten werden. Es ist gleichgültig, ob dies Werbephotos sind oder ob sie aus dem redaktionellen Teil stammen. Es empfiehlt sich, diese Bilder auf DIN-A4-Bogen zu kleben und in Klarsichthüllen zu schieben, dies erleichtert die Handhabung, erhöht die Lebensdauer und läßt den problemlosen Transport in einem Aktenordner zu.

Voraussetzungen auf Schülerseite gibt es keine besonderen.

Durchführung

Wir wollen den Einsatz dieser Einstiegsmethode an einem Beispiel erläutern: Es geht um eine Unterrichtsreihe der Klasse sechs im Fach Naturwissenschaft zum Thema „Sexualität – Partnerschaft, Freundschaft, Liebe". Die Lehrerin hat eine entsprechende Anzahl Bilder gesammelt, die einen, zwei oder mehrere Jugendliche zeigen können, aber auch ganz andere Motive wie chromblitzende Autos, alte Menschen, die sich an der Hand halten oder elegante Lokalitäten. Zu Beginn der Stunde werden in der Klassenmitte mehrere Tische zusammengestellt oder ein freier Platz auf dem Fußboden geschaffen. Alle Bilder werden ohne irgendwelche Ordnungsprinzipien auf der Fläche verteilt. Dann bekommen die Schülerinnen und Schüler folgenden Auftrag: „Jeder von Euch hat eine Vorstellung da-

von, wie seine Freundin oder sein Freund sein soll. Sucht Euch bitte dasjenige Bild aus, das Eurer Vorstellung am nächsten kommt. Laßt Euch ruhig Zeit. Ihr müßt Eure Wahl hinterher vor der Klasse vorstellen und begründen."
Nach der etwa 10 – 15 Minuten dauernden Wahlphase, die in der Regel recht lebhaft verläuft und der Lerngruppe Spaß macht, wird ein Sitzkreis gebildet, und jede Schülerin und jeder Schüler erläutert reihum oder in beliebiger Reihenfolge die Gründe der Wahl.

Strukturierende Auswertung
Der nächste Schritt ist recht schwierig und verlangt von der Lehrerin einiges an Geschick und Konzentration, ist aber sehr wichtig, um die Methode nicht in „fun and action" verkommen zu lassen. Sie muß versuchen, die Bilder in der Mitte des Sitzkreises in eine bestimmte Ordnung zu bringen, und sich Stichworte zu den einzelnen Äußerungen machen, um für die nachfolgende Diskussion einen Leitfaden zu haben. Sie kann zum Beispiel in die Mitte des Sitzkreises Schilder mit Strukturierungshilfen wie „Mann", „Frau", „Gegenstand" „Beziehung" deutlich getrennt voneinander hinlegen und die Schülerinnen und Schüler dann selbst entscheiden lassen, wo sie ihr Bild plazieren.
Das abschließende Gespräch im Kreis soll schließlich die Interessen der Schülerinnen und Schüler auf den Punkt bringen und die weiteren Unterrichtsschritte strukturieren. Die Stellung der Mädchen und Frauen in der Gesellschaft erweist sich in unserem Beispiel als besonders interessant, und die Aussagen einiger Schüler sind ausgesprochen problematisch. Daher wird dieser Aspekt in den folgenden Stunden zunächst diskutiert, bevor wir uns Themen wie „mein Traumpartner/meine Traumpartnerin", „wenn ich ein Mädchen wäre / wenn ich ein Junge wäre" und „Umgang in meiner Familie" zuwenden.

Didaktischer Kommentar
Was können Schülerinnen und Schüler beim Einsatz des Bunten Bilderbogens lernen?
Nach unseren Erfahrungen ist die Animation, sich mit diesem Thema zu beschäftigen, durch die bereits oben angesprochenen Eigenschaften, die Bilder haben können, vergleichsweise größer als bei konventionellen Einstiegen. Im günstigsten Fall bemerken die Schülerinnen und Schüler ihre eigenen Vorurteile und mehr oder weniger bewußten Grundeinstellungen, die so Gegenstand sowohl eigener als auch öffentlicher Reflexion werden können.
Hinzu kommt, daß jeder in der Vorstellungsrunde bereits eine Position geäußert hat, auf die er angesprochen werden kann, die er verteidigen oder vertiefen will. Dies führt nach unseren Erfahrungen zu einem höheren Grad an Diskussionsbereitschaft.

Bunter Bilderbogen **181**

Die Strukturierung der Bilder in der Mitte des Kreises kann je nach Verlauf und Ergebnis der Diskussion geändert werden, dies kann zusätzlich gesprächsstimulierende oder provozierende Funktion haben, aber auch der Ergebnissicherung dienen.

Nachteile und Schwächen

Dem Vorwurf „Monatelanges Bildersammeln, Aufkleben und Eintüten für einen einzigen Unterrichtseinstieg, das ist doch viel zu aufwendig!" möchten wir mit einigen Hinweisen auf die vielfältigen Einsatzmöglichkeiten des Bunten Bilderbogens begegnen:

Mit dem Bildersatz aus unserem Beispiel sind Kolleginnen und Kollegen oder wir selbst in letzter Zeit in folgende Unterrichtsthemen eingestiegen:

- „Typisch Wessi, typisch Ossi" (Werte und Normen, Kl. 12)
- Gewalt gegen Jugendliche (Werte und Normen, Kl. 11)
- Außenseiter, Randgruppen (Religion, Kl. 9)
- Jugendsekten (Werte und Normen, Kl. 10)
- „Fremd in Deutschland" (WuK, Kl. 5)
- „Typisch britisch, typisch amerikanisch" (Englisch, Kl. 8)

Auch im fremdsprachlichen wie im deutschen Literaturunterricht ist der Bunte Bilderbogen einsetzbar. Ich habe eine recht lebhafte und interessante Diskussion angeregt, als ich die Schülerinnen und Schüler einer 10. Klasse aussuchen ließ, wie sie sich heute wohl Luise Millerin und Ferdinand (Schiller, „Kabale und Liebe") vorstellen würden. Auch wenn die Diskussion gelegentlich ans Absurde grenzte, etwa darüber, ob Ferdinand denn nun als Punk oder Grufti denkbar sei oder nicht, wurde trotz aller Ausgelassenheit doch ernsthaft argumentiert und auf diese Weise die Einfühlung in das Denken und Fühlen der beider Hauptpersonen dieses Dramas gefördert.

Wirklich nachteilig an der Methode ist die Gefahr, daß die Schülerinnen und Schüler sie nicht so recht ernst nehmen. Ein bißchen herumgehen, ein Bild aussuchen und dann darüber reden – das ist sicher gerade für den Teil der Schülerschaft, der „ernsthaften" Frontalunterricht gewohnt ist, Spielerei, der man allenfalls Erholungswert im ansonsten anstrengenden Schulalltag zubilligt. Um dieser Gefahr zu begegnen, sollte man im Auswertungsgespräch ganz deutlich machen, daß es hier nicht um Zeitvertreib geht, sondern um wichtige Erkenntnisprozesse.

Einsatzmöglichkeiten

Die Einsatzmöglichkeiten sehen wir in all den Fächern aller Schulformen, in denen es in der Einstiegsphase nicht um Überprüfung sachlichen Wissens geht, sondern um die Entwicklung von Einfühlungsvermögen. Der Bunte Bilderbogen schafft Sprechanlässe, die in jeder Altersstufe produktiv genutzt werden können.

15 Sortieren und Strukturieren

Vorbemerkungen

Alle in diesem Kapitel vorgestellten Einstiegsmethoden dienen der Verlangsamung von Lernprozessen und haben das Ziel, den Schülerinnen und Schülern durch diese Dehnung des Augenblicks die Gelegenheit zur Selbstreflexion und zum Nachdenken über die Sache zu geben.

Sortieren und Strukturieren bedeutet, Ordnung in eine künstlich produzierte oder natürlich bestehende Unordnung zu bringen. Ordnung schaffen bezeichnet im umgangssprachlichen wie im wissenschaftlichen Sinn ja nun nichts anderes als das Vorhaben, diese vielen einzelnen und einzigartigen Gegenstände oder Sachverhalte in ein System zu bringen, das übergeordnete Gesichtspunkte und Gemeinsamkeiten enthält. Der Ordnungschaffende muß abstrahierend vorgehen, indem er z.b. klassifizierende Eigenschaften von unwichtigen trennt.

Diese Gegenstände können bei der Tätigkeit des Sortierens und Strukturierens überraschende Eigenschaften hervorkehren oder neue Sichtweisen zulassen, die uns bisher verborgen geblieben sind.

Sortieren

Grundüberlegungen zur Didaktik

Die zwei didaktischen Hauptziele der Sortieraufgaben lassen sich wie folgt formulieren:

1. Die Schülerinnen und Schüler müssen ein thematisch angemessenes System entwickeln, das nicht zu viele, aber auch nicht zu wenige Kategorien haben darf. Es macht zum Beispiel ebensowenig Sinn, ein „Chaos" von 100 einzelnen Gegenständen mit 100 oder 50 wie mit ein oder zwei Kategorien ordnen zu wollen. Die Kategorisierung der Deutschen Bahn AG in „Raucher und Nichtraucher", „Erste und Zweite Klasse" ist für Bahnzwecke sicher ausreichend, als soziologisches Instrumentarium aber völlig ungenügend. Das System muß also einerseits aussagekräftig für die Zwecke sein, für die man es benötigt, darf aber andererseits nicht zu viele Kategorisierungen haben.

2. Die Schülerinnen und Schüler müssen die einzelnen Elemente diesen selbst entwickelten Kategorien begründet zuordnen. Um an das Deutsche-Bahn-AG-Beispiel anzuknüpfen: Wer ein soziologisches Benutzerprofil der Bahnfahrer erstellen will, um zukünftige Marktstrategien zu entwickeln, bedarf eines wesentlich differenzierteren Instrumentariums als die Nikotin-Aufteilung.

184 15. Sortieren und strukturieren

Diese zwei Schritte erfolgen nicht streng nacheinander, weil es sich während des Ordnens herausstellen kann, daß die ursprünglich gewählten Kategorien verändert, verfeinert oder vergröbert, vielleicht sogar völlig verworfen werden müssen. Das Kategoriensystem bleibt also während des Ordnungsprozesses variabel, die Schülerinnen und Schüler erfahren daher ein wenig „gelebte Dialektik".

Voraussetzungen und Vorbereitung
Es gibt keine besonderen Voraussetzungen auf Schüler- wie auf Lehrerseite.
Um eine künstliche Unordnung zu produzieren, benötigen Sie Material aus möglichst vielen Einzelteilen. Dies können Bilder, Photos, Comics, Reklamesprüche, Karikaturen, kurze Texte oder Zitate, Versuchsprotokolle, Gegenstände oder anderes Anschauungsmaterial aus Zeitungen, Zeitschriften, Büchern oder anderen Quellen sein.

Durchführung im Unterricht
Es geht um eine Unterrichtseinheit zum Thema „Aggression" im Biologieunterricht einer oberen Klasse der Sekundarstufe I. In einem kurzen informativen Vorgespräch gegen Ende der vorigen Einheit hat die Klasse den Wunsch geäußert, zunächst einmal darüber zu reden, was denn Aggression eigentlich ist. Die Lehrerin will mit der Methode des Sortierens diese erste Sequenz beginnen. Sie schreibt eine Reihe von teils ausgedachten, teils einschlägiger Literatur (Nolting 1987) entnommenen Situationen auf Karteikarten, von denen wir einige Beispiele zitieren:

- Ein Junge beschimpft einen anderen als „Idiot".
- Ein Vater bestraft seinen Sohn für nicht gemachte Hausaufgaben mit einer Ohrfeige.
- Ein Fußballer foult und verletzt seinen Gegner.
- Jemand hält sein Versprechen nicht ein, ein geliehenes Buch zurückzubringen.
- Ein Polizist schießt einen flüchtenden Bankräuber an.
- Eine Lehrerin gibt einem Schüler eine schlechte Aufsatznote, weil der häufig den Unterricht stört.
- Jemand erzählt über seinen Nachbarn, der sei Alkoholiker.

Zusätzlich sammelt sie aus Illustrierten eine Reihe von Photos, Comics und Reklamesprüchen, die zu diesem Thema passen, und klebt diese auf insgesamt ca. 50 Karten. Da die Klasse in drei Gruppen arbeiten soll, kopiert sie alles noch zweimal, so daß drei identische Kartensätze vorhanden sind.
Jede Gruppe bekommt einen Kartensatz, ein größeres Stück von einer Zeitungspapierrolle, einen dicken Filzstift und Tesafilm. Der Klassenraum wird in drei Ar-

beitsgruppenzonen unterteilt, dann schreibt die Lehrerin folgenden Arbeitsauftrag an die Wandtafel:

„Diskutiert und klärt in Eurer Gruppe, welche der Aussagen und Bilder Ihr eindeutig als Aggression bezeichnen würdet und welche eindeutig nicht. Überlegt dann gemeinsam, ob es mehrere Arten von Aggression gibt. Entwerft eine entsprechende Tabelle, in die Ihr die Karten klebt, und verseht sie mit einer passenden Überschrift."

Sie nennt die Zeitvorgabe (45 Min.) und sagt, daß alle zu Beginn der nächsten Stunde ihre Tabelle erläutern sollen. Die Gruppen beginnen sofort und mit offensichtlichem Interesse mit der Arbeit. Es zeigt sich, daß diese Phase in die nächste Stunde verlängert werden muß, weil „es so viele Karten sind", wie die Klasse formuliert, aber schließlich sind alle fertig und stellen ihre Tabellen vor. Es ergeben sich viele Gemeinsamkeiten, denn alle Gruppen haben die Unterschiede zwischen körperlicher, psychischer und sprachlicher Aggression festgehalten, aber auch eine sehr breite Grauzone. Insbesondere der gefoulte Fußballspieler, der Polizist, der einem flüchtenden Bankräuber ins Bein schießt, und das nicht zurückgegebene Buch entzweien die Gemüter, denn es herrscht keine Einigkeit darüber, ob dies überhaupt Fälle von Aggression sind.

Am Schluß der lebhaften Diskussion zu den Unterschieden in den Tabellen ist sich die Klasse einig, daß genau diese nicht eindeutigen Beispiele die interessanten Fälle sind, die jetzt im Unterricht weiterverfolgt und vertieft werden müssen.

Didaktischer Kommentar

Was können Schülerinnen und Schüler beim Sortieren lernen?

Die Lernziele lassen sich auf sachlicher und interaktioneller Ebene bestimmen: Auf der inhaltlichen Ebene müssen die Schülerinnen und Schüler zu einem Thema, von dem sie zwar Vorkenntnisse und eigene Erfahrungen, aber noch keine genauen Vorstellungen haben, ordnende Gesichtspunkte entwickeln. Diese durchaus anspruchsvolle Tätigkeit wird ihnen durch das vorbereitete Material erleichtert und teilweise auch erst ermöglicht.

Das Sortieren in der Gruppe impliziert eine erste Problematisierung, denn das, was für den einzelnen vielleicht unzweifelhaft in eine bestimmte Kategorie gehört, muß nicht von allen Gruppenmitgliedern auch so eingeordnet werden. Die vorhandenen Vorkenntnisse müssen in das argumentative Aushandeln des eigenen Standpunkts mit den anderen Gruppenmitgliedern münden. Sachbezogene Diskussionen verlangsamen und intensivieren so den Lernprozeß und wecken Interesse an einer Vertiefung. Es ist für den eigenen Lernprozeß ganz sicher ein produktiver Überraschungseffekt, wenn man merkt, daß die anderen Gruppenmitglieder über etwas, was einem selbst bisher ganz unzweifelhaft erschien, ganz anders denken.

In der Oberstufe hätte man übrigens den Arbeitsauftrag noch zuspitzen und mit der Tabelle eine Prioritätenliste verbinden können, um so das bei jeder Schülerin und jedem Schüler vorhandene eigene Bild wirklich schlimmer Aggressionen bewußt zu machen.

Auf der interaktionellen Ebene ist damit das Training der kooperativen Fähigkeiten verbunden. Da die Gruppe sich einigen und zum Schluß ein Ergebnis präsentieren muß, entsteht ein von der Sache ausgehender Zwang zur Kommunikation und Kooperation und nicht selten auch zur Kompromißbildung. Von der Gruppenmehrheit abweichende Einzelmeinungen können nach Abschluß der Einstiegsphase im Verlauf des weiteren Unterrichts formuliert und berücksichtigt werden.

Nachteile und Schwächen

Da ist zunächst einmal der verhältnismäßig hohe Vorbereitungsaufwand zu nennen. Es gibt sicherlich weniger aufwendige Anlässe als das obige Beispiel, und es müssen auch nicht immer so viele Karteikarten sein. Zudem kann man die Methode gerade dann, wenn man weniger Teile hat, auch frontal mit der gesamten Klasse inszenieren, z.b. mit entsprechend großen Thesenkarten an einer Magnet- oder Pinnwand. Schließlich auch hier wieder der Hinweis, daß Sie das einmal hergestellte Material wiederverwenden können. Wir haben die 50 Kärtchen des Aggressions-Beispiels als Kopiervorlage auf DIN-A4-Bögen geklebt und in den letzten Jahren häufiger benutzt.

Einsatzmöglichkeiten

Verwenden können Sie die Methode mit der entsprechenden altersgemäßen Zurichtung von der ersten Grundschulklasse an, denn Ordnung in ein Durcheinander zu bringen macht auch kleineren Schulkindern Spaß und fördert ihre Fähigkeiten. Nach oben gibt es keine Grenzen, bei entsprechend komplexen Anforderungen hat die Methode in der Oberstufe, in der Universität und in der Erwachsenenbildung ihren Platz. Man kann z.b. Lehramtsstudenten sehr gut alle Bereiche vorgeben, die bei der Unterrichtsvorbereitung eine Rolle spielen, und sie diese dann in eine hierarchische Struktur bringen lassen – eine verzwickte, aber reizvolle Aufgabe, an der die Geister sich deutlich scheiden!

Auch im Fächerkanon ist das Sortieren eine universell einsetzbare Methode, denn Strukturen und Kategorisierungen gibt es in jedem Fach auf jeder Alters- und Schulstufe.

Das einzige, was mit Hilfe dieser Methode nicht erarbeitet werden kann, ist die Einführung eines völlig neuen Sachgebietes, vom dem die Schülerinnen und Schüler noch keinerlei Sachkenntnis haben. Dieses Vorhaben wäre ebenso sinnlos und für alle frustrierend wie beispielsweise der Versuch, beim erstmaligen

Hören einer völlig unbekannten Fremdsprache Wortklassen bilden zu wollen. Wenn es überhaupt keine Ansatzpunkte für eine mögliche Systembildung gibt, können wir keine Kategorisierungen vornehmen.

Clusterbildung

Grundüberlegungen zur Didaktik

Wie schon im dritten Kapitel angekündigt, soll an dieser Stelle ein ganz kurzer Exkurs zu graphisch strukturierenden Ordnungsschemata stehen (u.a. auch zu unserer eigenen Didaktischen Landkarte), daher ist dieser Abschnitt etwas länger als sonst in diesem Buch üblich.

Das Wort „Cluster" kommt aus dem Englischen und bedeutet soviel wie „Büschel", „Bündel" oder „Traube". Ein in der Lerntheorie parallel verwendeter Begriff ist das Wort „mind maps" (Buzan 1990), was mehr holperig als adäquat mit „Gehirnkladde" übersetzt werden kann.

Folgende Grundüberlegung halten wir für die pädagogische Praxis für wichtig: Das menschliche Gehirn ist nach Ansicht vieler Forscher nicht nur „linear" strukturiert. Lineare Strukturierung meint einen Aufbau, der der gesprochenen oder geschriebenen Sprache ähnelt, in der ja immer ein Wort nach dem anderen gehört oder gelesen werden muß und der ganze Verstehensprozeß immer schön der Reihe nach, Wort für Wort abläuft, eben „linear". Große Teile unseres Gehirns funktionieren „simultan", also gleichzeitig. Während Sie etwa diese Zeilen lesen, nehmen Sie gleichzeitig eine große Menge anderer Informationen über Ihre Umgebung auf. Wenn Sie mit jemandem reden, achten Sie gleichzeitig auf dessen Körpersprache, auf paraverbale Daten usw. Wenn Sie ein Bild betrachten, sehen Sie gleichzeitig eine Menge von Einzelheiten, erst die anschließende sprachliche Beschreibung zwingt Sie in das Nacheinander der Worte. Aus dieser für jeden leicht beobachtbaren Tatsache hat sich die Meinung entwickelt, daß es zur Klärung eines komplexen Sachverhaltes nicht nur die Möglichkeit gibt, einen erläuternden Text zu schreiben, in dem man dann also oben links mit dem ersten Wort anfängt und unten rechts mit dem letzten endet. Die Verfechter der Clustermethode sehen es als sinnvoller an, zu solchen Themengebieten „mind maps" herzustellen. Wie diese anzufertigen sind und welche Vorteile dies hat, beschreibt Buzan so:

„1. Die Zentral- oder Hauptidee wird deutlicher herausgestellt.

2. Die relative Bedeutung jeder Idee tritt sinnfälliger in Erscheinung. Wichtigere Ideen befinden sich in der Nähe des Zentrums, weniger wichtige in den Randzonen.

3. Die Verknüpfungen zwischen den Schlüsselbegriffen werden durch ihre Linienverbindungen leicht erkennbar.

4. Als Ergebnis werden Erinnerungsprozeß und Wiederholungstechnik effektiver und schneller.
5. Die Art der Struktur erlaubt es, neue Informationen leicht und ohne die Übersichtlichkeit störende Streichungen und eingezwängte Nachträge unter zubringen.
6. Jedes Kartenbild ist von jedem anderen nach Form und Inhalt deutlich unterschieden. Das ist für die Erinnerung hilfreich.
7. Im kreativen Bereich des Aufzeichnens, etwa bei der Vorbereitung von Aufsätzen und Reden, erleichtert es das nach allen Seiten offene Kartenschema, neue Ideenverknüpfungen herzustellen." (Buzan 1990, S.111)

Je nach Altersstufe, in der Cluster erstellt werden sollen, finden sich diese sieben Kriterien in unterschiedlich ausgeprägter Form wieder.

Da Sie wahrscheinlich auch jetzt noch nicht so recht wissen, was denn nun so ein Cluster ist und wie so ein „Ding" konkret aussieht, werden wir Ihnen in den nächsten beiden Abschnitten einige Beispiele präsentieren.

Die Clusterbildung ist eine Form des Unterrichtseinstieges, die sich die ganzheitlichen und kreativen Fähigkeiten der Schülerinnen und Schüler zunutze macht, die hierbei nicht die Rolle des bloßen Stichwortgebers für die Lehrerin oder den Lehrer spielen, wie das so oft im gelenkten Unterrichtsgespräch der Fall ist. Die Schülerinnen und Schüler werden nicht nur auf der kognitiven, sondern auch auf der kreativen Ebene, auf der Ebene der persönlichen Einstellungen und gemachten Erfahrungen in den Unterricht einbezogen.

Voraussetzungen und Vorbereitung

Da das Clustering noch wenig bekannt ist und einer gewissen Gewöhnung bedarf, möchten wir jetzt ausführlich ein Beispiel vorstellen, an dem Sie exemplarisch die Vorgehensweise und die Prinzipien dieses Einstiegs nachvollziehen können: In der sechsten Klasse wird das Thema „Bruchrechnung" im Mathematikunterricht behandelt. Der Einstieg in ein neues Thema sollte immer die Vorkenntnisse und Erfahrungen der Schülerinnen und Schüler berücksichtigen, und dies gilt für die Eingangsklassen der Sekundarstufe in besonderer Weise, da Sie mit dieser Methode die Schülerinnen und Schüler an ihrem Grundschulkenntnisstand abholen und den weiteren Unterricht darauf aufbauen können. Mit dem Clusterbilden gelingt dies in idealer Weise. Dabei ergab sich die folgende Vorgehensweise: In einer ersten, etwa viertelstündigen Phase nach Abschluß der vorhergehenden Unterrichtseinheit werden zu dem neuen Thema spontan Begriffe, Tätigkeiten, Kenntnisse aus der Grundschule und Alltagsbedeutungen gesammelt und protokolliert. (Diese erste Phase kann entfallen, wenn Sie bei der häuslichen Vorbereitung allein Begriffe finden.) All das, was gesammelt worden ist, wird dann von

Clusterbildung

mir zu Hause auf ein gerastertes Papier geschrieben. Jede Schülerin und jeder Schüler bekommt in der nächsten Stunde diesen Bogen mit allen gesammelten Begriffen. Dazu erhält jeder einen großen DIN-A3-Bogen. Schere, Klebstoff und Filzschreiber oder Wachsmaler müssen selbst mitgebracht werden. Die Abbildung zeigt den gerasterten Bogen:

Bruch	vierteln	messen	ein halbes Pfund
Rechnung	halbieren	ein halber Kuchen	eine halbe Stunde
teilen	halb	ein Stück Pizza	spielen
malnehmen	halber Apfel	Strich	ein halber Liter
plus	dritteln	Linie	ein Teil
minus	ein halber Meter	halb voll	ein Teil einer Strecke
Zahlen	ein halber Kilometer	verdreifachen	Geld
Betrag	dritteln	achteln	ein Stück Torte
Summe	verteilen	Kreis	ein halbes Jahr
vielfach	verdoppeln	rechnen	vergrößern
Teiler	vervielfachen	ein halbes Kilogramm	verkleinern

Durchführung im Unterricht

Ich verteile die Materialien und erläutere folgendes Vorgehen: Jeder soll die vorliegenden Begriffe in eine Struktur bringen, die seinen persönlichen und subjektiven Vorstellungen von diesem Thema entspricht und seine vorhandenen Kenntnisse zur Bruchrechnung verdeutlicht. Er muß nicht alle Begriffe nehmen, kann selber neue hinzuschreiben, und er sollte mit graphischen Mitteln, Gleichheitszeichen, „Folge-Pfeilen" oder auch anderen gestalterischen Mitteln arbeiten.

Der Arbeitsauftrag, der auf eine OP-Folie geschrieben wurde, lautete wörtlich: „Zerschneidet den Bogen in einzelne Kärtchen. Sortiert und ordnet die auf den Kärtchen stehenden Begriffe so, wie Ihr Euch die Bruchrechnung vorstellt. Haltet diese Struktur auf dem großen Blatt Papier fest, indem Ihr die Kärtchen in entsprechender Weise aufklebt. Gestaltet das Blatt so, wie Ihr es am liebsten möchtet und wie es Euch am meisten Spaß macht: Ihr könnt malen, kleben, reißen usw. Ihr müßt nur die Begriffe verwenden, die zu Euch ‚passen', Ihr könnt alle oder nur ein paar benutzen, und Ihr könnt neue schreiben, am besten auf die Rückseite der nicht verwendeten Kärtchen. Laßt Euch ruhig Zeit!"

Das Anfertigen der Cluster ist für die Schülerinnen und Schüler ausgesprochen lustbetont, selbst die Idee einer Schülerin, nebenbei Musik zu hören, erweist sich keineswegs als störend.

Die fertigen Strukturen werden vorne an die Tafel geheftet. Die hier ausgewählten Schülerbeispiele zeigen, daß Schülerinnen und Schüler sehr unterschiedliches Vorwissen mit in den Unterricht einbringen, das aber immer an dem alltäglichen Bruchbegriff orientiert ist.

Anschließend bitte ich jede Schülerin und jeden Schüler, das eigene Cluster vorzustellen, zu erläutern und die evtl. benutzten graphischen und gestalterischen Mittel zu erklären. Dies ist, ganz im Sinne des handlungsorientierten Unterrichts, der die Dokumentation und Veröffentlichung der je eigenen Produkte als integralen Bestandteil des methodischen Vorgehens begreift, die wichtigste Sequenz, weil die Ergebnisse der vorher geleisteten Arbeit ohne die Veröffentlichung sinnlos verpuffen würden und die Schülerinnen und Schüler die Methode mit Recht als bloße Beschäftigungstherapie abqualifizierten.

Die Aussagen und Erklärungen werden nicht bewertet und nicht von der Lehrerin erläuternd für die anderen wiederholt. Jede Schülerin und jeder Schüler stellt sich selbst vor, und die anderen haben die Möglichkeit der verstehenden Zwischenfragen. Diese Phase der Erläuterungen nahm in unserem konkretem Beispiel eine Schulstunde Zeit in Anspruch. In geübten Klassen kann die Vorstellung der Cluster auch in Vierergruppen stattfinden, das spart eine Menge Zeit.

Clusterbildung

Didaktischer Kommentar

Was können Schülerinnen und Schüler bei der Clusterbildung lernen?

Die Methode des Clusterbildens unterbricht die heute feststellbare einseitige Ausrichtung auf die rein sprachlich vermittelte, kognitive Aneignung der Unterrichtsinhalte. Viele Lehrerinnen und Lehrer sind unseres Erachtens viel zu sehr überzeugt von der Wirksamkeit und Effektivität des gelenkten Unterrichtsgesprächs. Wir meinen dagegen, daß Schülerinnen und Schüler, die ihr eigenes Vorwissen, ihre eigenen Erfahrungen, Urteile und Vorurteile in den Unterricht einbringen können, engagierter und lernbereiter sind als die bloßen Zuhörer oder Stichwortgeber. Zudem kann die weitere Unterrichtsplanung sehr differenziert ihren Kenntnisstand berücksichtigen und einzelne Schülerinnen oder Schüler gezielt fördern. Nach unseren Erfahrungen ist die Auswertungsphase fast immer durch eine große Bereitschaft aller gekennzeichnet, Persönliches zu berichten sowie Wissen und Wissenslücken offenzulegen.

Hinzu kommt als zweiter, ebenso wichtiger Gesichtspunkt die Tatsache, daß die Schülerinnen und Schüler aktiv und kreativ sein dürfen und müssen, daß sie motorisch und handwerklich gefordert sind und – last not least – am Ende ein Produkt abgeben können. Die Cluster bleiben in der Klasse hängen, so daß alle während der Unterrichtseinheit unmittelbar ihre eigenen Lernfortschritte durch den Vergleich einschätzen können.

Nachteile und Schwächen

Da weder der Vorbereitungsaufwand noch das Durchführungsrisiko dieser Methode groß ist, haben wir bisher kaum Nachteile erlebt, abgesehen von vereinzelten Renitenzreaktionen derjenigen, die das Ganze für eine Spielerei ohne Lerneffekt halten.

Eine gewisse Sensibilität erfordert die Phase der Erläuterung der Cluster dann, wenn es um sehr intime Bereiche geht, die weniger fachliches Vorwissen, sondern Erfahrungen aus der persönlichen Biographie ansprechen.

Einsatzmöglichkeiten

Wir haben die Clusterbildung in allen Jahrgangsstufen von der Grundschule bis zum Abiturjahrgang selber eingesetzt bzw. als Hospitanten beobachtet, selbst als Forschungsmethode ist sie vor kurzem in einer dritten Grundschulklasse zum Thema „Volle Halbtagsschule" von einem Forscherteam der Universität Oldenburg ausgewählt worden (Fichten 1994).

Das „Clustering" kann in allen Fächern zu den Stoffgebieten eingesetzt werden, in denen die Schülerinnen und Schüler schon ein mehr oder weniger komplexes Vorverständnis haben. Die Methode ist nicht beschränkt auf diejenigen Bereiche des schulischen Stoffes, in denen es um Einstellungen, Meinungen und Empathie geht, sondern kann ebensogut auf rein sachlicher Ebene benutzt werden. Sie dient dann, wie in unserem Beispiel, der Dokumentation des vorhandenen Vorwissens.

Karteikartenspiel „Zwei aus Drei"

Grundüberlegungen zur Didaktik
Mit Hilfe dieses Karteikartenspiels sollen thematische Strukturierungen vorgenommen werden, bei denen die Schülerinnen und Schüler selber die Kriterien der ordnenden Kategorien entwickeln und bestimmen. Die Grundidee dieses Verfahrens ist einfach zu beschreiben: Es sollen je drei Elemente so geordnet werden, daß zwei von ihnen eindeutig eine von den Befragten selbst zu bestimmende Gemeinsamkeit aufweisen, die das dritte nicht hat. Wir werden dies in den nächsten Abschnitten konkretisieren. Da die Befragten selber die Ordnungskategorien finden, hat das Methodische hier großes Gewicht: Scheinbare Nebensächlichkeiten, an die die Lehrerin oder der Lehrer bei der Vorbereitung vielleicht gar nicht gedacht hat, können das Gesamtverfahren modifizieren.
Diese Methode lehnt sich an die von G. Kelly entwickelte „Grid-Technique" an (Kelly 1955), ist aber für die entsprechenden Altersstufen von uns variiert und methodisch vereinfacht worden.

Voraussetzungen und Vorbereitung
Es müssen eine entsprechende Anzahl von Karteikarten mitgebracht werden. Weitere Voraussetzungen und Vorbereitungen sind nicht notwendig.

Durchführung
Im Musikunterricht einer siebten Klasse will die Lehrerin mit den Schülerinnen und Schülern die gegenwärtige Popmusik besprechen, also die Musikgruppen und Stilrichtungen, für die sich Zwölf- bis Vierzehnjährige gegenwärtig interessieren. Das Ziel der Einheit soll eine altersgemäße Analyse der verschiedenen Musikrichtungen, ihrer Techniken und Stereotypen sein. Sie beginnt die Einheit mit dem „Zwei aus Drei"-Spiel.
Nachdem sie das neue Thema bekanntgegeben hat, fordert die Lehrerin am Beginn der Doppelstunde die Schülerinnen und Schüler auf, die zehn Popgruppen zu nennen, die im Moment zu ihren Favoriten zählen. Spontan kommen die Namen der Musikgruppen, die die Lehrerin an der Tafel notiert. Nach einigen Minuten befinden sich fast dreißig Namen an der Tafel, und jetzt wird über die zehn bekanntesten und beliebtesten abgestimmt.
Am Ende dieser Phase werden Zweiergruppen gebildet, und jede erhält zehn Karteikarten, auf denen sie die Namen der zehn ausgewählten Popgruppen notieren soll. (Wenn Sie keine Doppelstunde zur Verfügung haben, kann die Sammlung

194 15. Sortieren und strukturieren

und Abstimmung auch am Ende der vorhergehenden Stunde erfolgen, Sie können dann die Kartensätze zu Hause schon vorbereiten.)
Die Schülerinnen und Schüler erhalten jetzt folgenden Arbeitsauftrag: „Mischt
die Karten gründlich und deckt drei auf. Legt zwei dieser Popgruppen unter einem gemeinsamen Merkmal zusammen. Die dritte Gruppe muß eindeutig aus
dieser Gemeinsamkeit ausgeschlossen werden. Führt diese Übung so lange hintereinander im Wechsel in Partnerarbeit durch, bis Euch keine gemeinsamen
Merkmale mehr einfallen. Notiert alle Merkmale und Kriterien auf einem Blatt
Papier."
Einige Beispiele zur Verdeutlichung:

„Besprecht anschließend in Eurer Tischgruppe die gefundenen Merkmale. Stellt
eine nach Wichtigkeit geordnete Rangfolge der Merkmale auf.
Fertigt dann eine Tabelle an, in die Ihr die Popgruppen eintragt und links und
rechts die von Euch benannten Merkmale notiert. In einer Rangfolge von 1 bis 5
könnt Ihr dann zu den einzelnen Popgruppen die entsprechenden Merkmale eintragen."

Hier die fertige Tabelle einer Tischgruppe:

Popgruppen

1	Rednex	Die Ärzte	Worlds Apart	Take That	Technohead	Kelly Family	La Bouche	East 17	Caught in the Act	Backstreet Boys	*5*
gefühlvoll	3	4	3	2	5	2	4	1	3	2	techno
ordentlich	5	4	2	1	3	2	2	2	2	1	punkig/schmuddelig
Balladen	4	4	3	2	3	2	3	2	3	2	Heavy Metal
viele Konzerte	3	3	3	2	5	1	2	4	3	2	wenig Konzerte
Markenklamotten	5	4	1	1	2	4	2	2	3	2	normale/zerrissene Klamotten
witzig	5	4	3	1	4	2	3	3	3	3	ernst
länger zusammen	3	2	3	2	5	1	3	2	4	3	erst kurze Zeit zusammen
Skandalband	3	3	4	3	3	5	3	3	4	4	Lieblinge der Mütter
gute Bühnenshow	3	3	2	3	3	1	2	2	3	2	schlechte Bühnenshow
Pop	3	4	2	2	3	3	3	2	3	2	Rock

Am Ende dieser zwei Einstiegsstunden sind sich alle Schülerinnen und Schüler einig, daß dieses Verfahren ihnen viel Spaß gemacht hat. Sie hatten wie sonst selten zuvor die Möglichkeit, ihre individuellen Vorlieben und Kenntnisse in die Unterrichtsplanung einzubringen und den weiteren thematischen Unterrichtsverlauf festzulegen und zu strukturieren.

Der besondere Effekt dieses Einstiegs ergibt sich aus dem Vergleich der selbsterdachten „theoretischen" Kategorien (vgl. die senkrechten Spalten der Tabelle) mit den konkreten „Einzelereignissen" (den Popgruppen). Fragwürdigkeit wie Berechtigung dieser soziologischen, psychologischen und musikalischen Kategorien sowie ihre Aussagekraft können auf der Basis der Tabellen in den folgenden Stunden ausführlich erörtert und vertieft werden.

Didaktischer Kommentar

Was können Schülerinnen und Schüler beim Einsatz des Karteikartenspiels „Zwei aus Drei" lernen?

Der hauptsächliche Unterschied des „Zwei aus Drei"-Spiels im Vergleich zu den beiden anderen in diesem Kapitel vorgestellten Methoden liegt in seiner noch größeren Offenheit. Bis auf das grundsätzliche Thema, das von der Lehrerin festgelegt worden war, wird bei dieser Methode das inhaltliche Vorgehen einzig von den Schülerinnen und Schülern bestimmt. Das Verfahren erfordert von ihnen ein hohes Maß an discipliniertem und kooperativem Verhalten miteinander. Dies wird sicherlich erleichtert bei Themen, die sie sehr interessieren und bei denen sie ihre Vorlieben einbringen können.

Sie können ebenfalls lernen, daß Nebensächlichkeiten, die sie im freien Gespräch in der Gruppe nennen, hier eine große Rolle spielen und für die Planung eine Notwendigkeit sind.

Die Zwei-aus-Drei-Technik fördert gleichermaßen die methodische Kompetenz wie die inhaltliche Intensivierung der Arbeit, denn die methodische Experimentalsituation durch die möglichen Kartenkombinationen läßt den Schülerinnen und Schülern die eigenen Denk- und Verständnisstrukturen bewußt und deutlich werden.

Nachteile und Schwächen

Problematisch ist die große Offenheit der Methode, die eine weitere Vorplanung auf Lehrerseite zumindest sehr erschwert. Die Ergebnisse der Gruppen können so unterschiedlich sein, daß ein gemeinsamer roter Faden für die weitere Unterrichtsplanung nicht gefunden werden kann. Ein Ausweg könnte sein, die gesamte Unterrichtseinheit weiter als Gruppenphase zu betreiben. Die Schlußpräsentation könnte in diesem Fall sogar besonders aufregend verlaufen.

Schülerinnen und Schüler, die das vorgegebene Thema nicht interessiert und die sich nicht zur Kooperation zwingen, können die Vorgehensweise verhältnismäßig leicht „sabotieren", indem sie sachlich unsinnige Zuordnungen vornehmen. Solange dieses Einzelfälle bleiben, relativiert sich das destruktive Verhalten in der Tischgruppenarbeit und spätestens bei der Präsentation.

Einsatzmöglichkeiten

Da die Methode recht hohe Anforderungen stellt, ist sie nach unseren Erfahrungen erst etwa ab Klasse 7 einsetzbar.

Eine weitere Einschränkung ergibt sich aus der Notwendigkeit, Themen und thematische Gegenstände zu finden, die sich unter möglichst vielen Kategorien vergleichen lassen – und das ist fast nur bei Menschen der Fall. Die Methode ist nicht geeignet zur Erarbeitung von streng sachlogischen Themen.

Die letzte Einschränkung bezieht sich auf die Schülererwartungen: Nur bei den Themen, an denen Schülerinnen und Schüler von vorneherein Interesse haben und motiviert sind, sich mit ihnen zu beschäftigen bzw. das außerschulisch schon tun, können Sie das für den Einsatz dieser Methode notwendige Maß an Engagement voraussetzen.

Ideenkiste
Themenbereiche, in die Sie mit Hilfe von Sortieraufgaben einsteigen wollen, müssen klar unterscheidbare Gliederungsaspekte aufweisen und nach Möglichkeit kontroverse Positionen erlauben.

Deutsch, Fremdsprachen: Die Beziehungen der Personen, die in einem Roman oder sonstigen literarischen Text auftauchen, lassen sich sehr schön graphisch oder durch das Ausschlußverfahren des Karteikartenspiels verdeutlichen und ermöglichen so den Einstieg in die Interpretation.
Auch die Charaktereigenschaften einzelner Figuren lassen sich z.B. durch Cluster sehr anschaulich erarbeiten.

Gemeinschaftskunde, Religion, Werte und Normen: In alle Themen, die die Schülerinnen und Schüler innerlich tangieren und zu denen sie eine persönliche Meinung haben, läßt sich mit Hilfe der Sortiermethoden einsteigen. Das abgebildete Cluster-Beispiel stammt aus einer zehnten Klasse, in der im Sozialkundeunterricht das Thema „Schule früher – Schule heute" begonnen wurde.

Geschichte: Historische Konstellationen bilden eine gute Materialgrundlage für Sortieraufgaben. In das Thema „Kirche und Mönchsorden im Spätmittelalter" läßt sich z.B. sehr schön einsteigen, indem man den Film „Der Name der Rose" gemeinsam anschaut und dann mit Hilfe von Clustern die Machtstrukturen und die Interessen der einzelnen Personen erarbeitet.
Auch das Thema „Steinzeit" ist sehr ergiebig, da die Schülerinnen und Schüler sowohl Interesse als auch eine Reihe von Vorkenntnissen mitbringen.

Mathematik: Ideen zur Wahldifferenzierung im Mathematikunterricht mit Hilfe von Clustern, Collagen und „Kopfsalaten" entwickelt Liane Paradies (Paradies 1996).

Ulrich Lipp (Lipp 1994) erläutert in einem Aufsatz zum Thema „Mind-Mapping in der Schule" die Funktion der „Gedanken-Landkarten" in bezug auf das Gedächtnis- und Gehirntraining im Unterricht.

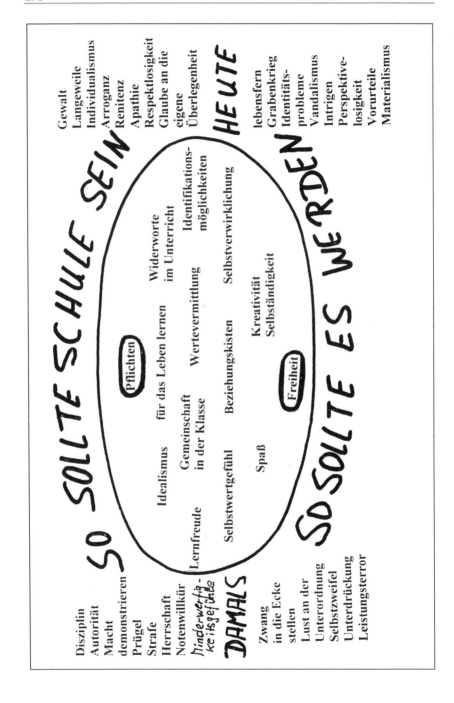

16 Assoziative Gesprächsformen

Vorbemerkungen

Gemeinsam ist den assoziativen Gesprächsformen der Grundsatz der spontanen Sammlung der Ideen, Vorstellungen und Erfahrungen der Schülerinnen und Schüler zu einem bestimmten Thema. Bei den offeneren Formen „Brainstorming" und „Kopfsalat" schließt diese Sammlung auch die Phantasien, Utopien sowie die Vorlieben und Abneigungen ein. Alles, was durch ein Thema oder eine Eingangsfrage angeregt wurde, darf geäußert, genannt oder mitgeteilt werden. Die wichtigste Spielregel für alle Formen des assoziativen Gesprächs ist die völlige Offenheit und Toleranz aller Teilnehmer der Gesprächsrunde gegenüber allen Äußerungen, und seien diese auch auf den ersten Blick noch so abwegig. Diese Methoden sind als fruchtbarer Einstieg in neue Unterrichtsthemen nur dann einsetzbar, wenn keiner die Furcht zu haben braucht, wegen seiner Äußerungen angegriffen oder lächerlich gemacht zu werden. Nur in einer entspannten Gesprächsatmosphäre können überhaupt aufeinander aufbauende Phantasiegebilde entstehen. Sie sollten daher gerade bei noch ungeübten Klassen vor Beginn des Gesprächs unbedingt zwei „eiserne Regeln" bekanntgeben und strikt auf deren Einhaltung achten:

1. Streng verboten sind „Killerphrasen" wie: „Das geht doch nicht!", „Das ist gegen die Regeln!" oder „Das erlaubt doch keiner!"
2. Während des assoziativen Gesprächs wird weder diskutiert noch kritisiert.

Die Methoden dieses Kapitels verlieren ihren Sinn, wenn Sie als Lehrerin oder Lehrer schon eine feste Vorstellung von dem neuen Thema haben und diese von Schülerseite nur bestätigt oder allenfalls leicht modifiziert haben wollen! Wenn Sie eine der assoziativen Gesprächsformen einsetzen, müssen Sie auf unkonventionelle und überraschende Ergebnisse gefaßt sein, und es wäre den Schülerinnen und Schülern gegenüber unfair und ein didaktisches Eigentor, diese Resultate dann zu ignorieren. Sie können natürlich vor Gesprächsbeginn gewisse Aspekte des neuen Themas aus dem Gespräch ausklammern und als verbindlich deklarieren. Sie berauben die Methoden allerdings ihrer Substanz, wenn Sie zu viel festlegen und die Klasse nur noch über Nebensächlichkeiten assoziieren lassen.

Planungsgespräch

Grundüberlegungen zur Didaktik

Das Planungsgespräch ist die konventionellste der in diesem Kapitel vorgestellten Einstiegsmethoden und am besten mit dem Begriff Ideensammlung zu umschreiben. Im Gegensatz zu den offeneren Formen Brainstorming und Kopfsalat wird beim Planungsgespräch von vornherein Wert auf Realismus und Durchführbarkeit der Ideen gelegt, Logik und Vernunft werden also nicht ausgeblendet. Das Planungsgespräch verläuft weitgehend unabhängig davon, ob die Anregung für ein neues Thema von Lehrer- oder von Schülerseite kommt.

Das didaktische Ziel dieser Einstiegsmethode ist das schrittweise gemeinsame Entwickeln eines Konzepts zur Gestaltung der neuen Unterrichtseinheit, indem spontane Ideen oder Assoziationen der Vorredner aufgegriffen und weitergedacht werden. Daß diese Methode erstaunlich effektiv sein kann, haben wir beide beim Schreiben dieses Buches selber erfahren. Häufig steht am Ende solch eines gemeinsamen Planungsgespräches ein Ergebnis, das alle Gesprächsteilnehmer positiv überrascht, weil es besonders einleuchtend oder besonders überzeugend oder auch „grandios einfach" ist, und auf das jeder einzelne beim alleinigen Nachdenken nicht gekommen wäre.

Jeder von Ihnen dürfte schon einmal die Situation erlebt haben, daß er allein trotz intensiven Nachdenkens oder vielleicht gerade wegen dieser Intensität bei der Lösung eines Problems nicht weiterkommt, weil ihm die entscheidende Wendung, der auflösende Gedanke, die befreiende Assoziation einfach nicht einfällt – etwas, das einem anderen dann spontan, ohne jede Anstrengung, quasi „en passant" gelingt. Die in diesem Kapitel vorgestellten Methoden wollen genau diesen fruchtbaren Moment systematisch zur Bewältigung anstehender Themen und Probleme nutzen.

Voraussetzungen und Vorbereitung

Um das Planungsgespräch in Gang zu bringen, empfiehlt es sich, selber einige Anregungen und Ideen parat zu haben. Dies kann je nach Lerngruppe auch durchaus provozierenden oder rätselhaften Charakter haben.

Weitere Vorbereitungen sind nur im Materialbereich nötig: Zeitungspapierrolle, Filzstifte, Karteikarten, Klebepunkte.

Durchführung im Unterricht

Die Niedersächsischen Rahmenrichtlinien für das Fach „Welt- und Umweltkunde" sehen für die Klasse fünf oder sechs das Thema „Freizeitverhalten – Freizeit und Umwelt" vor. Außer einigen sehr allgemein formulierten Lernzielen gibt es keine näheren Stoffvorgaben. Da auch ich dieses Fach in dieser Jahrgangsstufe zum ersten Mal unterrichte, beginnen wir die Einheit mit einem Planungsgespräch. Ich habe zwar einige Ideen über mögliche Themenbereiche wie Freizeitangebote in unserer Stadt, Freizeitindustrie oder Umweltgefährdung durch Freizeitsportler, aber keine detaillierten Vorstellungen.

Planungsgespräch

Nachdem ich die allgemeinen Gesprächsregeln bekanntgegeben und an die Tafel geschrieben habe, beginne ich das Planungsgespräch mit einer kleinen Provokation, indem ich, einem späteren Buchkapitel vorgreifend, einen Text laut vorlesen lasse, in dem der normale, zwölf- bis vierzehnstündige Arbeitstag eines Unterschichtkindes vor 100 Jahren geschildert wird, das keinerlei Freizeit hatte. Die Schülerinnen und Schüler erkennen nach kurzem Gespräch, wie wichtig für sie selber die tägliche Freizeit und die eigenen Hobbys sind, begreifen also die Bedeutung dieses Themas.

Mit der Frage „Worüber sollen wir in den nächsten Stunden reden, was wollen wir gemeinsam erarbeiten?" wird nun das eigentliche Planungsgespräch eröffnet. Die Gedanken der Schülerinnen und Schüler reichen von sehr vernünftigen Ideen (Text zum Freizeitverhalten lesen) bis hin zu recht exotischen und schwer realisierbaren, zum Teil auch provokativen Vorschlägen (selber zum Skilaufen fahren, um die Umweltzerstörung dort zu begutachten). Auch Beiträge, die projektartigen Unterricht erfordern oder Erkundungsgänge, Befragungen und sonstige Recherchen zur Folge haben, werden genannt: Erkundung der örtlichen Freizeitmöglichkeiten, Interviews mit Sportvereinsfunktionären etc. Ich protokolliere in Stichworten alle Vorschläge auf kleinen Karteikarten.

Nach der Hälfte der Stunde ist der Elan verbraucht und sind alle Ideen ausgesprochen. Ich lese anschließend alle Vorschläge noch einmal vor, wir diskutieren gemeinsam die Ideen, sondern die nichtrealisierbaren aus, sortieren und strukturieren die übrigen und ordnen sie unter einigen Hauptaspekten, die ich an die Tafel schreibe. Die Kärtchen werden an die Wand geheftet. Die Schülerinnen und Schüler können dann alle Vorschläge noch einmal in Ruhe durchlesen. Jeder erhält 10 Klebepunkte, die er nach persönlichen Vorlieben auf den Kärtchen verteilen kann (vgl. Kapitel 20). Die hierbei herauskommenden „Renner" werden von uns schließlich auf einer Wandzeitung notiert. Sie bilden die Geschäftsgrundlage für die Einheit, die im Verlauf der folgenden Stunden noch verändert werden kann, falls während der Arbeit neue Gesichtspunkte auftauchen.

Didaktischer Kommentar
Was können Schülerinnen und Schüler beim Planungsgespräch lernen?
Die Lernziele ergeben sich im wesentlichen aus dem im ersten Abschnitt Gesagten: Die Schülerinnen und Schüler sollen den Wert von Teamarbeit begreifen und die spezifischen Stärken erkennen, die sich aus der gemeinsamen sachlichen Assoziation gegenüber der Einzelarbeit ergeben können.

Diese Fähigkeit, die eigenen Vorstellungen und die individuelle Leistung in die Arbeit eines Teams einzubringen, ist übrigens nach Ansicht vieler Fachleute eine der wichtigsten Schlüsselqualifikationen der Zukunft! (Beck 1993, Lüttgert 1993)

Nachteile und Schwächen

Alle Methoden dieses und des nächsten Kapitels leben vom Gespräch und damit ganz wesentlich von der Bereitschaft und der Fähigkeit der Schülerinnen und Schüler, dieses Gespräch auch tatsächlich zu führen. Im Gegensatz zu den meisten anderen Einstiegsmethoden, die in diesem Buch vorgestellt werden, gibt es keine oder nur wenige Hilfsmittel wie Arbeitsmaterialien, Anweisungen, Rituale oder Medien, sondern die Methoden sind ganz und gar auf Verbalisierung und Spontaneität angelegt – und darin liegt ein gewisses Risiko.

Hinzu kommt der prinzipiell offene Charakter der Methoden dieses Kapitels, der eine Vorplanung oder Vorstrukturierung ja geradezu verbietet, weil genau dieses dem didaktischen Grundprinzip widersprechen würde. Mit anderen Worten: Sie gehen bei dieser Art des Unterrichtseinstieges ein gewisses Risiko ein, von den Schülerinnen und Schülern „hängengelassen" zu werden. Wir empfehlen Ihnen daher, die assoziativen Gespräche nur in Lerngruppen einzusetzen, die Sie schon besser kennen und deren Verbalisierungsfähigkeiten Sie ebenso einschätzen können wie den Grad ihrer Bereitschaft zur Mitarbeit. Denkbar ungeeignet ist die Methode daher auch zum Kennenlernen innerhalb einer neuen Gruppe.

Einsatzmöglichkeiten

Über neue Unterrichtsthemen zu sprechen und diese gemeinsam mit den Schülerinnen und Schülern zu entwickeln ist in allen Alters- und Schulstufen und allen Fächern möglich und sinnvoll, die unteren Primarstufenklassen vielleicht ausgenommen. Daher ist das Planungsgespräch fast universell einsetzbar. Da es auf rein sachlicher Ebene angesiedelt ist, kann man es im Deutschunterricht ebenso benutzen wie in Mathematik, in den Fremdsprachen ebenso wie im Sportunterricht. Je komplexer und vielschichtiger das neue Thema ist, desto interessanter und vielleicht überraschender wird natürlich auch das Planungsgespräch.

Brainstorming

Grundüberlegungen zur Didaktik

Besonders breiter Raum soll beim Brainstorming dem freien Ausgestalten von Gedankensplittern und vagen Ideen eingeräumt werden, und seien sie auch noch so phantastisch. Das Brainstorming ist eine Art gemeinsamen lauten Denkens. Die Äußerungen werden notiert, protokolliert oder auf Band mitgeschnitten, damit sie für alle veröffentlicht oder zugänglich gemacht werden können. In einem nächsten Unterrichtsschritt sollten gemeinsam Ordnungsstrukturen erarbeitet und diskutiert werden, unter die sich die genannten Einfälle zusammenfassen lassen. Diese entstandenen Strukturen können die Grundlage für weitere Diskussionen oder für die weitere Unterrichtsplanung sein.

Brainstorming   **203**

Voraussetzungen und Vorbereitung
Wenn in einer Lerngruppe das Brainstorming zum ersten Mal eingesetzt wird, ist
eine kurze Einführung in die folgenden Spielregeln dieser Methode sinnvoll. Sie
können diese Regeln auch auf eine Wandzeitung schreiben und im Klassenraum
aufhängen:
Motto des Brainstormings:
◆ Alles ist denkbar!
◆ Alles ist möglich!
◆ Alles ist erlaubt, Logik und Vernunft kommen später.
◆ Alle sollen ihren Gedanken und Phantasien freien Lauf lassen und offen sein.
◆ Jeder soll die Gedanken der anderen positiv aufgreifen, weiterspinnen, ver-
ändern ...

Das Brainstorming beansprucht trotz der weitgehenden Ausschaltung des logi-
schen Denkens die Schülerinnen und Schüler ziemlich, denn auch das Entwickeln von Phantasien ist eine anstrengende geistige Tätigkeit. Die Methode
sollte daher kurz, knapp und konzentriert gestaltet werden und nur im Ausnahmefall länger als zehn Minuten dauern, der Ermüdungsfaktor wird sonst zu
hoch.
Eine wichtige Variante wollen wir an dieser Stelle kurz nennen: Wir haben gute
Erfahrungen damit gemacht, dem Brainstorming eine kurze, höchstens fünf Minuten dauernde Phantasiereise (vgl. Kapitel 18), die zum Thema hinführt, voran-
zustellen. Die Schülerinnen und Schüler kommen zur inneren Ruhe, sie können
ihre Phantasien warmlaufen lassen, und die Reise bereitet die möglichen Inhalte
vor.

Durchführung
Die Schülerinnen und Schüler meiner siebten Klasse beschweren sich bei mir ve-
hement über den Deutschunterricht. Sie seien zwar mit meiner Art und meinem
Unterricht eigentlich ganz zufrieden, aber das Schuljahr sei nun schon zu gut ei-
nem Viertel vorbei und wir hätten bisher ausschließlich Rechtschreibung und
Grammatik durchgenommen und sachliche Beschreibungen angefertigt. Sie
möchten nun mal etwas ganz anderes machen! Nach Abschluß der vorhergehen-
den Einheit kündige ich am Ende der Stunde für die nächste ein gemeinsames
Brainstorming über die möglichen Inhalte und Methoden des Deutschunterrichts
der nächsten Zeit an.
Die Stunde beginnt mit der Verkündigung der obigen Regeln und einem kurzen
Einführungsvortrag meinerseits, dann beginnt fünf Minuten nach Stundenanfang
das Brainstorming. Für die Klasse ist die Methode neu, und so herrscht zunächst
Schweigen, das für mich schwer auszuhalten ist. Dann kommen zögernd die er-

sten Beiträge. Die Schülerinnen und Schüler mißtrauen offenbar der Regel, daß Logik und Vernunft vorerst keine Rolle spielen, denn die Ideen sind ausgesprochen vernünftig – ein Jugendbuch lesen, selber eine Geschichte weiterschreiben oder ein Lesetagebuch führen. Erst als alle merken, daß ich wirklich nicht eingreife, sondern kommentarlos an der Wandzeitung mitschreibe, werden die ersten mutiger. Weil alle sich an die Regeln halten und daher schnell merken, daß keiner lacht oder den anderen niedermacht, werden die Phantasien bald mutiger. Nach zehn Minuten haben wir ein Sammelsurium von Vorschlägen verschiedener Qualität – von den eben beschriebenen über projektartige und fächerübergreifende bis hin zu völlig utopischen wie der Umwandlung der Schule in einen Freizeitpark.

Kaum jemand hat sich mit der Konkretisierung und der möglichen Realisierung der Vorschläge beschäftigt, sondern diese wurden eher ins Phantastische erweitert. Alle haben offensichtlich die neue Freiheit genossen. Die anschließende Konkretisierungsphase, die bei einem anderen Verlauf des Brainstormings eben auch Bestandteil dieser ersten Phase hätte sein können, nahm folgenden Verlauf: Es wurden vierköpfige Gruppen gebildet, und jede erhielt einen vorbereiteten Bogen, auf dem in einer Tabelle untereinander stand: Originalidee, 1. Kommentar, 2. Kommentar, 3. Kommentar (eine Anleihe beim „Meinungskarussell", vgl. Kap. 14). Jede Schülerin und jeder Schüler sollte ein Schlagwort von der Wandzeitung aufgreifen und in eine im Unterricht zumindestens ansatzweise realisierbare Idee umformen. Dann gehen alle Zettel reihum, bis jeder drei Kommentare zu den Realisierungsmöglichkeiten seines Vorschlags hat. Damit ist die Stunde beendet. Am nächsten Tag werden alle Bögen aufgehängt, alles wird von allen gelesen und anschließend diskutiert. Am Ende der Stunde steht das neue Unterrichtsprojekt – die Herstellung einer Klassenzeitung.

Der Vorteil des Brainstormings und der folgenden Auswertung ist, daß nicht nur ein verschwommenes neues Thema gefunden wurde, sondern eine Fülle von inhaltlichen und methodischen Vorschlägen und Anregungen in diese Unterrichtseinheit einfließt.

Didaktischer Kommentar
Was können Schülerinnen und Schüler beim Brainstorming lernen?
Drei vielleicht völlig neue Einsichten sollten am Ende eines erfolgreichen Brainstormings stehen:

1. Die eigenen Phantasien sollten nicht vorschnell dem Diktat der Logik zum Opfer fallen. Wenn man sie nicht unterdrückt, sich nicht „schämt" und sie auszusprechen wagt, kann es durchaus möglich sein, daß diese Phantasien gar nicht so „verrückt" waren. Vielleicht birgt ihr unvernünftiges und utopisches Äußeres den Kern einer höchst realistischen Idee, die man mit Hilfe des ge-

meinsamen Brainstormings erst einmal herausarbeiten muß. Dieses Überraschungserlebnis bezüglich der eigenen Phantasie wird dazu führen, daß man selber den kreativen Leistungen des eigenen Gehirns größere Bedeutung zumessen wird und nicht alles sofort unter dem Verbotsschild „unlogisch, unrealistisch" selbst zensiert und ignoriert.

2. Der zweite Gesichtspunkt ist hiermit eng verknüpft: Was für mich gilt, gilt auch für die anderen. Auch sie müssen sich überwinden und Phantasien äußern, die sie in einem normalen Gespräch nicht nennen würden. Das Brainstorming produziert also eine gewisse Gruppenidentität, ein Gemeinschaftsgefühl, das durch den dritten Aspekt noch erheblich verstärkt wird.

3. Die Gruppe ist nicht einfach die Summe der Einzelphantasien, sondern das Brainstorming entfaltet seine eigentliche Kraft erst durch den Prozeß des gemeinsamen Assoziierens und Kombinierens. Eine Idee wird geäußert, von einem anderen aufgegriffen und weitergedacht, einem Dritten fällt noch ein neues Detail ein, das bringt den Urheber des Gedankens auf eine entscheidende Modifikation, daraufhin spinnt ein Vierter die Idee in eine bestimmte Richtung weiter. Am Ende sind alle überrascht, was aus so einem Gedankensplitter geworden ist und was sie alle durch das gemeinsame Denken dazu beigetragen haben.

Nachteile und Schwächen

Schülerinnen und Schüler, die die Schule bisher ausschließlich als kognitiv, logisch und rational erlebt und daher die alleinige Sinnhaftigkeit eines solchen Vorgehens verinnerlicht haben, sind gegenüber dem Brainstorming naturgemäß mißtrauisch. Wer wollte ihnen das verdenken? Mißtrauen führt zu Abwehr und Abwertung, und damit ist die für das Phantasieren notwendige Offenheit blockiert. Das Brainstorming führt zu einer peinlichen Schweigephase, und alle sind zum Schluß unzufrieden. Wir wissen keinen anderen „Königsweg" aus dieser Misere als den, die Schülerinnen und Schüler möglichst früh an solch eine Methode zu gewöhnen. Nur so können sie die Erfahrung machen, daß das Brainstorming nicht der Blödsinn ist, als den der nächste Lehrer in der nächsten Stunde es vielleicht bezeichnet, sondern eine ernsthafte und produktive Einstiegsmethode.

Bei älteren Schülerinnen und Schülern, die zum ersten Mal einen solchen Einstieg praktizieren sollen, kann der Hinweis helfen, daß das Brainstorming inzwischen in der Industrie und selbst bei höchstbezahlten Managern ein anerkanntes und praktiziertes Verfahren ist, und diese Leute sind bestimmt keine weltfremden Pädagogen.

Einsatzmöglichkeiten
Brauchbar ist das Brainstorming nicht nur in den Themenbereichen, in denen die Schülerinnen und Schüler klare Vorkenntnisse, Meinungen, Einstellungen und Erfahrungen haben. Die Stärke dieser Methode entfaltet sich dort, wo diese Vorkenntnisse nicht mehr bewußt sind, sondern erst durch den Prozeß des gemeinsamen Assoziierens langsam wieder in das Bewußtsein geraten. Ein Schüler sagte letztens nach einem Brainstorming zu mir: „Ich habe gerade Dinge gesagt, von denen ich gar nicht wußte, daß ich sie weiß."

Kopfsalat

Didaktische Einordnung und grundsätzliche Definition
Eine ganz andere Vorgehensweise wählen Sie, wenn Sie mit der Methode des „Kopfsalats" in ein neues Thema einsteigen wollen: Während das Brainstorming bei aller Freiheit der Phantasien doch noch ganz und gar das direkte Ansprechen der Sache in den Vordergrund stellt, werden beim Kopfsalat mit der Methode des indirekten Sprechens die eigenen Befindlichkeiten, die eigenen Gefühle, Vorlieben, Abneigungen und Überempfindlichkeiten gleichberechtigt neben die Sachebene gestellt.

Über das Hilfsmittel einer erfundenen Figur, die stellvertretend für die Schülerin oder den Schüler sprechen soll und darf, können „geheime" Gedanken formuliert und geordnet werden.

Es geht hier also nicht um das gemeinsame laute Denken, sondern um die Veröffentlichung der eigenen Gefühle auf dem Umweg über fiktive Personen, die den Schülerinnen und Schülern vorgegeben oder von ihnen selbst kreiert werden.

Das Element der bildnerischen Darstellung und die Projektion der eigenen Empfindungen auf Personen, die in Bildern agieren, erleichtern die Veröffentlichung derjenigen Gedanken, die man sonst nicht auszusprechen wagt.

Voraussetzungen und Vorbereitung
Wenn Sie den Kopfsalat als Unterrichtseinstieg nutzen, ist es empfehlenswert, eine vorbereitete Zeichnung mit noch leeren Sprechblasen für die Schülerinnen und Schüler bereitzustellen. In Klassen, denen das Verfahren bekannt ist, können Sie diese auch durch die Schülerinnen und Schüler anfertigen lassen. Das ist sicherlich sehr lustbetont, erfordert aber Zeit und Hilfestellung bei Zeichnungen, die nicht so gut gelungen sind. Im übrigen gibt es in allen Printmedien eine Fülle von geeigneten Comicfiguren.

Durchführung
In den sechsten Klassen wird in Naturwissenschaft bzw. in Biologie das Thema

Kopfsalat 207

„Sexualität" behandelt. Die Lehrerin wählt den Kopfsalat als Einstieg, weil in der Klasse eine Reihe von sehr schüchternen Schülerinnen und Schülern ist. Sie hat sich überlegt, daß diese Schüchternen sich gerade bei diesem Thema nicht trauen, ihre Gefühle zu äußern oder Fragen zu stellen. Der Einstieg soll in Partnerarbeit durchgeführt werden, so daß immer zwei Freunde oder Freundinnen jeweils eine Zeichnung mit zwei Figuren und zwei leeren Sprechblasen erhalten. Der Arbeitsauftrag lautet: „Füllt bitte zu zweit die Sprechblasen aus. Ihr könnt in die Sprechblasen das eintragen, was Euch am meisten interessiert oder was Ihr im Unterricht unbedingt behandeln wollt. Ihr könnt Euch auch etwas ausdenken, d.h., eine kurze Sprechsituation aufschreiben, von der Ihr glaubt, daß sie für alle interessant ist."

Da viele Schülerinnen und Schüler an Comics sehr interessiert sind, beginnen sie sofort mit dem Ausfüllen der Sprechblasen, und manche malen noch Figuren oder andere Dinge hinzu.

Auf S. 208 finden Sie ein Beispiel zweier Schülerinnen zur Verdeutlichung.

Alle Comics werden auf einen großen Tisch im Kreis gelegt, so daß alle im Kreis stehend die Bilder ansehen und besprechen können. Die so entstandene Gesprächssituation ist dadurch gekennzeichnet, daß sich alle intensiv beteiligen. Die Schülerinnen und Schüler erläutern die Vorstellungen der in den Comics auftretenden Personen so, als seien dies die Ansichten der Comicfiguren. Dies entlastet, schützt vor Verletzlichkeiten und gewährleistet daher ein hohes Maß an Offenheit.

Am Ende dieser Einstiegsphase legt die Klasse mit der Lehrerin gemeinsam die weiteren Themenbereiche fest, die in den folgenden Stunden behandelt werden sollen. Besonders interessant war bei dieser Stunde, daß sich viele Jungen nicht in die Rolle von Mädchen hineinversetzen konnten und umgekehrt. Deshalb wurden von der Klasse mehrere Vorschläge zu Rollenspielen, Stegreifspielen und Briefeschreiben mit vertauschten Rollen gemacht.

Didaktischer Kommentar

Was können Schülerinnen und Schüler beim Kopfsalat lernen?

Sie können ihre Gedanken, Wünsche, Vorstellungen und Fragen auf eine erfundene Person, der sie eventuell noch einen Namen geben können, übertragen. Dadurch müssen sie nicht selber ihre Ängste und Probleme vorstellen. Sie können sich hinter der fiktiven Person verstecken und geben sich so keine Blöße vor den anderen. Insbesondere bei Themen, die wie das Gebiet Sexualität mit Hemmungen verbunden sind, ist es günstig, eine Methode zu wählen, bei der jede Schülerin und jeder Schüler das Gesicht wahren kann. Damit nehme ich sie ernst und akzeptiere auch ihre durch das Elternhaus und den Freundeskreis geprägten Erfahrungen und Vorkenntnisse.

Außerdem macht es den meisten Klassen Spaß, Comics zu beschriften oder gar selber zu zeichnen.

Nachteile und Schwächen

Der Kopfsalat verlangt von allen Beteiligten die strikte Einhaltung einer Übereinkunft: Obwohl alle wissen, daß durch die Figuren hindurch die Autoren, also die Mitschüler, sprechen, erhalten alle die Fiktion aufrecht, daß diese Figuren ein Eigenleben haben – ganz so, wie der Theaterbesucher stillschweigend akzeptiert, daß die Schauspieler vorne auf der Bühne so tun, als gesche die vorgespielte Handlung gerade „in Wirklichkeit". Sobald auch nur eine Schülerin oder ein Schüler diese Übereinkunft deutlich und laut aufkündigt, ist das weitere Gelingen dieser methodischen Einstiegsvariante zumindest stark gefährdet. Der Kopfsalat ist also relativ leicht zu stören oder ganz zu sabotieren.

Einsatzmöglichkeiten

Der Kopfsalat läßt sich zu all den Themen im Unterricht einsetzen, die unmittelbar an die Gedanken und Gefühle der Schülerinnen und Schüler anknüpfen. Er ist dann besonders gut geeignet, wenn Sie in Ihrer Klasse einige eher schweigsame und zurückhaltende Schülerinnen und Schüler haben, die bei offenen Gesprächsformen oder beim Brainstorming wenig bis gar nichts sagen würden. Das Thema Sexualität zum Beispiel interessiert aber gerade in der sechsten Klasse alle, und daher ist es unbedingt notwendig, die ganze Klasse an den Gesprächen zu beteiligen. Das gelingt mit dieser Methode in idealer Weise, da die Schülerinnen und Schüler durch die Figuren sprechen können und sich nicht bloßstellen müssen.

17 Kooperative Gesprächsformen

Vorbemerkungen

Unterricht ist eine weitestgehend mit Hilfe der Sprache arrangierte Angelegenheit, auch wenn jede Unterrichtsform und -methode selbstredend nonverbale Anteile wie etwa körpersprachliche Elemente enthält. Oberster Zweck und primäres Ziel jeder unterrichtlichen Kommunikation ist das Lehren und Lernen. Alle Unterrichtsgespräche dieses Kapitels haben in der Regel einen definierten Anfang, ein erkennbares Ende und eine innere Zielgerichtetheit. Sie dienen dem Gedanken- und Meinungsaustausch im Medium der Sprache.

Da Unterrichtsgespräche etwas völlig Alltägliches sind, haben wir in diesem Kapitel auf lange Erläuterungen über Vorbereitung und Durchführung verzichtet. Wir nennen die grundlegenden Prinzipien der jeweiligen Gesprächsform, geben die wesentlichen Durchführungsregeln an und formulieren einen didaktischen Kommentar in bezug auf Lernziele und Einsatzmöglichkeiten.

Blitzlicht

Das „Blitzlicht" (Cohn 1975) unter dem Oberthema „Kooperative Gesprächsformen im Unterricht" vorzustellen, ist zumindest etwas irreführend, denn diese Einstiegsmethode arbeitet ausschließlich mit kurzen Statements, und das ist ja nicht gerade das, was man unter einem Gespräch versteht. Es gibt also keine Dialoge zwischen den Schülerinnen und Schülern der Klasse, aber da die Methode ausschließlich verbal ausgerichtet ist und man den Monolog ja wohl auch als Sonderfall des Dialogs betrachten kann, stellen wir Ihnen in diesem Kapitel das Blitzlicht vor.

Die Durchführung dieses Einstiegs ist denkbar einfach – jede Schülerin und jeder Schüler erhält den Auftrag, nach einer kurzen Bedenkzeit in nur einem Satz das für ihn selber am neuen Thema Bedeutsame und Wesentliche zu äußern. Alle sind nacheinander an der Reihe; Fragen oder sonstige Unterbrechungen werden nicht zugelassen. Falls es Ihr Ziel ist, über das Blitzlicht in eine Diskussion zu einem vielleicht schwierigen Thema einzusteigen, empfehlen wir den Stuhlkreis, da dieser erfahrungsgemäß zu mehr Offenheit und Gesprächsbereitschaft führt, Sie können aber auch die normale Sitzordnung beibehalten.

Ein sinnvolles Hilfsmittel ist der „Sprechstein": Ein Stein oder ein anderer handschmeichlerischer Gegenstand wird herumgegeben, und nur derjenige, der ihn in der Hand hält, darf etwas sagen.

Die Aussagen können hinterher auch auf Karteikarten geschrieben und veröffentlicht werden. Dies empfiehlt sich dann, wenn Sie mit dem Blitzlicht ein neues Thema vorstrukturieren wollen. Sie haben auf diese Weise zusätzlich die Möglichkeit, am Schluß der Einheit auf die Schüleraussagen zurückzukommen.

Lernziele und Einsatzmöglichkeiten
Mit dem Einsatz des Blitzlichts sind hauptsächlich zwei Lernziele verbunden: Die Schülerinnen und Schüler sollen ihre Gedanken sortieren, strukturieren und den zentralen Aspekt herauslösen, und sie sollen diesen Hauptgedanken möglichst knapp und präzise verbalisieren.
Die Einsatzmöglichkeiten sind sehr vielfältig und variabel. Da Sie weder eine lange Vorbereitungs- noch eine langwierige Durchführungsphase benötigen, kann die Methode ganz ausgezeichnet am Anfang fast jeder beliebigen Stunde als „Übung zum stofflichen Aufwärmen" genutzt werden. Eine Kollegin beispielsweise, die in einer sehr lernschwachen Integrationsklasse unterrichtet, benutzt das Blitzlicht als täglich wiederkehrendes Stundeneröffnungsritual (vgl. Kapitel 4), in dem alle Schülerinnen und Schüler mit einem Satz anzeigen sollen, was sie in der vorigen Stunde oder bei der Erledigung der Hausaufgaben nicht verstanden haben.
Aber auch in Texte, die zu Hause oder in der Stunde gelesen wurden, in Filme, Diaserien, Experimente oder Schülerreferate können Sie mit der Methode des Blitzlichts ohne weiteren Vorbereitungsaufwand einsteigen.
Da die Schülerinnen und Schüler nur einen einzigen Satz sagen dürfen, können Sie die Fragestellung sehr stark bündeln und so die Antwortmöglichkeiten steuern. Das Blitzlicht kann beispielsweise auch als Verbindungsglied zwischen einer Sprechmühle (Kapitel 14) und dem nachfolgenden Unterrichtsgespräch mit folgender inhaltsbezogener Aufgabe eingesetzt werden: „Gib in einem Satz die für Dich erstaunlichste Äußerung eines Deiner Partner wieder!" Wenn die Lehrerin oder der Lehrer aber zunächst einmal eine Rückmeldung über die vielleicht neue Methode haben will, kann man die Aufgabe völlig unabhängig vom Inhalt zur Beurteilung der Sprechmühle gestellt werden.

Kreisgespräch

Im Kreisgespräch sollen alle Schülerinnen und Schüler nacheinander ihre Meinungen und Kenntnisse zu einer Fragestellung oder einem Thema mitteilen. Dieses kann sowohl durch Aufforderung durch die Lehrerin oder den Lehrer erfolgen als auch durch das Melden. Wichtigstes Kriterium hierbei ist, daß jeder Schüler und jede Schülerin einen Beitrag leistet. Im Unterschied zum Blitzlicht müssen die Schülerinnen und Schüler sich aber nicht auf einen Satz beschränken, und Zwischenfragen, die der Klärung einer Aussage dienen, sind erlaubt. Auf problematisierende Einwürfe sollte allerdings auf jeden Fall zunächst verzichtet werden, denn Problematisierungen haben fast immer die unmittelbare Folge, daß eine Diskussion zwischen den interessierten, lebhafteren Schülerinnen und Schülern beginnt. Diejenigen Stillen, die noch nicht an der Reihe waren, kommen nicht mehr zu ihrem Beitrag und ziehen sich höchstwahrscheinlich für den Rest der Stunde oder Einheit in ihr emotionales Schneckenhaus zurück. Der Gesprächsleiter, und das muß keineswegs immer die Lehrerin oder der Lehrer sein, sollte diese Regel zu Beginn deutlich aussprechen und diejenigen, die schon während der Vorstellungsrunde problematisierende Fragen haben, bitten, sich diese zu merken oder aufzuschreiben, um dann die anschließende Diskussion einleiten zu können.

Auch hier kann der „Sprechstein" sinnvoll das Gespräch ordnen.

Das Kreisgespräch hat am Anfang einer Unterrichtseinheit die Funktion, ein Meinungs- oder Wissensbild der Lerngruppe zu erstellen und Hilfestellungen, Hinweise und Kriterien für die weitere Unterrichtsplanung zu erhalten. Das Kreisgespräch dauert länger als das ‚Blitzlicht' und ist daher als tägliches Stunderöffnungsritual nicht tauglich. Zudem ist der Übergang zu einer normalen Diskussion oder einem Unterrichtsgespräch weniger trennscharf, so daß eine mit einem Kreisgespräch begonnene Sequenz in der Regel die ganze Stunde einnimmt. Der Vorteil dieser Einstiegsmethode im Vergleich zum Blitzlicht liegt darin, daß komplexere oder vielschichtigere Thematiken nicht auf einen einzigen Aspekt reduziert werden müssen, sondern schon in der Eingangsphase auf vertieftem Niveau angegangen werden können.

Um eine harmonische Atmosphäre und die Offenheit dieser Gesprächsrunde zu gewährleisten, sollten die Schüleräußerungen nicht bewertet werden. Sinnvoll ist es aber, sie als Zwischenergebnis zusammenzufassen, schriftlich in Form von Protokollen oder Thesen zu sichern oder auch aufzuzeichnen.

Lernziele und Einsatzmöglichkeiten
Die für das Blitzlicht formulierten Lernziele gelten im Prinzip ebenso für das Kreisgespräch, denn auch hier müssen die Schülerinnen und Schüler zunächst einmal ihre Gedanken sortieren und strukturieren, bevor sie sie möglichst präzise äußern können. Da die Methode aber weniger rigide ist, haben die Schülerinnen und Schüler differenziertere Möglichkeiten, ihre Meinung, die ja durchaus nicht immer aus einem Guß sein muß, zu formulieren.

Hinzu kommt ein methodischer Aspekt, den wir für sehr wichtig halten, nämlich die unterschiedliche Bedeutung von Verständnis- und Problematisierungsfragen. Man kann in alltäglichen Gesprächssituationen immer wieder beobachten, daß diese zwei völlig unterschiedlichen Fragearten permanent durcheinandergeraten und das Gelingen von Kommunikationssituationen oft verhindern oder zumindest erschweren. Wenn das Kreisgespräch nach dem oben beschriebenen Ritual verläuft, sind alle Teilnehmer gezwungen, über diesen Unterschied intensiv nachzudenken und die eigenen Fragen ebenso zu prüfen wie die der anderen. Wir haben in Schulklassen, in denen das Kreisgespräch in der hier vorgestellten Version oft eingesetzt wird, deutlich den Erfolg dieses Trainings beobachten können. Einsetzen kann man das Kreisgespräch in all den Situationen, in denen die Schülerinnen und Schüler vorher die Möglichkeit gehabt haben, sich Kenntnisse anzueignen und eine Meinung zu bilden. Dies kann zum Beispiel zu einer vorher gelesenen Lektüre im Deutschunterricht sein, aber ebenso zu sozial-, landes- oder erdkundlichen Themen.

Je jünger Schülerinnen und Schüler sind, desto weniger sind sie in der Lage, die Regeln des Kreisgespräches einzuhalten. Sie lassen die anderen nicht ausreden und kennen noch nicht den Unterschied zwischen den zwei Fragearten. Andererseits haben sie eine deutlich höhere Toleranz- und Frustrationsschwelle gegen Störungen und Unterbrechungen durch die Klassenkameraden, genervt ist in solchen Situationen meist nur die Lehrerin oder der Lehrer.

Es ist daher unserer Meinung nach durchaus sinnvoll, das Kreisgespräch schon in der Grundschule einzusetzen. Hinzu kommt, daß der Gewöhnungs- und Trainingseffekt an diese Art der Gesprächsführung leichter verinnerlicht werden kann, wenn die Kinder sie bereits in frühem Alter kennenlernen. Vom Beginn der Sekundarstufe an sollte man anfangen, auch die formalen Regeln strikter einzuhalten. In geübten Klassen höherer Jahrgänge sollte die Gesprächsleitung durch eine Schülerin oder einen Schüler übernommen werden. Die Lehrerin oder der Lehrer kann dann entweder als normaler Gesprächsteilnehmer fungieren oder sich um die Datensicherung (durch Protokolle oder Tonbandaufnahmen) kümmern.

Streitgespräch

Im Streitgespräch erhalten die Schülerinnen und Schüler den Auftrag, in einer simulierten Konkurrenzsituation die von ihnen übernommenen Sprechrollen durch möglichst geschicktes Argumentieren zu vertreten. Im Gegensatz zum aufwendigeren und zeitintensiveren Rollenspiel geht es in dieser Einstiegsmethode um die rein verbale Ausgestaltung einer Vorlage. Die Übergänge sind aber fließend, und Streitgespräche sind sicherlich fast immer auch Bestandteile von Rollenspielen.

Klare Rollenzuweisungen und genaue formale Regeln des Gesprächsablaufs, die zu Beginn eingeführt sein müssen, kennzeichnen diese Gesprächsform: Mindestens vier verschiedene Rollen sind in einem Streitgespräch zu besetzen: Ge-

214   17. Kooperative Gesprächsformen

sprächsleiter, Befürworter, Gegner und Beobachter. Bis auf die Rolle des Gesprächsleiters können alle Rollen mehrfach besetzt werden, da der Leiter seine Rolle am wenigsten vorbereiten kann und oftmals sehr spontan auf Äußerungen der anderen Gesprächsteilnehmer reagieren muß. Es ist wichtig, die verschiedenen Rollen auch optisch und räumlich deutlich voneinander abzugrenzen. Die Schülerinnen und Schüler müssen ausreichend Zeit und Gelegenheit haben, sich in die ihnen zugedachten Rollen einzufühlen, und ihnen muß klar sein, daß sie nur eine Rolle spielen. Die Gesprächsteilnehmer müssen sich gegenseitig ausreden lassen, sich an die vom Leiter geführte Rednerliste halten und sollten jede persönliche Diffamierung des anderen vermeiden. Die Beobachter sollten einen klar definierten Beobachtungsauftrag haben, um die nachfolgende Auswertung, die in aller Regel nach dem Streitgespräch stattfindet, zu strukturieren. Der Gesprächsleiter achtet darauf, daß die vereinbarten Regeln eingehalten werden.

Lernziele und Einsatzmöglichkeiten
Solange im Streitgespräch nicht viel mehr als das lustvolle Wiederholen von Vorurteilen stattfindet, ist es unter Wert verkauft. Die Schülerinnen und Schüler sollen lernen, zu einem begründeten Abwägen von Vor- und Nachteilen bestimmter Positionen zu gelangen. Daher gilt es für die Lehrerin oder den Lehrer, vorher klar nach folgendem Gesichtspunkt auszuwählen: Das Gesprächsthema muß für eine

Pro-und-Contra-Diskussion geeignet sein, und es muß möglich sein, mehrere deutlich gegenüberstehende Positionen zu formulieren. Themen, die die Klasse zwar interessieren, aber auf die endlose Reproduktion von Vorurteilen hinauslaufen und keine Vertiefung erwarten lassen, sollten vermieden werden. Die für das Rollenspiel genannten Hauptlernziele Empathie, kommunikative Kompetenz und Toleranz (vgl. Kapitel 9) sind ansatzweise auch im Kreisgespräch zu verwirklichen. Da aber das szenische Element des Simulationsspiels in dieser Gesprächsmethode bei weitem nicht so eine dominante Rolle spielt, ordnen sich diese Lernziele als sekundäre dem vorigen unter.
Auch für das Streitgespräch gilt: Je eher Sie diese Methode einsetzen, desto mehr müssen Sie mit einem stürmischen und wenig regelgeleiteten Verlauf rechnen. Wir empfehlen Ihnen daher, in den unteren Jahrgängen selber die Rolle des Gesprächsleiters zu übernehmen.

Debatte

Die Debatte unterscheidet sich vom Streitgespräch durch mehr Regeln, und das gleiche Verhältnis, das zwischen Streitgespräch und Rollenspiel herrscht, gilt auch für die Beziehung Debatte – Planspiel. Form und Ablauf einer Debatte lassen sich aus den Geschäftsordnungen politischer Entscheidungsgremien übernehmen. Es muß eine klare Entscheidungsalternative geben, die in Form eines Antrages zur Abstimmung gestellt wird. Das Ziel der Debatte ist die Annahme, Ablehnung oder Modifizierung des Antrags. Folgende Rollen müssen besetzt werden: Vorsitzender, 1., 2., 3. Antragsteller, mehrere Opponenten, Protokollführer und Vertreter der Öffentlichkeit.
In der Regel eröffnet der Vorsitzende die Sitzung und fordert die Antragsteller auf, ihre Anträge einzubringen. Bevor die allgemeine Debatte eröffnet wird, werden die Opponenten noch zur Gegenrede aufgefordert. Am Ende der Debatte läßt der Vorsitzende über den oder die Anträge abstimmen und gibt das Abstimmungsergebnis bekannt.

Lernziele und Einsatzmöglichkeiten

Die Schülerinnen und Schüler lernen in einer Debatte, einen Konsens herzustellen bzw. einen Dissens auszuhalten, sie können im weiteren Unterricht nach Ursachen sowie Ansätzen zur Überwindung suchen.
Wie im Planspiel können sie darüber hinaus lernen, ihre Interessen verbal zu verteidigen, zu taktieren und zu koalieren etc. Vorteile im Vergleich zum aufwendigen Planspiel sehen wir in dem geringeren Vorbereitungsaufwand und der kürzeren Durchführungszeit, eine Debatte wird im Regelfall nicht länger als eine Stunde dauern.

Da die Debatte nicht wie das Planspiel den Anspruch stellt, Realität zu simulieren, ist diese Methode ziemlich variabel. Die klassischen Einsatzmöglichkeiten, auf die auch das Planspiel zielt, sind sämtlich auch debattentauglich. Darüber hinaus kann etwa die Aufarbeitung einer fiktiven literarischen Situation, ein historischer Dialog oder eine in den Medien zur Sprache gebrachte aktuelle Kontroverse Anlaß für eine Debatte sein.

Die verhältnismäßig strengen Regeln und die formalen Zwänge dieser Methode lassen es uns als ratsam erscheinen, die Debatte erst in der Sekundarstufe einzusetzen.

Gruppenpuzzle

Grundüberlegungen zur Didaktik

Gruppenarbeit ist in der Regel eher typisch für die Vertiefungs- oder Erarbeitungsphase. Dies gilt grundsätzlich auch für die Methode des Gruppenpuzzles, sie ist keine ausschließliche Einstiegsmethode, sondern auch dazu geeignet, Unterrichtsthemen, die auf andere Art begonnen wurden, zu vertiefen, zu differenzieren und selbständig weiterzuverfolgen.

Als Einstiegsmethode aber ist das Gruppenpuzzle deswegen gut geeignet, weil die Schülerinnen und Schüler durch den Wechsel von Individual- und Gruppenarbeit, den Wechsel von eigenem Lernen und dessen Weitervermittlung an die Gruppenpartner, das jeweilige Thema zu ihrer eigenen Sache machen können. Dieser Motivationsschub durch das Gruppenpuzzle hat nach unseren Erfahrungen dann auch im weiteren Verlauf der Unterrichtseinheit positive Konsequenzen.

Die Anregung zum Ausprobieren des Gruppenpuzzles haben wir der Veröffentlichung einer Arbeitsgruppe am Deutschen Institut für Fernstudien an der Universität Tübingen entnommen, die diese Methode in den Grundzügen entwickelt hat (DIFF 1985).

Der Unterschied zu normalem Gruppenunterricht (Greving/Meyer/Paradies 1993) besteht darin, daß die Schülerinnen und Schüler sich nicht nur arbeitsteilig und kooperativ in kleinen Gruppen etwas selbständig erarbeiten können, sondern auch selber als Vermittler von Wissen gefordert sind, also auch didaktische Fähigkeiten entwickeln müssen.

Das Gruppenpuzzle ist eine Form des Gruppenunterrichts, die in geradezu idealer Weise die Vorteile des Gruppenunterrichts, insbesondere die Herausbildung von Kooperationsfähigkeit, mit dem individuellen Leistungsprinzip verbindet. Alle Mitglieder einer jeweiligen Gruppe können beim Gruppenpuzzle nur dann erfolgreich sein, wenn sie sowohl gemeinsam und miteinander als auch individuell und allein „ihr Bestes" geben. Ein komplexer Wissensinhalt wird durch einen mehrfachen Wechsel von Stammgruppenarbeit und Expertengruppenarbeit angeeignet und zum Schluß auch überprüft.

Da es vergleichsweise zu anderen Formen zeitaufwendig ist und je nach Umfang und Schwierigkeitsgrad der verwendeten Materialien mindestens eine Doppelstunde, häufig aber auch mehr Zeit in Anspruch nimmt, ist das Gruppenpuzzle in erster Linie bei umfangreicheren Unterrichtseinheiten einsetzbar.

Voraussetzungen und Vorbereitung
In Klasse 9 sollen im Deutschunterricht Kurzgeschichten behandelt werden, und die Lehrerin entschließt sich, das Gruppenpuzzle als Einstieg einzusetzen. Die vorbereitenden Maßnahmen unterscheiden sich mit einer Einschränkung wenig von normaler Unterrichtsvorbereitung für Gruppenunterricht: Das Material, das die Schülerinnen und Schüler zur Bearbeitung erhalten, sollte mehrere unterschiedliche Aspekte und mögliche Fragestellungen enthalten oder auf andere Art klar gegliedert sein, weil sonst die Bildung von Expertengruppen erschwert oder unmöglich gemacht wird.

In dem hier gewählten Beispiel erhalten alle Schülerinnen und Schüler zunächst die gleiche Kurzgeschichte als Textgrundlage, und erst in der zweiten Runde, in der die Expertengruppen zusammenkommen, werden vier verschiedene Aspekte analysiert.

Durchführung
Zu Beginn der Stunde erklärt die Lehrerin zunächst einmal den gesamten geplanten Ablauf des Gruppenpuzzles inklusive der Modalitäten der abschließenden Leistungskontrolle, dann werden sogenannte Stammgruppen gebildet, die in unserem Beispiel jeweils vierköpfig sein müssen, da das Thema nach vier verschiedenen Aspekten behandelt werden soll. Die Klasse hat 20 Schülerinnen und Schüler, es werden also fünf Gruppen gebildet.

In der ersten (Stammgruppen-) Phase wird der Text verteilt und gelesen, das kann natürlich auch als Hausaufgabe vorher geschehen. Dann können in einer kurzen Phase innerhalb der fünf Stammgruppen oder auch gemeinsam im Plenum grundsätzliche Probleme beim Textverständnis geklärt, unbekannte Fremdwörter erläutert oder erste Leseeindrücke diskutiert werden. Dies ist sicher abhängig vom Schwierigkeitsgrad der Materialien und der Leistungsfähigkeit der Lerngruppe.

In einem zweiten Schritt werden von der Lehrerin vier Expertenthemen benannt und an die Tafel geschrieben, in diesem Fall zu vier verschiedenen Aspekten der Textarbeit. Die vier Mitglieder jeder Gruppe einigen sich auf je einen zukünftigen Experten für jeden Aspekt. Die Einteilung kann auch von der Lehrerin oder dem Lehrer vorgenommen werden oder nach Zufallsprinzipien erfolgen.

218   17. Kooperative Gesprächsformen

Die vier Expertenthemen lauten:
A: Welche sprachlichen Mittel werden verwendet?
B: Welche inhaltlichen Merkmale zeichnen die Kurzgeschichte aus?
C: Welches zentrale Problem wird thematisiert?
D: Welche Bezüge zur Entstehungszeit finden sich?

Am Ende dieser ersten Phase gibt es also 5 Stammgruppen mit je einem Experten für die Aufgabe A, B, C und D.

1. Phase: Stammgruppenrunde

1	2	3	4	5
A B	A B	A B	A B	A B
C D	C D	C D	C D	C D

In der zweiten Phase bilden sich analog zu den 4 Fragestellungen 4 Experten-gruppen:

2. Phase: Expertenrunde

A A	B B	C C	D D
A	B	C	D
A A	B B	C C	D D

Diese Expertenteams müssen jetzt anhand des Textes der Kurzgeschichte und weiterer Materialien ihr Spezialgebiet gemeinsam erarbeiten.

Falls Sie nicht ohnehin eine Doppelstunde eingeplant haben, können Sie an dieser Stelle problemlos unterbrechen, da die Experten natürlich dazu angehalten werden, sich schriftliche Notizen zu machen. Auch zwischen der dritten und vierten Runde kann eine zeitliche Zäsur liegen.

In der dritten Runde bilden sich wieder die ursprünglichen Stammgruppen. Hier hat jetzt jeder Experte die Aufgabe, den anderen drei Gruppenmitgliedern möglichst präzise und effektiv die im Expertenteam erarbeiteten Erkenntnisse zu vermitteln. Da die Schülerinnen und Schüler dies schon vorher wußten, spielen also bereits seit der zweiten Phase neben dem Erwerb von Sachkompetenz mögliche Modalitäten der Vermittlung des je selbst erworbenen Wissens eine gewichtige Rolle. Die Schülerinnen und Schüler müssen selbstverantwortlich und eigenständig lernen, sinnvolle Aufzeichnungen zu machen, die sachlich wichtigen Details präzise darzustellen, Kontrollfragen an die anderen Mitglieder der Stammgruppe zu entwickeln und dergleichen mehr.

Am Schluß dieser Phase müssen also in allen Stammgruppen alle Schülerinnen und Schüler über das, was in den Expertenteams gelaufen ist, informiert sein. An dieser Stelle kann das Gruppenpuzzle z.B. mit einer Diskussionsrunde im Plenum über offengebliebene Fragen abgeschlossen werden.

Es ist aber durchaus reizvoll, auch die folgenden Schritte zu realisieren: In der vierten Runde wird ein Leistungstest in Einzelarbeit geschrieben. Dies mag auf den ersten Blick verwundern, findet aber folgende Erklärung: Nur in der Form der isolierten Einzelarbeit sind sowohl die Qualität der Arbeit in den Expertenteams als auch die didaktische Fähigkeit der jeweils drei anderen Stammgruppenmitglieder überprüfbar. Würde ein Gruppentest geschrieben, wäre jeder Experte darauf erpicht, sein Spezialgebiet zu bearbeiten, damit fiele der eben erwähnte zweite Gesichtspunkt weg, die Fähigkeit nämlich, anderen Wissen zu vermitteln.

Vor der letzten Phase werden die Tests ausgewertet und dann gruppenweise gewichtet und zurückgegeben! Also nicht die Einzelleistung der 20 Schülerinnen und Schüler ist entscheidend, sondern die jeweilige Gesamtleistung der Gruppe. Es gewinnt also trotz der Bedeutung der individuellen Einzelleistung im Test letztlich die Gruppe, in der die Vermittlungsarbeit an die jeweiligen drei Nichtexperten am erfolgreichsten war.

Die weitere Arbeit an dem Thema der Unterrichtseinheit kann dann z.B. in der Form des Frontalunterrichts mit Hilfe des gelenkten Unterrichtsgespräches stattfinden. Da alle Schülerinnen und Schüler am Ende des Gruppenpuzzles ziemlich genau den gleichen Kenntnisstand haben, kann die Lehrerin oder der Lehrer dies bei der Auswahl weiterer Materialien einplanen.

Es ist in anderen Fällen genauso sinnvoll oder sachlich geboten, ohne gemeinsame Materialgrundlage zu arbeiten. In diesem Fall bekommen die Stammgruppen nur einen kurzen Einführungstext, der das Thema knapp umreißt, und die Arbeit beginnt erst in den Expertengruppen an unterschiedlichen Texten oder Materialien. In dem hier vorgestellten Beispiel könnte man dann, wenn man zunächst nur die sprachlichen Eigenschaften der Kurzgeschichte mit der Lerngruppe untersuchen will, den Expertengruppen vier verschiedene Kurzgeschichten mit der Arbeitsanweisung A geben.

Didaktischer Kommentar

Was können Schülerinnen und Schüler beim Gruppenpuzzle lernen?

Mit dem Gruppenpuzzle werden eine Reihe unterschiedlicher Lernziele verfolgt, die in der vorhergehenden ausführlichen Beschreibung sämtlich erläutert wurden, wir möchten sie daher hier nur noch einmal in vier Stichworten auflisten:

◆ selbständige Erarbeitung von Wissen aus Texten oder sonstigen Materialien,

◆ Förderung des individuellen Interesses durch Trennung der Lernwege der Stammgruppenmitglieder,

◆ sinnvolle Synthese der unterschiedlichen Lernleistungen in der Abschluß-phase,

◆ möglichst effektive Weitergabe dieses Wissens an die Mitschüler.

Nachteile und Schwächen
Nachteilig ist sicher der verhältnismäßig hohe Zeitaufwand bei der Vorbereitung und Durchführung, andere negative Seiten sind uns bisher nicht begegnet.

Einsatzmöglichkeiten
Das Gruppenpuzzle verlangt von den Schülerinnen und Schüler verhältnismäßig hohe Anforderungen, es ist daher erst etwa ab Mitte der Sekundarstufe I, also ab Klasse 7 oder 8 einsetzbar. Falls eine Klasse schon sehr viel Erfahrungen mit der selbständigen Kleingruppenarbeit hat und auch im disziplinarischen Verhalten entsprechend entwickelt ist, könnte das Gruppenpuzzle sicher auch schon früher eingesetzt werden.

Das Gruppenpuzzle kann in allen Fächern verwendet werden, in denen mehr oder weniger umfangreiche Materialien bearbeitet werden müssen. Dies müssen kei-neswegs, wie in unserem Beispiel, Texte sein. Die Stamm- und Expertengruppen können ebensogut an mathematisch-naturwissenschaftlichen Formeln oder Ex-perimenten arbeiten wie an Bildern oder musikalischen Werken, Landkarten oder Gegenständen. Es geht in erster Linie um Aneignung von Faktenwissen, das Ver-stehen von Zusammenhängen und den Aufbau von begrifflichen Strukturen. Da-her ist diese Methode universell einsetzbar.

18 Entspannt einsteigen – die Phantasiereise

Vorbemerkungen
Entspannungs- und Konzentrationsübungen gewinnen in der heutigen Zeit insbesondere für junge Menschen immer mehr Bedeutung. Viele Schülerinnen und Schüler kommen heute bereits im Grundschulalter außerhalb der Schule überhaupt nicht mehr zur Ruhe, die Hektik des Alltags und seine mediale Überfrachtung sind allen Kolleginnen und Kollegen hinlänglich bekannt. Die in der Schülerzeichnung (s. unten) karikierte Lehrerin dürfte dieses wohl übersehen haben. Diese Tendenz gerät Lernpsychologen und -theoretikern zunehmend in das Blickfeld, da auch das schulische Lernen von Konzentrationsmängeln und Verspannungen beeinträchtigt wird. Es gibt also auf jeden Fall einen mittelbaren Bezug zwischen den Entspannungstechniken und der Erarbeitung von Unterrichtsinhalten (Miller 1994, Knopf 1994).
Wir möchten Ihnen eine Variante der Entspannungsmethoden vorstellen, die auch direkt in ein neues Unterrichtsthema einführt.
Wir verzichten in diesem Kapitel ganz bewußt auf den Modebegiff „Meditation" oder „meditativ", denn dieser Ausdruck ist ideologisch überfrachtet und kann gegenüber Schülerinnen und Schülern, Eltern und Kollegen dann zu Mißverständnissen führen, wenn nicht ganz deutlich ist, daß es weder um tiefenpsychologisch-therapeutische noch um weltanschaulich-fundamentale „Großprojekte" geht, sondern um bloße und reine Entspannungsübungen.

Grundüberlegungen zur Didaktik

Die Phantasiereise ist eine Unterrichtseinstiegsmethode, die im wahrsten Sinne des Wortes nach innen führt, also die jeweils eigenen Gefühle, Stimmungen und Gedanken ansprechen und aktivieren will. Auch wenn das Einstiegsmedium Sprache zunächst einmal den kognitiven Bereich anspricht, so findet doch die eigentliche Reise in inneren Bildern und Erlebnissen statt. Die Vorgehensweise ist am besten mit dem Begriff „kontemplativ" zu fassen: sich auf etwas völlig konzentrieren und sich versenken. Hierbei soll man sich nicht von äußeren Einflüssen stören oder von dieser Versenkung abhalten lassen. Kontemplation ist ein Vorgang, der ohne jede äußerliche Aktivität vor sich geht, der Unterrichtsgegenstand wird also nicht bearbeitet, geformt, verändert oder ähnliches. Die von den Schülerinnen und Schülern während der Phantasiereise geforderte Aktivität ist eben eine ganz und gar innerliche, die sich auf die Fähigkeit zur Phantasie, zur Einbildungskraft und zur Assoziation stützt.

Voraussetzungen und Vorbereitung

Der Einsatz dieser Methode empfiehlt sich beispielsweise im Deutschunterricht, wenn Sie eine Lektüre beginnen wollen. Jeder erzählende Text regt die nachschaffende Phantasie des Lesers an; wenn wir also etwa einen Roman lesen, wird die Handlung dieses Buches, ob man will oder nicht, in unserem Inneren nachgeschaffen – der Leser kann gar nicht anders. Dieses Sich-Einfühlen in den Schauplatz und die Personen, die in der Lektüre vorkommen, können Sie mit der Phantasiereise erleichtern und intensivieren. Dies erfordert allerdings ein bißchen Vorbereitung: Die Lehrerin oder der Lehrer muß sich zunächst selber auf die Atmosphäre, die das Buch ausstrahlt, einlassen und sich dann eine Reihe von Handlungsanweisungen überlegen, mit denen die Phantasie der Schülerinnen und Schüler in die gewünschte Richtung gelenkt wird.

Nehmen wir beispielsweise an, ein Roman beginnt in der sommerlich-sonnigen und unbeschwerten Atmosphäre eines großen Bauerngartens, der zu einem kleinen Herrschaftssitz gehört. Die siebzehnjährige Tochter des Landedelmannes sitzt mit ihrer ebenso alten Freundin in einem leicht schwankenden Kahn auf dem Teich und schwätzt mit dieser über Belanglosigkeiten. So beginnt der Roman „Effi Briest" von Theodor Fontane. Dieses Bild kann die Lehrerin oder der Lehrer vor dem inneren Auge der Schüler zu schaffen versuchen.

Gerade bei noch ungeübten Schülern sollten Sie auf etliche Rahmenbedingungen achten, deren wichtigste die Erläuterung der Methode ist. Beseitigen Sie Lärm- und sonstige Störquellen und vermeiden Sie vorhersehbare Belästigungen, indem Sie z.B. ein Schild außen an die Klassentür hängen. Sie sollten sich Zeit lassen, also nicht 10 Minuten vor Stundenende beginnen, und alles tun, um eine entspannte, gelockerte Atmosphäre zu schaffen. Es empfiehlt sich zum Beispiel, den

Durchführung | **223**

Raum abzudunkeln, eine oder mehrere Kerzen anzuzünden und mit ruhiger Stimme zu sprechen. Wichtig für alle Teilnehmer ist weiterhin eine bequeme Sitz- oder Liegeposition, so daß keine störenden oder ablenkenden Körperbedürfnisse den Verlauf beeinträchtigen. Am besten geht dies im Liegen auf einer bequemen Unterlage, aber hier sind uns in der Schule meist enge Grenzen gesetzt. Eine bequeme Haltung, also etwa Kopf auf den Tisch oder die Arme legen, tut es aber auch.

Gerade dann, wenn in der Klasse feste Rituale wie der Morgenkreis oder die Wochenabschlußstunde eingeführt sind, kann die Phantasiereise als Entspannungstechnik gut eingesetzt werden.

Selbstredend sollte gerade Anfängern klar gemacht werden, daß keiner gezwungen wird mitzumachen.

Durchführung

Die Phantasiereise dauert je nach Altersgruppe und Erfahrung 5 – 15 Minuten. Sie beginnt mit einem Einführungsgespräch, in dem die Schülerinnen und Schüler auf das nun Folgende vorbereitet werden. Dann folgt die Einstimmungsphase, zu deren Beginn ein Tonband mit meditativer, entspannender Musik eingeschaltet wird, entsprechende CDs oder Kassetten sind inzwischen problemlos in jedem Musikgeschäft erhältlich. Die Schülerinnen und Schüler sollen innere Aufmerksamkeit sammeln, Ruhe finden, die Augen schließen, wenn sie dieses wollen, und ihren eigenen Atem und Körper spüren. Die Phantasiereise beginnt, indem die Lehrerin oder der Lehrer mit ruhiger und wenig modulierter Stimme eine Geschichte erzählt und den Schülerinnen und Schülern jeweils Zeit läßt, sich in die Handlung einzufühlen. Auf das obige Beispiel des Romananfangs bezogen, könnte diese etwa folgendermaßen vor sich gehen:

> „Du liegst auf einer alten, weichen Gartenliege in der Sonne. Deine Arme liegen locker neben Dir, Deine Hände entspannen sich. Atme tief durch die Nase ein und durch den Mund hörbar aus. ... Konzentriere Dich ganz auf deinen Körper. ... Du wirst mit jedem Einatmen ruhiger und mit jedem Ausatmen entspannter. ... Stell Dir vor, Du befindest Dich 100 Jahre in der Vergangenheit im Garten eines alten Herrenhauses auf dem Lande. ... Du hörst nur das Summen der Bienen und das Zwitschern der Vögel, sonst keinen Laut. Du fühlst dich angenehm entspannt und erwärmt. ... Stell Dir vor, Du träumst von Deinem Märchenprinzen oder Deiner Märchenprinzessin. ... Du denkst an ihr oder sein Aussehen ... Du stellst Dir ihre oder seine Freundlichkeit vor ... Du denkst an ein gemeinsames Leben mit ihr oder ihm ... Die Luft riecht nach Heu und Blumen, und Du bist ruhig und ausgeglichen. ... Laß jetzt Deine Vorstellungen und Bilder langsam verblassen und undeutlicher werden. Atme tief ein und tief aus. Alles verschwindet langsam vor Deinen Augen. ... Öffne Deine Augen und nimm Deine Umgebung wieder wahr. Recke und strecke Dich so richtig. Du bist ruhig und entspannt."

224   18. Entspannt einsteigen – die Phantasiereise

Die Phantasiereise wird von einer reinen Entspannungstechnik zur Unterrichtseinstiegsmethode im engeren Sinn gemacht, wenn die Schülerinnen und Schüler nach Ende der Reise dazu angehalten werden, ihre Eindrücke aufzuschreiben – etwa in Form einer Geschichte oder der eigenen Gedanken während der Phantasiereise. Der Sinn der obigen „Reise" bestand in der Sensibilisierung der Schülerinnen und Schüler für das, was Effie Briest am Romananfang „blüht", nämlich die von der Mutter beschlossene Verheiratung der Siebzehnjährigen mit einem wesentlich älteren Mann. Die Schülerinnen und Schüler schreiben ihre eigenen Ideale, die sie während der Phantasiereise gesponnen haben, auf. Der Kontrast zur Romanhandlung ist der Motor für die nachfolgende Interpretation. Diese Verschriftlichungsphase muß aber unmittelbar nach Ende der Reise geschehen, solange die Phantasien noch lebendig und die phantasierten Ereignisse noch frisch im Gedächtnis sind, also auf keinen Fall als Hausaufgabe.

Didaktischer Kommentar
Was können Schülerinnen und Schüler bei der Phantasiereise lernen?
Entspannung und Einsatz der eigenen Phantasie können eine Reihe von positiven Folgen haben und die einseitigen Belastungen des heutigen „verkopften" Unterrichts abmildern. Lernpsychologen haben schon des öfteren nachgewiesen, daß sich gerade intellektuelle Aufgaben wesentlich besser im Zustand der Entspannung angehen und lösen lassen, während zum Beispiel der in Streßsituationen erfolgende Adrenalinausstoß eher zur Blockade komplexer kognitiver Prozesse führt (Vester 1975). Zudem sind entspannte und sich ihrer eigenen Phantasie bewußte Schülerinnen und Schüler eher in der Lage, gestellte Aufgaben kreativ anzugehen, Probleme von mehreren Seiten zu betrachten, mit anderen zu kooperieren und so insgesamt zu umfassenderen Lösungen zu gelangen.
Die Reizüberflutung, der wir alle in heutiger Zeit ausgesetzt sind, führt gerade bei jungen Menschen häufig zu einer Kette von Einstellungen und Frustrationen, die durch Stichworte wie Konzentrationsschwierigkeiten, niedrige Frustrationsschwelle, zunehmende Aggression, Verlangen nach immer neuer Abwechslung, Konsum von medialen Fertigprodukten, zunehmende Phantasielosigkeit, steigende Aggression und Unfähigkeit zur Selbstkritik gekennzeichnet ist. Auch hier können Entspannungstechniken wie die Phantasiereise positive Gegenakzente setzen.

Nachteile und Schwächen
Nachteile haben wir vor allem im disziplinarischen Bereich bei Klassen erlebt, die Methoden dieser Art noch gar nicht kannten. Es regt sich anfangs leicht Widerstand gegen die Zumutung, innerhalb des ganz und gar rationalen Raumes Schule so einen „Entspannungsquatsch" zu machen. Gerade Jungen empfinden

die verlangte Kontemplation häufig als unmännlich oder unmöglich. Hinzu kommt als zweiter Schwachpunkt, daß schon ein Störenfried genügt, um jede Konzentration unmöglich zu machen, die Methode ist also recht empfindlich gegenüber disziplinlosen, störenden Schülerinnen und Schülern.
Wir können hier nur empfehlen, einen langen Atem zu haben! Wir haben selber erlebt, daß bei einer mit uns befreundeten Realschulkollegin die Phantasiereise nach kurzer Zeit hervorragend klappte. Die Kollegin hatte eine recht schwierige achte Klasse übernommen und ganz konsequent jeden Tag einmal eine Phantasiereise inszeniert, allerdings als reine Entspannungsübung ohne den hier dargestellten fachlichen Hintergrund. Zu Anfang war das recht schwierig, aber ein Großteil der Klasse hat sehr bald Gefallen an der Methode gefunden und die Ruhe und Entspannung genossen. Dieses führte fast automatisch zur Isolation und schließlich Ruhestellung der Störer.

Einsatzmöglichkeiten
Als reine Entspannungstechnik ist die Phantasiereise in allen Alters- und Schulstufen und allen Fächern einsetzbar und sicherlich sinnvoll.
Als Einstiegsmethode in ein neues Thema ist sie immer dann geeignet, wenn es um Empathie geht, also um die möglichst weitgehende Einfühlung in eine fiktive oder reale Person. Wir können uns den Einsatz gut vorstellen im Deutsch-, Sach- oder Religionsunterricht der Grundschule. Nach oben hin gibt es altersmäßig keine Grenzen.

Ideenkiste
Etliche Beiträge zu Entspannungs- und Konzentrationsübungen in der Schule und zum „Lob der Langsamkeit" finden Sie im Pädagogik-Heft 12/1994, Thema: „In Ruhe unterrichten". Tannhäuser und Teubert (Tannhäuser/Teubert 1994) haben eine Audiokassette mit genauen Anleitungen für Entspannungsübungen und informativem Begleitheft veröffentlicht.

Deutsch: Einstiege in Romanhandlungen, in Erzählungen, in Dramen und auch in Gedichte können durch eine Phantasiereise gestaltet werden.

Geschichte, Religion: Mit Hilfe der Phantasiereise können Schülerinnen und Schüler sich bei entsprechender Hilfe durch die „Reiseleitung" sehr gut in geschichtliche Situationen einfühlen.

Erdkunde, Fremdsprachen: Ähnliches gilt für die Einfühlung in fremde, vielleicht sogar von Schülerseite als exotisch angesehene Situationen.

19 Kritik der Schülerinnen und Schüler

Vorbemerkungen

Kritik der Schülerinnen und Schüler als Unterrichtseinstiegsmethode zu bezeichnen stößt ganz sicher auf Verwunderung, denn kritisieren kann man ja eigentlich nur das Bekannte, schon Erlebte oder Erfahrene, aber nicht das Neue, das einen erst noch erwartet. Kritik am gerade vergangenen Unterricht, also an dem, was man eben erlebt, erlitten, erduldet, vielleicht aber auch genossen hat, ist doch eine der typischen und besten Ausstiegssituationen, oder?

Doch welchen Sinn hätte Kritik am Vergangenen, wenn nicht den, es in Zukunft, bei der nächsten Unterrichtseinheit, beim nächsten ähnlichen Thema oder im nächsten Jahrgang besser machen zu wollen?

Es gibt noch einen zweiten möglichen Einwand gegen dieses Kapitel in einem Buch zu Unterrichtseinstiegsmethoden: Kritik der Schülerinnen und Schüler am Unterricht ist keine Methode, sondern ein ganz bestimmter Unterrichtsinhalt. Es handelt sich um Unterricht über Unterricht, also um „Metaunterricht" (Geppert/Preuß 1980), in dem die Klasse sich sowohl über die Inhalte als auch die Methoden und über die Person des Lehrenden auslassen kann und soll – und dies mit allen möglichen Methoden und in allen möglichen Sozialformen!

Dennoch halten wir dieses Kapitel für einen unverzichtbaren Bestandteil dieses Buches. Das möchten wir mit folgenden Argumenten begründen:

Lehrerinnen und Lehrer brauchen Rückmeldungen, damit sie auch aus der Sicht der Schülerinnen und Schüler erfahren, ob ihre Planung und Durchführung angekommen ist, ob die Inhalte, Ergebnisse und insbesondere die Methoden brauchbar, wiederholenswert oder einfach nur miserabel waren.

Nun könnten Sie einwenden, daß Sie als pädagogisch geschulte Fachleute selber ausreichend in der Lage seien, diese Rückmeldung selber vorzunehmen und nicht auf die unqualifizierten Schüleräußerungen achten zu müssen.

Dem ist aus unserer Sicht zu entgegnen, daß wir Unterricht nicht als Einwegkommunikation verstehen, in der eine aktiv agierende Lehrperson den weitgehend passiv reagierenden Schülerinnen und Schülern Stoff vermittelt, sondern als einen sich stets gemeinsam konstituierenden Sinnhorizont, oder – einfacher ausgedrückt – als kommunikative Interaktion.

Wir halten Schülerinnen und Schüler für prinzipiell fähig, Unterricht angemessen wahrzunehmen und diese Wahrnehmung in Beobachtung und Kritik zu verbalisieren.

Vergleichbare Rückmeldungen über ihren eigenen Unterricht kann keine andere Person oder Institution geben.

Auch wenn Lehrerinnen und Lehrer im Verlauf der Arbeit spüren, ob Resonanz und Interesse oder Gleichgültigkeit und Langeweile bei dem einen oder anderen vorherrschen, kann das eigene Gefühl ganz schön täuschen.

In der einschlägigen Literatur zur Konzeption des Metaunterrichts (Fichten 1993) wird betont, daß die Verbalisierung und Kommentierung des eigenen Verhaltens auf Schüler- wie auf Lehrerseite stark zur Verbesserung des Unterrichtsklimas beiträgt. Beide Seiten distanzieren sich vorübergehend von der aktuellen Unterrichtssituation und betrachten gemeinsam die Wegstrecke, die sie in der vorigen Unterrichtsphase zurückgelegt haben, um anschließend neue Richtungen und neue Impulse für die Zukunft zu reflektieren mit dem Ziel, „eine neue Praxis zu begründen" (Fichten 1993, S. 49).

Wir raten Ihnen daher, diese Phase der Unterrichtskritik als festen Bestandteil Ihrer Unterrichtspraxis zu institutionalisieren!

Zum Abschluß dieser Einleitung möchten wir noch einige wichtige Aspekte erwähnen:

Sie müssen grundsätzlich damit rechnen, daß Schülerinnen und Schüler Probleme personalisieren. Methoden und Inhalte des Unterrichts, die zur Kritik freigegeben wurden, werden auf Schülerseite untrennbar mit der Lehrkraft verbunden, zum Beispiel werden strukturelle Defizite der Methode von den Schülerinnen und Schülern als persönliche Inkompetenzen des Lehrenden begriffen – und das wird dann auch entsprechend formuliert. Verschärft wird diese für uns Lehrerinnen und Lehrer unangenehme Situation noch zusätzlich dadurch, daß Schülerinnen und Schüler nicht differenzieren können zwischen dem, was im persönlichen Verantwortungsbereich der Lehrerin oder des Lehrers liegt, und dem Umfeld, „das nicht das Ergebnis seines Handelns und dennoch mit seiner Person auf das Engste verbunden ist." (Fichten 1993, S. 47)

Wir möchten Ihnen einige kurze und einfache Verfahren schildern, wie Sie Schülerkritik „erheben" und nutzen können.

Schriftliche Befragung

Die einfachste Methode besteht in der Entwicklung eines Fragebogens. Dies hat den Vorteil, daß sich keiner mündlich vor der Klasse äußern und damit „Farbe bekennen" muß, sondern ohne Angst in aller Ruhe schriftlich und anonym seine Meinung äußern kann. Je geschlossener die Fragen sind, desto leichter ist die Auswertung (am leichtesten bei einem „Multiple-choice-Verfahren"), desto holzschnittartiger aber auch die Ergebnisse. Je offener die Fragen sind, desto aufwendiger ist das Auswertungsverfahren. Der auf S. 228 f. abgedruckte Fragebogen versucht ein mittleres Maß von Offenheit und Handhabbarkeit zu wahren.

Die offenste Form einer schriftlichen Befragung besteht in der Aufforderung zum

Liebe Schülerinnen und Schüler der Klasse 9c!

Das Thema „Die Physiker" liegt gerade hinter uns, und ich möchte von Euch mit Hilfe dieses Fragebogens eine Rückmeldung darüber haben, was Ihr an dieser Unterrichtseinheit besonders gut fandet, was „so lala" war und was wir in Zukunft vermeiden sollten.
Da der Inhalt der letzten Unterrichtseinheit nun wirklich Vergangenheit ist und Ihr das Stück sicher kein zweites Mal lesen werdet, möchte ich von Euch hauptsächlich ein Urteil über die Unterrichtsmethoden, die wir eingesetzt haben. Einige von Euch haben im privaten Gespräch mit mir ohnehin schon geäußert, daß es hauptsächlich an den Methoden liegt, ob der Unterricht Spaß macht oder langweilig ist - und genau das wollen wir jetzt gemeinsam 'rausfinden!

1.
Ordne eines der folgenden Adjektive einer der von uns während der Interpretation der „Physiker" eingesetzten Methoden zu:

interessant	langweilig	anstrengend
abwechslungs-reich	stupide	locker
ermüdend	erfreulich	aufregend
lehrreich	unangenehm	frustrierend

Lesen	frontales Unterrichtsgespräch
Partnerarbeit	Lehrervortrag
Vorspielen	Rollenspiel
Gruppenarbeit	Partnerarbeit

2.
Welche der in Frage 1 aufgeführten Methoden hat Dir am besten
gefallen?

3.
Hast Du beobachtet, welche dieser Methoden ich als Lehrer besonders
gut „rüberbringen" kann und welche besonders schlecht? Kannst Du
dieses in Stichworten begründen?

4.
Könntest Du Dir selber (A), Deinen Mitschülern (B) oder mir (C)
Ratschläge geben, was wir in Zukunft besser machen sollten?

5.
Kannst Du weitere Methoden nennen, die wir in Zukunft einsetzen
sollen?

Schreiben eines Aufsatzes oder eines Statements zur vorigen Unterrichtssequenz
(vgl. Czervenka 1990). Sie kommen auf diese Art sicherlich an ehrlichere und
aussagekräftigere Daten als mit einem geschlossenen Fragebogen, aber der interpretative Aufwand ist groß, und es besteht für den Auswertenden wie bei jeder
Interpretation die Gefahr, das in den Text hineinzulesen, was Sie selber erwartet
haben.

Als besonders reizvoll haben wir diese Schreibaufforderung dann empfunden,
wenn sie mit der Anregung verbunden war, ein zukünftiges Szenario zu entwerfen, also ein utopisches Bild einer idealen Unterrichtssituation zu beschreiben.
Aus der Diskrepanz zwischen dem Idealbild und der gerade vergangenen Unterrichtsrealität lassen sich Fehler und Defizite herauslesen.

Lehrerbrief

Die Umkehrung der Fragebogenmethode ist der Lehrerbrief. In diesem Fall will
nicht die Lehrerin oder der Lehrer von den Schülerinnen und Schülern etwas wissen, sondern teilt sich selber mit, daher ist der Lehrerbrief auch nicht als Alternative zum Fragebogen anzusehen, sondern kann auch als Ergänzung eingesetzt
werden. Insbesondere dann, wenn Sie selber das Gefühl haben, in der vergangenen Unterrichtssequenz Fehler gemacht oder sich falsch verhalten zu haben,
signalisiert der schriftlich fixierte und an die gesamte Klasse verteilte Lehrerbrief
ein ganz anderes Maß an Verbindlichkeit als die mündliche Äußerung, die viel-

leicht auch noch im Affekt gefallen ist. Aber auch bei Schülerfehlverhalten kann so ein offizieller Brief durchaus höhere Wirkung haben als die mündliche Standpauke. Im Prinzip ist so ein Lehrerbrief die Vorstufe zum „Unterrichtsvertrag", auf den wir am Schluß dieses Kapitels zu sprechen kommen.

Klebepunktaktion

Eine ebenso wenig aufwendige Methode ist die „Klebepunktaktion". Jede Schülerin und jeder Schüler erhält zwei verschiedenfarbige Karteikarten und soll in möglichst einem Satz auf die eine Karte schreiben, was besonders gut war, und auf die andere das, was ganz und gar schlecht war. Die Karten werden an die Wand geheftet oder geklebt. Jede Schülerin und jeder Schüler bekommt fünf Klebepunkte (im Papiergeschäft für wenig Geld erhältlich) und hat die Aufgabe, die Punkte auf den Karten zu verteilen. Es können alle Punkte auf eine Karte geklebt oder auf mehrere Karten verteilt werden, je nachdem, ob die Schülerin oder der Schüler eine Aussage für extrem wichtig hält und ihr mit allen Punkten ein großes Gewicht verleihen will, oder ob mehrere Aspekte bedeutsam sind. Die Lehrerin oder der Lehrer erhält auf diese Weise ein sehr genau reagierendes Stimmungsbarometer zu der vorherigen Einheit, das durch das anschließende Gespräch über die Renner noch vertieft wird.

Statt der auf Karteikarten festgehaltenen Schüleräußerungen kann man natürlich auch selber vorher Thesen notieren und die Klasse dann diese „bepunkten" lassen. Diese vorgefertigte Kategorisierung hat den Vorteil größerer Steuerbarkeit, wenn es einem z.B. selbst nur um einen genau bestimmten Aspekt geht, und den Nachteil geringerer Offenheit, denn unerwartete Schüleräußerungen, die vielleicht gerade wegen ihres Überraschungsmomentes interessant sind, kommen nicht ins Blickfeld.

Schneeballszenario

Ähnlich wie die „Klebepunktaktion" funktioniert das „Schneeballsystem". Zunächst erhalten alle Schülerinnen und Schüler eine Karteikarte, auf der sie eine Situation des vorhergehenden Unterrichts notieren sollen, die sie als besonders unangenehm oder mißlungen empfunden haben. Dazu sollen sie in Stichworten beschreiben, welche Lösungsmöglichkeiten sie sehen. Dann werden Zweiergruppen gebildet, die Partner tragen sich gegenseitig das vor, was sie notiert haben. Sie überlegen dann gemeinsam, ob sich aus den beiden Einzelsituationen eine übergeordnete Kategorie bilden läßt und ob auch die Lösungsvorschläge eine allgemeingültige Bedeutung haben. Die Ergebnisse des Zweiergesprächs werden festgehalten. Im nächsten Schritt werden Vierergruppen gebildet, und der für die

Sammelsurium   **231**

Zweiergruppen beschriebene Vorgang wiederholt sich noch einmal. Sollte es
überhaupt keine Gemeinsamkeiten und keinerlei übergeordnete Gesichtspunkte
geben, muß die Gruppe die Gründe für die Nichteinigung jeweils möglichst genau dokumentieren. Die Vierergruppen stellen dann ihre Ergebnisse im Plenum
vor, den Abschluß bildet ein offenes Kreisgespräch.

Sammelsurium

Eine Reihe der in diesem Buch vorgestellten Methoden ist ebenfalls in einer me-
taunterrichtlichen Phase einsetzbar, wenn man die Durchführungsregeln und die
didaktische Zielsetzung entsprechend modifiziert:
Die „Simulationsspiele" eignen sich hierfür besonders gut, denn die vergangene
und vielleicht verbesserungswürdige Unterrichtsrealität sowie die zukünftige
und damit ideale zu simulieren ist ja die ursprüngliche Leistung dieser Methoden.
Standbilder und Rollenspiele können durch Stärkung der emphatischen Fähigkeiten zum Aufbau des gegenseitigen Verständnisses ebenso beitragen wie ein
entsprechendes Planspiel, das es ermöglicht, Interessen zu artikulieren und Kompromisse und Verbesserungen zu finden.
Auch die „kooperativen Gesprächsformen" können bis auf das Gruppenpuzzle
sämtlich in einer Kritikphase eingesetzt werden. Blitzlicht und Kreisgespräch
sind als relativ spontane Varianten der Kritikäußerungen nutzbar, im Streitgespräch und insbesondere in der Debatte können die Schülerinnen und Schüler
schließlich die eigenen oder die rollengebundenen Argumente austauschen und
bessere Lösungen für die Zukunft verhandeln.
Des weiteren bieten die Methoden der „Themenzentrierten Selbstdarstellung" einige Möglichkeiten der Formulierung und Forcierung von Unterrichtskritik. Die
Sprechmühle und das Partnerinterview sind unter der entsprechenden Fragestellung jederzeit nutzbar, um die persönlichen Eindrücke der einzelnen Schülerinnen und Schüler von der vergangenen Unterrichtseinheit zu erfragen und zu erforschen.
Der Bunte Bilderbogen bietet bei passender Bilderauswahl eine sehr reizvolle,
weil nicht primär auf Sprache bezogene Alternative. Die beteiligten Schülerinnen
und Schüler können ihr positives oder negatives Idealbild vom Unterricht durch
die Auswahl eines Bildes dokumentieren, und die Vergleichsmöglichkeiten zur
tatsächlich erlebten Unterrichtssituation sind für alle Beteiligten sehr anschaulich.
Aus dem Kapitel „Sortieren und Strukturieren" sind die Sortieraufgaben und die
Cluster geeignet, die „alltagsdidaktischen Theorien" der Schülerinnen und
Schüler in eine Gestalt zu bringen, die den Mitschülern verständlich ist. Hierzu
sollten Sie sie mit einer Anzahl von Begriffen oder Situationen aus dem Unter-

richt arbeiten lassen. Beide Methoden taugen allerdings mehr zu Reflexionsphasen über Unterricht überhaupt als zur Kritik konkreter Unterrichtseinheiten. Eine besonders vielversprechende Methode in bezug auf Unterrichtsanalyse ist das Brainstorming, denn hier verbindet sich direkt und unmittelbar die Kritik am vergangenen Unterricht mit der Utopie einer besseren Zukunft. Das Brainstorming hat daher als Einstieg in die methodische Großform „Zukunftswerkstatt", für die wir an dieser Stelle werben wollen, seinen festen Platz (Jungk/Müller 1989; Weinbrenner/Häcker 1991). Überhaupt eignet sich die Zukunftswerkstatt ausgezeichnet für Metaunterricht, zudem sie auch die handelnde, verändernde Komponente mit einschließt, die wir im nächsten Abschnitt mit dem „Unterrichtsvertrag" ansprechen.

Unterrichtsvertrag

Am Ende einer Kritikphase kann ein schriftlich fixierter „Unterrichtsvertrag" stehen. Auch wenn das auf den ersten Blick ein wenig exotisch anmuten mag, hat so ein Vertragswerk eine Reihe von positiven Konsequenzen für beide Seiten. In den Vertragsverhandlungen, die übrigens durchaus als kleines Planspiel inszenierbar sind, müssen alle Standpunkte innerhalb der Klasse gehört werden, und es muß ein Kompromiß gefunden werden, mit dem alle, auch die Minderheiten, zufrieden sind oder zumindest leben können. Wie dieses selbst in kleinsten und banalsten Unterrichtssituationen, aber auch bei fundamentalen Konflikten funktionieren kann, hat Thomas Gordon in seinem Buch „Lehrer-Schüler-Konferenz" (Gordon 1977) ausführlich erläutert.

Der einmal geschlossene Vertrag wird schriftlich fixiert und an alle verteilt oder als Wandzeitung in der Klasse gut sichtbar aufgehängt.

Der Unterrichtsvertrag verlangt pädagogisches Fingerspitzengefühl auf Lehrerseite, denn Verträge sind nur dann sinnvoll, wenn die Schülerinnen und Schüler die Bedingungen auch wirklich einhalten können, ohne daß diese banal und selbstverständlich wären. Die einzelnen Bestimmungen oder Paragraphen dürfen also weder zu einengend noch zu großzügig sein.

So wäre z.B. die Selbstverpflichtung einer lebhaften Klasse, in Zukunft nie mehr den Unterricht durch Nebentätigkeiten wie Schwatzen zu stören, keine sinnvolle Vertragsklausel, weil eine derart rigide Anforderung an sich selber nach kürzester Zeit gebrochen würde. Dies erzeugt dann zwangsläufig Frustration über die eigene Unfähigkeit bei der Vertragseinhaltung und führt dazu, das gesamte Übereinkommen zu verwerfen. Ebenso sinnlos wäre die Bestimmung, daß alle pünktlich zum Unterricht erscheinen sollen, denn das gehört ohnehin zu den Schülerpflichten und könnte von der Lehrerin oder dem Lehrer nicht eigenmächtig geändert werden.

Unterrichtsvertrag   **233**

Inhalt eines solchen Unterrichtsvertrages könnte sein:

◆ Kommunikationsregeln: anderen zuhören; andere ausreden lassen; nicht persönlich oder beleidigend werden; sachlich argumentieren.

◆ Planungs- und Beteiligungsrituale: Als besonders zündender Gedanke erwies sich in unserer eigenen Praxis die Bildung eines Planungsausschusses aus Lehrerin oder Lehrer und einigen Schülerinnen und Schülern, der von der Klasse den offiziellen Auftrag erhält, die nächste Unterrichtseinheit gemeinsam vorzuplanen.

◆ Regelungen zum Arbeitsverhalten der Schülerinnen und Schüler: regelmäßige Erledigung der Hausaufgaben; diszipliniertes Verhalten während der Gruppenarbeitsphasen, die von der Lehrerin oder dem Lehrer nicht direkt kontrolliert werden können; grundsätzliche Bereitschaft, neue Methoden selber aktiv mitzutragen.

◆ Regelungen zum Arbeitsverhalten der Lehrerin oder des Lehrers: pünktliche und zuverlässige Erledigung von Sonderaufgaben wie der Beschaffung zusätzlicher Informationen, der Bereitstellung weiteren Materials oder technischen Geräts; die Organisation der formalen Rahmenbedingungen; die Herstellung notwendiger Außenkontakte.

Auch wenn diese Vorschläge vielleicht nach übertriebener Erbsenzählerei aussehen, tragen sie zur Verbesserung und Effektivierung des Unterrichts bei. Sie sollten auf keinen Fall die Wirkung solch eines schriftlich fixierten und für alle jederzeit einsehbaren Vertrages unterschätzen. Der Großteil der Schülerinnen und Schüler betrachtet ihn wirklich als Geschäfts- und Arbeitsgrundlage, und dies gerade auch im Verhältnis untereinander! Auch als Lehrerin oder Lehrer selbst ist man eine recht große Verpflichtung eingegangen, denn Vertragsbrüche von Lehrerseite werden besonders kritisch beäugt und führen, wenn sie gehäuft auftreten, zu Recht sehr schnell zum Scheitern des Vertrages.

Nachwort

Das Manuskript dieses Buches ist fertig geschrieben, die Korrekturen sind erledigt, die Zeichnungen befinden sich am richtigen Platz, die Literaturangaben sind noch einmal überprüft, und in Kürze wird das Ganze zwischen zwei Buchdeckeln wieder auftauchen – also: Gehirn zuklappen, das Thema für beendet erklären und sich Neuem zuwenden? So einfach ist es dann doch nicht.

Unser Bedürfnis, ein Buch über handlungsorientierte Unterrichtseinstiege zu schreiben, ist langsam, im Laufe mehrerer Jahre entstanden, und „fertig" mit diesem Thema werden wir wahrscheinlich frühestens im Pensionsalter sein – falls überhaupt.

Wir sind beide seit vielen Jahren Lehrer – Liane Paradies an einer Integrierten Gesamtschule (Fächer: Mathematik, Geschichte), Johannes Greving am Gymnasium (Fächer: Deutsch, Gemeinschaftskunde) – und haben eine Menge mehr oder weniger gelungene Unterrichtseinstiege hinter und mindestens ebenso viele vor uns. Der Anstoß zu diesem Buch lag nicht zuletzt in der Unzufriedenheit mit unserer eigenen Unterrichtspraxis, in der wir lange Zeit die Einstiegsphase vernachlässigt haben. Erst durch unsere nebenamtliche Tätigkeit in der Lehrerfortbildung (Thema: „Methodenwerkstatt"), der studentischen Ausbildung und der Schulentwicklungsforschung sowie durch die vielen hiermit verbundenen Unterrichtshospitationen ist uns selber bewußt geworden, wie stiefmütterlich viele Kolleginnen und Kollegen und auch wir selbst die Unterrichtsmethoden und insbesondere die thematischen Einstiege behandeln. Über so viel eigene Betriebsblindheit erschrocken, haben wir daraufhin gezielt daran gearbeitet, ein eigenes Repertoire von Einstiegsmethoden zu entwickeln. Die Ergebnisse dieser Arbeit liegen hier vor.

Pädagogische Konzepte sind nie endgültig, sondern einem stetigen Entwicklungsprozeß unterworfen. Wir begreifen daher die Einstiegsmethoden, die wir in diesem Buch vorstellen, als entwicklungs- und verbesserungswürdig. Sollten Sie, liebe Leserin und lieber Leser, Ideen und Vorschläge zu dieser Weiterentwicklung haben, bitten wir Sie herzlich, uns diese zuzusenden. Auch zur Kritik möchten wir Sie ausdrücklich auffordern. Unsere Anschrift lautet:

Liane Paradies / Johannes Greving, Verdener Str. 35, 27751 Delmenhorst

Nachwort

Herzlich danken möchten wir an dieser Stelle unserem akademischen Lehrer Hilbert Meyer, ohne den dieses Projekt wohl gar nicht spruchreif geworden wäre; dem Cornelsen Verlag Scriptor und besonders unserer Lektorin Marion Clausen für eine ebenso verständnisvolle wie sorgfältige Betreuung; den vielen Kolleginnen und Kollegen aus unserem Freundeskreis, die unsere Ideen aufgegriffen und ausprobiert haben; und nicht zuletzt unseren beiden Töchtern Maria und Hannah für kritische Anmerkungen und großen zeichnerischen Einsatz sowie für viele Stunden Geduld, wenn wir mal wieder keine Zeit für sie hatten oder sie unser vierbeiniges fünftes Familienmitglied alleine ausführen mußten.

Delmenhorst, im Juli 1996

Liane Paradies
Johannes Greving

Literaturverzeichnis

Alfs, Günther, „Präsentieren Sie uns die Sache so, daß wir ...", in: Pädagogik Heft 5/1993, Weinheim 1993

Baer, Ulrich u.a, Remscheider Spielkartei, Lichtenau o.J.

Baer, Ulrich, Ins Thema spielen, in: Pädagogik Heft 4/1994

Baer, Ulrich u.a., Spielzeit-Spielräume in der Schulwirklichkeit, Friedrich-Jahresheft 13, Velbert 1995

Beck, Herbert, Schlanke Produktion, Schlüsselqualifiationen und schulische Bildung, in: Pädagogik Heft 6/1993, Weinheim 1993

Bergmann, Hans, Abenteuertraining: Rätselhafte Pyramiden, Stuttgart 1995

Boal, Augusto,Theater der Unterdrückten, Frankfurt 1979

Bönsch, Manfred, Handlungsorientierter Unterricht, Oldenburg 1988

Bönsch, Manfred, Freiarbeit, in: Beispiele - Schule in Niedersachsen Heft 4/ 1991, Hannover 1991

Büttner, Christian, Video-Horror, Weinheim und Basel 1990

Büttner, Manfred, Betriebssimulationen - Ein curricularer Rahmen für den praktischen Unterricht, in: PT-Intern Nr. 21, 1991, Fuldatal 1991

Buzan, Tony, Kopftraining, München 1984

Cohn, Ruth, Von der Psychoanalyse zur Themenzentrierten Interaktion, Stuttgart 1975

Copei, Friedrich, Der fruchtbare Moment im Bildungsprozeß, 3. Auflage, Heidelberg 1955

Czerwenka, Kurt u.a., Schülerurteile über die Schule, Frankfurt-Bern-Paris-New York 1990

Detjen, Joachim, Schule als Staat, in: Gegenwartskunde Heft 3/1994, Opladen 1994

Deutsches Institut für Fernstudien an der Universität Tübingen (DIFF) Studienbrief 1 des Fernstudienprojekts Pädagogisch-psychologische Grundlagen für das Lernen in Gruppen, Tübingen 1985

Farndon, John, Rund um die Erde: Spannende Projekte und Versuche, München 1993

Fichten, Wolfgang, Unterricht aus Schülersicht, Frankfurt 1993

Fichten, Wolfgang u.a., LehrerInnen erforschen ihren Unterricht - StudentInnen erforschen Schule, Oldenburg 1995

Fritz, Jürgen, Mainzer Spielkartei, Mainz o.J.

Frommer, Harald (Hg.) u.a., Deutschstunden, Sprachbuch für die Klasse 8, Berlin 1988

Geißler, Karlheinz, Anfangssituationen, Weinheim und Basel 1989

Glogauer, Werner, Kriminalisierung von Kindern und Jugendlichen durch Medien, Baden-Baden 1991

Anhang 237

Gordon, Thomas, Lehrer-Schüler-Konferenz, 3. Auflage, München 1991

Grell, Jochen und Monika, Unterrichtsrezepte, Weinheim und Basel 1983

Greving, Johannes, Schüler präsentieren Erfahrungen, in: Pädagogik Heft 5/1993, Weinheim 1993

Greving, Johannes / Paradies, Liane / Meyer, Hilbert, Gruppenunterricht, Oldenburg 1993

Groeben, Norbert u.a., Forschungsprogramm Subjektive Theorien, Tübingen 1988

Gudjons, Herbert, Handlungsorientiert lehren und lernen, Bad Heilbronn 1986

Gudjons, Herbert, Spielbuch Interaktionserziehung, 5. Auflage, Bad Heilbronn 1992

Haas, Anton, Lehrern bei der Unterrichtsplanung zugeschaut, in: Pädagogik, Heft 10/1993, Weinheim 1993

Hage, Klaus u.a., Das Methodenrepertoire von Lehrern, Opladen 1985

Hagedorn, Rolf u.a., Studien- und Berufswahlvorbereitung in der gymnasialen Oberstufe (Hrsg. vom Nds. Kultusministerium), Hannover o.J.

Heitmann, Friedhelm, Die Würfel sind gefallen – Lernspiele Geschichte, Mülheim 1994

Hell, Klaus / Kirch, Peter, Unterrichtsbaustein Oktopus: Unternehmen Wetterfrosch, Gotha 1995

v. Hentig, Hartmut, Die Schule neu denken, 3. Auflage, München 1993

Jäger, Siegfried, Brandsätze, 2. Auflage, Duisburg 1992

Jahn, Friedrich, Geschichte spielend lernen, Frankfurt 1992

Jank, Werner / Meyer, Hilbert, Didaktische Modelle, Frankfurt 1991

Jungk, R. / Müllert, N., Zukunftswerkstätten, München 1989

Kelly, G.A., The Psychology of Personal Constructs, Vol. I u. II, New York 1955

Klippert, Heinz, Methodentraining, Weinheim und Basel 1994

Landesinstitut für Schule und Weiterbildung – Soester Verlagskontor (Hg.), Freiarbeit in der Sekundarstufe I, Soest 1991

Leifermann, Karin, Das Niedersachsen-Spiel, in: Praxis Grundschule Heft 6/1993, Hannover 1993

Lipp, Ulrich, Mind-Mapping in der Schule, in: Pädagogik, Heft 10/1994, Weinheim 1994

Lorenz, Konrad, Er redete mit dem Vieh, den Vögeln und den Fischen, 21. Auflage, München 1974

Lütgert, Will, Soziale Kompetenzen – wo braucht man sie? in: Pädagogik Heft 6/1993, Weinheim 1993

Macaulay, David / Ardley, Neil, Macaulays Mammutbuch der Technik, Nürnberg 1989

Mayring, Philipp, Einführung in die qualitative Sozialforschung, München - Weinheim 1990

Meyer, Hilbert, Leitfaden zur Unterrichtsvorbereitung, Frankfurt 1980

Meyer, Hilbert, UnterrichtsMethoden (2 Bde.), Frankfurt 1987

Meyer, Hilbert / Paradies, Liane, Frontalunterricht lebendiger machen, Oldenburg 1992

Meyer, Hilbert / Paradies, Liane, Handlungsorientierter Unterricht, Oldenburg 1993

Meyer, Hilbert / Paradies, Liane, Plädoyer für Methodenvielfalt im Unterricht, Oldenburg 1993

Nolting, Hans-Peter, Lernfall Aggression, Reinbek 1987

Pädagogik Heft 6/1992, Thema: Mit „Phantasie und Kreativität", Weinheim 1992

Pädagogik Heft 10/1992, Thema: „Unterrichtseinstiege", Weinheim 1992

Pädagogik Heft 12/1992, Thema: „Mit allen Sinnen lernen", Weinheim 1992

Pädagogik Heft 1/1994, Thema: „Rituale", Weinheim 1994

Pädagogik Heft 4/1994, Thema: „Spielen im Unterricht", Weinheim 1994

Pädagogik Heft 10/1994, Thema: „Mit den Augen lernen", Weinheim 1994

Pädagogik Heft 12/1994, Thema: „In Ruhe unterrichten", Weinheim 1994

Paradies, Liane, Wahldifferenzierung in der Unterrichtsplanung, in: Pädagogik Heft 4/1996, Weinheim 1996

Parigger, Harald, Geschichte erzählt, Frankfurt 1994

Pillau, Horst, Dalli-Dalli Sketche, Niedernhausen 1980

Rauschenberger, H., Der blaue Fleck. Die Geburt eines Rituals, in: Westermanns Pädagogische Beiträge, Heft 7/8 1987, Braunschweig 1987

Rein, W. / Pickel, A. / Scheller, E., Theorie und Praxis des Volksschulunterrichts nach Herbartschen Grundsätzen (3 Bde.), 7. Auflage, Leipzig 1903

Reinhard, Sybille, Stundenblätter: Der Fall Christian, Stuttgart o.J.

Rosenbusch, Heinrich / Schober, Otto, Körpersprache in der schulischen Erziehung, Baltmannsweiler 1986

Roth, Heinrich, Pädagogische Psychologie des Lehrens und Lernens, 5. Auflage, Hannover 1965

Rotering-Steinberg, Sigrid, Gruppenpuzzle und Gruppenrallye, in: Pädagogik, Heft 10/1992, Weinheim 1992

Scheller, Ingo, Wir machen unsere Inszenierungen selber (2 Bde.), Oldenburg 1989

Schulze, Gerhard, Erlebnisgesellschaft, Frankfurt - New York 1992

Anhang 239

Stanford, Gene, Gruppenentwicklung im Klassenraum und anderswo, 3. Auflage, Aachen 1993

Stich, Bernhard, Englisch im Spiel, Mülheim 1988

Tannhäuser, Thomas / Teuber, Thomas, Besser entspannen und motivieren, Frankfurt 1994

Vester, Frederic, Denken, Lernen, Vergessen, München 1978

Vogelgesang, Waldemar, Jugendliche Video-Cliquen, Opladen 1991

Wagenschein, Martin, Verstehen lernen, 5. Auflage, Weinheim und Basel 1975

Weinbrenner, P. / Häcker, W., Zur Theorie und Praxis von Zukunftswerkstätten, in: Bundeszentrale für politische Bildung (Hg.), Methoden in der politischen Bildung - Handlungsorientierung, Bonn 1991

Winkel, Rainer, „Ey, ich aids dich an!", in: Pädagogik Heft 3/1993, Weinheim 1993

Ziehe, Thomas, Plädoyer für ein ungewöhnliches Lernen, Reinbek 1982

240 Anhang

Checkliste für Unterrichtseinstiege – ein Register

Im Teil A werden die Unterrichtseinstiege klassifiziert; die dazugehörigen Nummern werden in Teil B den einzelnen Methoden zugeordnet.

Teil A: Klassifizierungen und Zuordnungen

1. Welche methodische Funktion soll der Unterrichtseinstieg haben?

1a Deduktiv: vom Begrifflich-Allgemeinen zum Konkreten	*Informierender Unterrichtseinstieg*
1b Induktiv: vom Einzelnen zum Allgemeinen / Gesetzmäßigen	*Collagen, Bunter Bilderbogen*
1c Annähernd: vom Vertrauten zum Fremden / vom Nahen zum Fernen	*Erzählen einer Geschichte, Vorzeigen und -machen, Clusterbildung*
1d Verfremdend: vom Fremden zum Vertrauten / vom Fernen zum Nahen	*Konstruktion eines Widerspruchs, Verfremdung, Verrätselung, Kopfsalat*
1e Systematisch: „bei Null" beginnend / etwas Neues aufbauend	*Informierender Unterrichtseinstieg, Lehrervortrag*
1f Kasuistisch: vom exemplarischen Einzelfall ausgehend	*Sortieren, Bunter Bilderbogen, Karteikartenspiel „Zwei aus Drei"*
1g Inseln bildend: von Plattform zu Plattform im Ozean des halb Durchschauten	*Clusterbildung*

2. Welchen Orientierungsrahmen über das neue Thema will ich den Schülerinnen und Schülern vermitteln?

2a Informationen über die Ziele der Einheit	*Informierender Unterrichtseinstieg, Thematische Landkarte, Arbeitsplanarbeit*
2b Informationen über die inhaltlichen Schwerpunkte der Einheit	*Informierender Unterrichtseinstieg, Thematische Landkarte, Arbeitsplanarbeit*
2c Informationen über die möglichen Methoden	*Informierender Unterrichtseinstieg, Thematische Landkarte, Arbeitsplanarbeit*

Anhang **241**

2d Grober Gesamtüberblick über das Thema	*Informierender Unterrichtseinstieg, Thematische Landkarte*
2e Exemplarische Vertiefung	*Standbildbauen, Rollen- und Planspiel, Blitzlicht*
2f Appetit machen und anregen durch Vorenthalten zentraler Sachaspekte	*Konstruktion eines Widerspruchs, Verfremden, Verrätseln*
2g „In medias res"	*Karteikartenreferat, Karteikartenspiel „Zwei aus Drei"*

3. Welche Vorkenntnisse, Erfahrungen, Einstellungen und Fähigkeiten bringen die Schülerinnen und Schüler für das neue Thema mit?

3a Keine	*Da diese Fragen hauptsächlich von der jeweiligen Lerngruppe abhängig sind, können wir hier keine Zuordnungen zu den Einstiegsmethoden vornehmen.*
3b Lückenhaftes „Inselwissen"	
3c Dezidierte Vorkenntnisse oder Fähigkeiten	
3d Ist eher mit positiven und zustimmenden Einstellungen zu rechnen	
3e Ist eher mit negativen und ablehnenden Einstellungen zu rechnen	
3f Wie groß wird das Interesse sein	
3g Sind die Vorkenntnisse der Schülerinnen und Schüler weitgehend homogen	
3h Mit welchen „Spezialisten", die den anderen weit überlegen sind, ist zu rechnen	
3i Kann das Wissen dieser Spezialisten sinnvoll genutzt werden	
3k Ist vielleicht eine gemeinsame Vorbereitung mit ihnen sinnvoll	

4. Welche Planungsbeteiligung für die Schülerinnen und Schüler gibt es?

4a Keine	*Informierender Unterrichtseinstieg, Lehrervortrag*

4b Hilfsfunktionen für die Lehrer-planung	*Erzählen einer Geschichte, Konstruktion eines Widerspruchs, Provozieren*
4c Eigene Planung unter „Oberaufsicht" der Lehrerin oder des Lehrers	*Thematische Landkarte, Speisekarte, Arbeitsplanarbeit, Planspiel, Expertenbefragung*
4d Weitestgehend selbständige Planung	*Interview, Reportage*

5. Welche Durchführungsbeteiligung für die Schülerinnen und Schüler gibt es?

5a Allenfalls passive Beteiligung (Zuhören, Stichwortgeben o.ä.)	*Informierender Unterrichtseinstieg, Erzählen einer Geschichte, Vormachen und -zeigen, Konstruktion eines Widerspruchs, Provozieren*
5b Eigene Aktivitäten in einem von der Lehrerin oder dem Lehrer eng gesteckten Rahmen	*Karteikartenreferat, Themenbörse, Lernspiele, Sprechmühle, Sortieren*
5c Teilweise selbständige Arbeit unter Kontrolle der Rahmenbedingungen durch die Lehrerin oder den Lehrer	*Speisekarte, Angebotstisch, Planspiel, Planungsgespräch, Experiment*
5d Eigenständige Aktivitäten	*Thematische Landkarte, Arbeitsplanarbeit, Freiflug, Reportage, Brainstorming, Kopfsalat*

6. Welche Möglichkeiten des handelnden Umgangs mit dem neuen Thema gibt es?

6a Sprachlich	*Stegreif-, Plan- und Rollenspiel, Texttheater, Szenische Interpretation*
6b Mimisch-gestisch	*Standbildbauen, Stegreif-, Plan- und Rollenspiel, Texttheater, Szenische Interpretation*
6c Schauspielerisch-simulativ	*Standbildbauen, Stegreif-, Plan- und Rollenspiel, Texttheater, Szenische Interpretation*

Anhang 243

6d Gestalterisch-manuell	*Standbildbauen, Freiflug, Collage, Clusterbildung*
6e Emotional-assoziativ	*Standbildbauen, Szenische Interpretation, Freiflug, Bunter Bilderbogen, Brainstorming*
6f Sinnlich (Fühlen, Riechen, Schmecken, Hören)	*Szenische Interpretation, Phantasiereise*
6g Kooperativ-sozial	*Texttheater, Lernspiele, Rallye, Brainstorming, Gruppenpuzzle*
6h Explorativ-planerisch	*Clusterbildung*
6i Aktiv selber etwas produzierend	*Collage, Brainstorming, Reportage*
6k Aktiv auf andere einwirkend	*Kreis- und Streitgespräch, Gruppenpuzzle*
6l Eine Situation verändernd	*Konstruktion eines Widerspruchs*

7. Welche Arbeitstechniken und Methoden beherrschen die Schülerinnen und

7a „Diszipliniertes" Gesprächs- und Arbeitsverhalten	*Sprechmühle, Partnerinterview, Meinungskarussell, Planungsgespräch, Debatte*
7b Fixierung auf die Lehrerin oder den Lehrer	*Informierender Unterrichtseinstieg, Lehrervortrag, Erzählen einer Geschichte*
7c Selbständigkeit in der Gesprächsleitung	*Interview, Expertenbefragung, Kreis- und Streitgespräch, Debatte, Planungsgespräch*
7d Konzentration auf Wesentliches	*Blitzlicht, Interview, Expertenbefragung, Sprechmühle, Partnerinterview*
7e Protokoll- und Dokumentationsmethoden	*Lehrervortrag, Karteikartenreferat, Gruppenpuzzle, Interview, Reportage*
7f Präsentationstechniken	*Karteikartenreferat, Freiflug, Szenische Interpretation, Interview, Reportage*

7g Selbständige Arbeitsplanung	*Thematische Landkarte, Speisekarte, Arbeitsplanarbeit, Reportage, Interview, Gruppenpuzzle*
7h Selbständige Nutzung von Arbeitsmaterialien	*Thematische Landkarte, Speisekarte, Reportage, Interview, Experiment*
7i Selbständige Informationsbeschaffung	*Thematische Landkarte, Speisekarte, Rallye, Reportage, Interview*

8. Welche Inszenierungstechniken werden von den Schülerinnen und Schülern oder von mir eingesetzt?

8a Sortieren / Ordnen / Vergleichen / Auswählen	*Bunter Bilderbogen, Sortieren, Karteikartenspiel „Zwei aus Drei"*
8b Sammeln / Montieren / Collagieren	*Collage*
8c Zeigen / Vormachen - Nachmachen	*Erzählen einer Geschichte, Vormachen und -zeigen, Standbildbauen, Stegreifspiel*
8d Vorspielen - Nachspielen	*Standbildbauen, Stegreifspiel*
8e Personalisieren / Dialogisieren / Dramatisieren / Polarisieren	*Lehrervortrag, Erzählen einer Geschichte, Stegreif-, Rollen- und Planspiel, Texttheater*
8f Verfremden / Verrätseln / Provozieren	*Provozieren und bluffen*
8g Parodieren / Karikieren	*Szenische Interpretation, Texttheater*
8h Sich Einfühlen / Nahebringen - Fremdmachen	*Konstruktion eines Widerspruchs, Szenische Interpretation, Bunter Bilderbogen, Phantasiereise*
8i Vergrößern - Verkleinern / Verlangsamen - Beschleunigen	*Szenische Interpretation, Lernspiele, Phantasiereise*

9. Welchen Arbeitsaufwand kann ich mir leisten und welche Rahmenbedingungen muß ich schaffen?

9a Keine außergewöhnlichen Vorbereitungen	*Sprechmühle, Phantasiereise*
9b Materialien oder ähnliches herstellen	*Karteikartenreferat, Angebotstisch, Themenbörse, Speisekarte, Thematische Landkarte, Planspiel, Lernspiele, Bunter Bilderbogen*
9c Etwas zwecks Präsentation vor der Klasse einüben	*Lehrervortrag, Erzählen einer Geschichte, Vormachen, Provozieren*
9d Etwas zum Vorzeigen suchen	*Vorzeigen*
9e Formaljuristische Dimensionen klären	*Rallye, Interview, Expertenbefragung*
9f Requisiten und/oder technische Ausrüstung organisieren	*Rollen- und Planspiele, Szenische Interpretation*
9g Andere Räume suchen und freihalten	*Expertenbefragung*
9h Kollegen und/oder Leute außerhalb der Schule informieren und, falls nötig, um Genehmigung bitten	*Rallye und Erkundungsgang, Interview, Expertenbefragung*
9i Außerschulische Lernorte einbinden	*Planspiel, Erkundungsgang, Experiment, Interview*
9k Mitarbeit von Eltern oder Experten organisieren	*Planspiel, Rallye, Expertenbefragung*
9l Gegebenheiten vor Ort auf potentielle Gefahrenquellen und Erfolgs- oder Mißerfolgschancen begutachten	*Erkundungsgang und Rallye*
9m Kontakte zu außerschulischen Organisationen knüpfen	*Planspiel, Rallye, Expertenbefragung, Interview*
9n Präsentations- und Veröffentlichungsmöglichkeiten organisieren	*Expertenbefragung, Reportage*

Teil B: Was leistet welche Methode?

Angebotstisch S. 67
2a, 2b, 5b, 6g, 9b

Arbeitsplanarbeit S. 83
2a, 2b, 4c, 5d, 7g

Blitzlicht S. 210
2c, 5c, 6a, 7d, 8i

Brainstorming S. 202
5e, 6e, 6g, 6i

Bunter Bilderbogen S. 178
1f, 5b, 6e, 8a, 8h, 9b

Clusterbildung S. 187
1c, 1g, 5b, 6d, 6h, 7f, 9b

Collage S. 176
1b, 4c, 5c, 6d, 6i, 7f, 8b, 9b

Debatte S. 215
5b, 6a, 7d, 7e, 8e, 7a

Erkundungsgänge und Rallyes S. 140
5d, 6g, 7i, 9b, 9e, 9g - m

Erzählen einer Geschichte S. 40
1c, 4b, 5a, 7b, 8c, 8e, 9c

Etwas vormachen S. 44
1c, 5a, 8c, 9c

Etwas vorzeigen S. 47
1c, 5a, 8c, 9d

Experiment S. 144
5c, 7f, 7h, 9i

Expertenbefragung S. 153
4c, 5c, 6a, 7d - g, 7i, 9e, 9g - n

Freiflug S. 132
5d, 6a - c, 6d, 6e, 7f

Gruppenpuzzle S. 216
5c, 6a, 6g, 6k, 7e-g, 9b

Informierender Unterrichtseinstieg
S. 33
1a, 2a - d, 4a, 5a, 7b

Interview S. 149
4d, 5c, 6a, 7c - g, 7i, 9e, 9h, 9i

Karteikartenreferat S. 62
2g, 5b, 7e, 7f, 9b

Karteikartenspiel „Zwei aus Drei"
S. 193
1f, 2g, 5c, 6g, 8a

Konstruktion eines Widerspruchs,
Verfremdung, Verrätselung S. 49
1d, 2f, 4b, 5a, 6a, 6l, 8h

Kopfsalat S. 206
1d, 5d, 6a, 6e

Kreisgespräch S. 211
5c, 6a, 6k, 7c, 7d

Lehrervortrag S. 37
1a, 4a, 5a, 7b, 7e, 8e, 9c

Lernspiele S. 122
5b, 6a - c, 6g, 8i, 9b

Meinungskarussell S. 171
5b, 6a, 7a, 7d

Partnerinterview S. 167
5b, 6a, 7a, 7d, 7e

Phantasiereise S. 221
5c, 6e, 6f, 8h, 9a

Planspiel S. 99
2e, 4c, 5b, 5c, 6a - c, 9b, 9f, 9i,
9m

Planungsgespräch S. 199
5c, 6a, 7a

Provozieren und bluffen S. 57
4b, 5a, 6a, 8f, 9c

Reportage S. 158
4d, 5d, 6a, 6i, 7e - i, 9e, 9n

Rollenspiel S. 94
2e, 4c, 5b, 5c, 6a - c, 6e, 9f

Speisekarte S. 78
4c, 5c, 7g - i, 9b

Sortieren S. 183
1f, 5b, 6e, 8a, 9b

Sprechmühle S. 163
5b, 6a, 7a, 7d, 7e

Standbildbauen S. 89
2e, 4c, 5b, 6b - e, 8c

Stegreifspiel S. 105
6c, 8c - h

Streitgespräch S. 213
5c, 6a, 6k, 7c, 7d

Szenische Interpretationen S. 108
5, 6a - c, 6f, 7f, 8g, 9f

Thematische Landkarte S. 74
2a - d, 4c, 5d, 7g - i

Themenbörse S. 71
2a, 2b, 5b, 6g, 9b

Texttheater S. 116
5b, 6a - c, 6g, 6i, 8e, 8g, 9b

Teil C: Verzeichnis aller Beispiele mit Angabe der Einstiegsmethode und der Klasse

Berufspraktikum
(Reportage, Kl. 9/10) 159

Biologie
Aggression (Sortieren, Kl. 9/10) 184
Sexualität (Kopfsalat, Kl. 6) 206
Sexualität - Partnerschaft, Liebe, Freundschaft
(Bunter Bilderbogen, Kl. 6) 179

Deutsch
Effie Briest (Phantasiereise, Kl. 9) 222
Dürrenmatt, Die Physiker (Szenisches
Interpretieren, Kl. 10) 111
Epoche der Aufklärung (Informierender
Unterrichtseinstieg, Kl. 11) 34
Gespräche führen - miteinander reden
(Rollenspiel, Kl. 5) 95
Gute Menschen - böse Menschen
(Sprechmühle, Kl. 7) 164
Inhalte und Methoden des Deutschunterrichts
(Brainstorming, Kl. 7) 203
Kennzeichen der Schriftsprache (Verrätselung,
Kl.10) 53
Kurzgeschichten (Gruppenpuzzle, Kl. 9) 217
Lyrik (Freiflug, Kl. 10) 133
Süskind, Das Parfüm (Szenische Interpre-
tationen, Kl. 10) 109
Vorstadtkrokodile-Activity (Lernspiele,
Kl. 5/6) 126

Englisch
British-Island-Game (Lernspiele, Kl. 7) 124
Der Club der toten Dichter - englische
Gedichte (Etwas vormachen, Kl. 12) 45
Fabeln (Stegreifpantomime, Kl. 5) 106

Erdkunde
Erkundung der Schule und des Nahraums
(Rallye, Kl. 5) 141
Gefährdungen des Wattenmeeres (Planspiel,
Sek. I) 100
Kompaß und Karte (Experiment, Kl. 5/6) 146

fachübergreifend
Steine (Angebotstisch, Sek. I) 68
Typische Situation in einer guten bzw.
schlechten Unterrichtsstunde
(Standbildbauen,
Kl. 5-11) 90
Windspiel 28

Gemeinschaftskunde
Arbeitsplanerarbeitung (Provozieren und bluf-
fen, Kl. 12) 58
Horror- und Gewaltvideos (Karteikartenreferat,
Kl. 12) 63

Geschichte
Ägypten (Arbeitsplanarbeit, Kl. 6) 84
Atombombentest auf dem Mururoa-Atoll
(Partnerinterview, Kl. 10) 169
Griechenland (Collage, Kl. 7) 177

Mathematik
Achilles und die Schildkröte - Folgen und Rei-
hen (Konstruktion eines Widerspruchs,
Kl. 11) 50
Bruchrechnen (Clusterbildung, Kl. 6) 188
Eierknacker (stoffl.Aufwärmen, Kl. 5/6) 31
Rechencrack (stoffl. Aufwärmen, Kl. 5/6) 31
Rechenschlange (stoffl. Aufwärmen, Kl. 5/6) 31
Volumenberechnung (Themenbörse, Kl. 6) 72

Musik
Popmusik (Karteikartenspiel „Zwei aus Drei",
Kl. 7) 193

Sozialkunde
Ausländer in Deutschland (Texttheater, Kl. 9)
118
Bundeswehr (Interview, Kl. 9) 150
Drogen und Suchtgefahren (Etwas vorzeigen,
Sek. I) 47
Rechte und Pflichten der Jugendlichen
(Thematische Landkarte, Kl. 9) 75
Schule früher - Schule heute - Schule morgen
(Freiflug, Kl. 10) 137
Unterschiedliches Verhalten von Frauen und
Männern (Meinungskarussell, Kl. 9) 172

Welt- und Umweltkunde
Freizeitverhalten - Freizeit und Umwelt
(Planungsgespräch, Kl. 5/6) 200
Kinder einer Welt (Expertenbefragung, Kl. 6)
155

Werte und Normen
Männer- und Frauenrollen (Verfremden, Kl. 9)
52
Sekten und andere Verführer (Speisekarte,
Kl.12) 79